司法部2017年度国家法治与法学理论研究项目成果
（17SFB2047)

中国企业对"一带一路"沿线国家投资的
保险法律问题实证研究

王淑敏 刘笑晨 等著

图书在版编目(CIP)数据

中国企业对"一带一路"沿线国家投资的保险法律问题实证研究/王淑敏等著. —北京：北京大学出版社，2021.12
ISBN 978-7-301-32771-5

Ⅰ.①中… Ⅱ.①王… Ⅲ.①企业—海外投资—保险法—研究—中国 ②外商投资—保险法—研究—世界 Ⅳ.①D922.284.4 ②D912.291.4

中国版本图书馆CIP数据核字(2021)第264071号

书　　名	中国企业对"一带一路"沿线国家投资的保险法律问题实证研究 ZHONGGUO QIYE DUI "YIDAIYILU" YANXIAN GUOJIA TOUZI DE BAOXIAN FALÜ WENTI SHIZHENG YANJIU
著作责任者	王淑敏　刘笑晨　等著
责任编辑	陈　康
标准书号	ISBN 978-7-301-32771-5
出版发行	北京大学出版社
地　　址	北京市海淀区成府路205号　100871
网　　址	http://www.pup.cn　http://www.yandayuanzhao.com
电子信箱	yandayuanzhao@163.com
新浪微博	@北京大学出版社　@北大出版社燕大元照法律图书
电　　话	邮购部 010-62752015　发行部 010-62750672 编辑部 010-62117788
印刷者	三河市北燕印装有限公司
经销者	新华书店
	965毫米×1300毫米　16开本　19.25印张　271千字 2021年12月第1版　2021年12月第1次印刷
定　　价	59.00元

未经许可，不得以任何方式复制或抄袭本书之部分或全部内容。
版权所有，侵权必究
举报电话：010-62752024　电子信箱：fd@pup.pku.edu.cn
图书如有印装质量问题，请与出版部联系，电话：010-62756370

序

海外投资保险法律制度发端于美国，随后在德国、日本等发达国家生根发芽。尤其是进入20世纪90年代，全球经济一体化进程加速，海外直接投资的流动性增速迅猛，复杂的政治风险伴随着新兴国家与发展中国家的投资机遇一同到来，这种挑战与机遇并存的局面推动了海外投资保险法律制度的快速发展。中国一方面通过政策鼓励本国企业参与国际市场，另一方面为这些企业提供"安全保障"，即成立中国出口信用保险公司（以下简称"中信保"），承保海外投资保险。然而，中国海外投资起步晚、经验少，导致海外投资保险法律制度在中国的发展相较于发达国家略显落后。

海外投资保险法律制度的理论基础和法律依据值得深入研究，而海外投资保险法律制度在中国发展过程中遇到的藩篱更具研究价值。根据"中信保"实践中的经验积累与数据统计，中国海外投资保险法律制度的"病灶"已现端倪。在"对症下药"的过程中，本书针对重构中国海外投资保险立法与完善"中国出口信用保险公司海外投资股权保险单（2019年版）""中国出口信用保险公司海外投资债权（股东适用、金融机构适用）保险单"（这两种保险单以下统称"中信保"海外投保单）展开研究，旨在促使海外投资保险法律制度为中国企业海外投资"保驾护航"。

全书分为七章，以研究中国海外投资保险法律制度的理论基石为起始，阐发海外投资保险法律制度的初始，继而展开对"一带一路"沿线投资者母国海外投资保险立法模式的考察、讨论"中信保"海外投资保单以及代位求偿权中存在的问题。最后运用经济学方法对"中信保"在"一带一路"沿线国家承保海外投资保险进行实证研究,发现中国海外投资保险法律制度的问题,最终落脚于外国立法模式的启示及中国海外投资保险法律制度的因应。

第一章探讨了中国海外投资保险法律制度的理论基石,界定了海外投资保险法律制度及相关概念。虽然海外投资保险起源于20世纪的美国,但是现在已有新的发展变化。2018年,美国通过《更好地利用投资促进发展法》(Better Utilization of Investment Leading to Development Act,以下简称《Build法》),成立美国国际发展金融公司(U.S. International Development Finance Corporation, DFC),取代了运营近50年的"海外私人投资公司"(Overseas Private Investment Corporation, OPIC)。这一最新变化源于美国对外发展政策从"援助"到"发展"的转变。接着,第一章分别就外交保护理论和全球治理理论与海外投资保险法律制度的关联性展开论述。首先,诠释外交保护理论与海外投资保险法律制度的关联性。基于外交保护是指一国针对其国民因另一国的国际不法行为而受到损害,以国家名义为该国民采取的外交行动或其他和平解决手段,结合海外投资保险法律制度,论证海外投资保险公司发挥类政府机构职能,其承保的是政策性风险,属于"以国家名义";基于"非武力"的手段即可认为是和平手段,海外投资保险可以认定是和平手段。其次,揭示全球治理理论与多边投资担保机构(Multilateral Investment Guarantee Agency, MIGA)的关联性。聚焦于MIGA符合全球治理下多元化主体参与的特征、MIGA可以作为解决多元化主体间摩擦的路径、MIGA建立了一个稳定的多边权利分配机制等三个方面的内容。

第二章着重分析了"一带一路"沿线投资者母国海外投资保险的立法模式。目前,普遍存在三种立法模式:混合式立法模式、合并式立法模式和分立式立法模式。结合海外投资保险法律制度的投资者母国立法模式的域外实践,尚无采用分立式立法模式的国家,即专门出台一部"海外投资保险法"的国家尚未出现。采用混合式立法模式的国家亦不多见,并且混合式立法模式存在立法"碎片化"的缺陷。绝大多数国家选择合并式立法模式。在合并式立法模式中,以美国等国基于"对外援助"或发展政策与海外投资保险的合并式立法模式和日本等国基于出口信用保险与海外投资保险的合并式立法模式最具代表性。这二者对比之下,美国合并式立法模式理应成为中国海外投资保险立法的最佳选择。

第三章厘清了"中信保"海外投资保单是信用或保证保险合同还是财产保险合同的疑问,挑战了国内学者通常将海外投资保险合同归入信用或保证保险合同的观点。鉴于信用或保证保险合同订立的初衷是被保险人向保险人投保债务人的信用风险,当债务人无法履行到期债务时,由保险人赔偿被保险人。对应海外投资保险合同,如果外国投资者与东道国之间签订特许协议,则债务人是东道国,债权人是被保险人。换言之,只有当被保险人是子公司时,海外投资保险合同才有可能在一定条件下是信用或保证保险合同。

第四章阐述了"一带一路"沿线国家签署条约中的代位求偿权行使的瓶颈及突破。美式双边投资条约(Bilateral Investment Treaty, BIT)极少规定代位权条款,而是承保海外投资保险的公司通过与东道国签订单独的协议取得代位求偿权。这一做法是有风险的。无论是OPIC还是DFC,均与东道国地位不对等,难以签署合作共赢的协议;即使签署了这类协议,其地位无法与条约相比,东道国的违约责任亦无法上升为国际法的国家责任。区域性条约之下的代位求偿权有两种表现形式:一是规定缔约国之间承认国内海外投资保险公司的代位求偿权;二是成立专门的组织机构行使代位求偿权。二者相比较,后者更具优势。《多边投资担保机构公约》(Convention Establishing the Multilateral Investment Guarantee Agency,以下简称《汉城公约》)下的代位求偿权行使亦存在困境。这源于多边条约的缔约国千差万别,加剧了缔约适用的难度,并且国家在外国法院放弃管辖豁免并不意味着也放弃执行豁免。投资者母国国内的保险公司如果以保险人的名义通过国际投资争端解决中心(The International Center for Settlement of Investment Disputes, ICSID)行使代位求偿权,可能会遭遇主体不适格的问题。

第五章是"中信保"在"一带一路"沿线国家承保海外投资保险的实证研究。本章在经济学研究方法——定性定量分析法的帮助下,揭开中国在"一带一路"沿线投资面临东道国政治风险的严峻态势,尤以征收风险和战争风险最为严重。但是即便如此,海外投资保险制度亦尚未得到投资者的足够重视。

第六章是对中国在"一带一路"沿线国家海外投资保险法律制度的问题进行探究。首先,中国海外投资保险的立法问题包括两个层面:国内立法问题和国际立法问题。前者是关于中国海外投资保险法律制度的立法模式问题,后者是关于中国对外签订的 BIT 问题。中国海外投资保险立法属于混合式立法模式。也就是说,中国海外投资保险立法散见于不同的法律规范文件之中,缺乏诸如分立式立法模式的专门性规范。缘此,在实践中不得不依赖"中信保"海外投资保单约定当事人的权利和义务关系。国际立法问题在于"旧"。中国虽然签订了数量众多的 BIT,但是这些 BIT,尤其是与发展中国家签订的 BIT,多数签订于 2000 年以前。这些 BIT 中未明确准入时和准入前的国民待遇,易导致间接征收风险,充分的保护与安全条款的缺陷亦导致投资者面对恐怖主义风险难以得到足够的保障。其次,"中信保"海外投资保单条款存在缺陷。实践中,由于立法的不完善,"中信保"海外投资保单成为解决准司法和司法问题的重要依据之一。但是,"中信保"海外投资保单的"合规性"有待商榷。一是责任条款的表述难以认定间接征收,亦未设立独立的恐怖险;二是除外责任条款未明确危害或损害国家利益、公共利益行为的判断标准,以及被保险人义务条款亦难判定违法行为与政治风险的因果关系;三是追偿条款无法约束东道国子公司;四是赔偿条款中的赔偿标准需要适当提高。

第七章是针对第六章的问题提出相应的对策。一是从国内立法入手,以合并式立法模式取代混合式立法模式。鉴于制定"海外投资保险法"的时机尚未成熟,因此提出通过制定一部"海外投资保护法",设专章规制海外投资保险问题。二是针对代位求偿权的行使障碍,修订BIT或重新进行谈判。三是根据海外投资保险纠纷的实证分析,对"中信保"海外投资保单进行完善。

需要说明的是,为了行文方便,书中出现的双边投资条约名称全部使用简称,如《中华人民共和国政府和坦桑尼亚联合共和国政府关于促进和相互保护投资协定》,直接用简称《中国—坦桑尼亚BIT》。

本书是司法部2017年度国家法治与法学理论研究项目"中国企业对'一带一路'沿线国家投资的保险法律问题实证研究"(17SFB2047)的最终研究成果。本书由王淑敏、刘笑晨共同执笔,课题组成员黄庆波参与"中信保"承保"一带一路"沿线国家投资的各类政治风险定性分析,课题组成员余莹、何艳参与研究中国在"一带一路"沿线海外投资保险法律制度的问题。感谢司法部和大连海事大学给予的支持与厚爱。研究过程中亦得到了各方专家和同仁的帮助,在此一并深表谢意。如有错漏之处,敬请各位赐教。

英文缩写对照表

简写	英文全称	中文名称
ACIA	The ASEAN Comprehensive Investment Agreement	《东盟全面投资协定》
AEC	ASEAN Economic Community	东盟经济共同体
AID	Agency for International Development	国际开发署
BIT	Bilateral Investment Treaty	双边投资条约
CAEU	The Council of Arab Economic Unity	阿拉伯经济统一委员会
CCG	Center for China and Globalization	全球化智库
CFIUS	Committee on Foreign Investment in the United States	美国海外投资委员会
DFC	U.S. International Development Finance Corporation	美国国际发展金融公司
ECA	Economic Cooperation Administration	经济合作署
FCN	Friendship Commerce Navigation Treaty	友好通商航海条约
FIRRMA	Foreign Investment Risk Review Modernization Act	《外国投资风险评估现代化法案》
GNP	Gross National Product	国民生产总值

（续表）

简写	英文全称	中文名称
IAIGC	Inter-Arab Investment and Export Credit Guarantee Corporation	阿拉伯国家间投资和出口信用担保公司
ICSID	The International Center for Settlement of Investment Disputes	国际投资争端解决中心
IEF	Index of Economic Freedom	经济自由度指数
IGA	Investment Guarantee Agreement	投资保证协定
IMF	The International Monetary Fund	国际货币基金组织
MIGA	Multilateral Investment Guarantee Agency	多边投资担保机构
NAFTA	North American Free Trade Agreement	《北美自由贸易协定》
NEXI	Nippon Export and Investment Insurance	日本出口投资保险公司
ODA	Official Development Assistance	官方发展援助
OECD	Organization for Economic Co-operation and Development	经济合作与发展组织
OPIC	Overseas Private Investment Corporation	海外私人投资公司
RCEP	Regional Comprehensive Economic Partnership Agreement	《区域全面经济伙伴关系协定》
USMCA	US-Mexico-Canada Agreement	《美国—墨西哥—加拿大协定》
USTR	United States Trade Representative	美国贸易代表

目 录

绪 论 ……………………………………………………… 001
　第一节　选题的背景和意义 …………………………… 001
　　一、选题背景 ………………………………………… 001
　　二、选题意义 ………………………………………… 006
　　三、创新点 …………………………………………… 007
　第二节　国内外研究成果综述 ………………………… 008
　　一、国外研究现状 …………………………………… 008
　　二、国内研究现状 …………………………………… 015
　　三、中外研究现状评析 ……………………………… 019
　第三节　研究方法和思路 ……………………………… 020
　　一、研究方法 ………………………………………… 020
　　二、研究思路 ………………………………………… 021

第一章　中国海外投资保险法律制度的理论基石 …… 023
　第一节　海外投资保险法律制度的初始 ……………… 030
　　一、海外投资保险法律制度及相关概念 …………… 030
　　二、海外投资保险法律制度的缘起和发展 ………… 039
　　三、中国海外投资保险法律制度的缘起 …………… 044
　第二节　海外投资保险法律制度的国内最新立法趋势 …… 047
　　一、海外投资保险法律制度的国内法体系 ………… 047

二、投资者母国的海外投资保险最新立法趋势 …………… 052
三、海外投资保险法律制度的投资东道国最新立法趋势 …… 070
第三节 海外投资保险法律制度的国际法最新立法趋势 …… 079
一、海外投资保险法律制度的国际法体系 ………………… 079
二、BIT 待遇条款的最新趋势与海外投资保险的关联性 …… 086
三、区域性协定待遇条款的最新发展趋势与海外投资
保险的关联性 …………………………………………… 091
四、多边公约——《汉城公约》之历程及修订 ……………… 100
第四节 外交保护理论与海外投资保险法律制度的关
联性 ……………………………………………………… 105
一、海外投资保险公司是"以国家名义" …………………… 106
二、海外投资保险是"其他和平手段" ……………………… 114
第五节 全球治理理论与 MIGA 的关联性 …………………… 114
一、符合全球治理下多元化主体参与的特征 ……………… 115
二、全球治理下的 MIGA 是解决多元化主体间摩擦的
路径 ……………………………………………………… 117
三、MIGA 建立一个稳定的多边权利分配机制 …………… 120
本章小结 ………………………………………………………… 123

第二章 "一带一路"沿线投资者母国海外投资保险立法模式考察 ……………………………………………… 125

第一节 "一带一路"沿线投资者母国海外投资保险立
法模式的定义、分类与各国实践 …………………… 125
一、"一带一路"沿线投资者母国海外投资保险立法模式
的定义 …………………………………………………… 125
二、"一带一路"沿线投资者母国海外投资保险立法模式
的分类 …………………………………………………… 126
三、"一带一路"沿线投资者母国海外投资保险立法模式
的域外实践 ……………………………………………… 128

第二节 "一带一路"沿线投资者母国海外投资保险合并式
　　　　立法模式 ………………………………………… 130
　一、以美国为例：基于"对外援助"或发展政策的合并
　　　式立法模式 ……………………………………… 130
　二、以日本为例：基于出口信用保险与海外投资保险
　　　的合并式立法模式 ……………………………… 132
第三节 "一带一路"沿线投资者母国海外投资保险混合
　　　　式立法模式 ………………………………………… 133
　一、以中国为代表的混合式立法模式的立法体系呈碎
　　　片化 ……………………………………………… 133
　二、以中国为代表的混合式立法模式过度倚重规范性
　　　文件 ……………………………………………… 134
　本章小结 ……………………………………………………… 135

第三章 海外投资保险合同及"中信保"海外投资保单的
　　　　存疑及厘清 …………………………………………… 136
第一节 海外投资保险合同属于何种有名合同 ………… 136
　一、对海外投资保险合同是信用或保证保险合同的
　　　质疑 ……………………………………………… 136
　二、应当将无特许协议下的海外投资保险合同界定
　　　为财产保险合同 ………………………………… 138
第二节 海外投资保险合同对于境外子公司的效力 …… 138
　一、海外投资保险合同无权约束境外子公司的情形 ……… 138
　二、海外投资保险合同可以约束境外子公司的路径 ……… 139
第三节 "中信保"海外投资保单的内涵、外延和有名性 ……… 140
　一、"中信保"海外投资保单的内涵及外延 …………… 140
　二、"中信保"海外投资保单属于何种有名合同 ……… 142
　本章小结 ……………………………………………………… 144

第四章 "一带一路"沿线国家签署的条约中的代位求偿权 …… 145
第一节 美式 BIT 极少签订代位求偿权条款的分析 …… 145
一、美式 BIT 极少签订代位求偿权条款的现状 …… 145
二、美式 BIT 极少签订代位求偿权条款的原因及弊端 …… 147
第二节 "一带一路"沿线区域性条约中的代位求偿权条款 …… 148
一、对代位求偿权的行使施加了严格条件的 ACIA 式区域性条约 …… 148
二、《设立阿拉伯国家间投资担保公司公约》的代位求偿权条款 …… 149
第三节 "一带一路"沿线多边条约——《汉城公约》下的代位求偿权行使、困境及其出路 …… 150
一、MIGA 行使代位求偿权 …… 150
二、MIGA 行使代位求偿权的困境及其出路 …… 150
第四节 通过 ICSID 行使代位求偿权的难点及路径 …… 152
一、以保险人的名义通过 ICSID 行使代位求偿权的难点 …… 152
二、以被保险人的名义通过 ICSID 行使代位求偿权 …… 153
本章小结 …… 153

第五章 "中信保"在"一带一路"沿线国家承保海外投资保险实证研究 …… 155
第一节 "中信保"在"一带一路"沿线国家承保海外投资保险实证研究的必要性 …… 155
一、"一带一路"沿线国家是中国企业投资的重点区域 …… 156
二、"一带一路"沿线国家风险的复杂性 …… 161
三、中国企业未重视"中信保"于"一带一路"沿线国家政治风险保障的作用 …… 172
第二节 "中信保"承保"一带一路"沿线国家投资的各类政治风险定性分析 …… 175

一、"中信保"承保"一带一路"沿线国家投资的传统政治风险定性 ……………………………………………… 176
二、"中信保"尚未承保"一带一路"沿线国家投资遭遇的非传统政治风险的定性 …………………………… 182
三、传统政治风险与非传统政治风险的关联性 ………… 189
四、MIGA 给予中国企业在"一带一路"沿线国家投资的政治风险救济 ………………………………………… 190
第三节 "中信保"承保"一带一路"沿线国家投资的各类政治风险定量分析 ………………………………… 193
一、"中信保"关于"一带一路"沿线国家政治风险保险的定量 ……………………………………………… 193
二、"中信保"调研结果分析 ……………………………… 199
三、建模分析政治风险对中国对"一带一路"沿线国家投资的影响 ………………………………………… 209
本章小结 ……………………………………………………… 220

第六章 中国在"一带一路"沿线国家海外投资保险法律制度的问题 …………………………………………… 222
第一节 中国海外投资保险法律制度外延 ………………… 222
一、中国海外投资保险法律制度的立法模式及签署的 BIT 问题 ……………………………………………… 223
二、"中信保"海外投资保单问题 ………………………… 225
三、"中信保"海外投资保险法律纠纷实证分析 ………… 225
第二节 中国海外投资保险法律制度的国内立法及 BIT 问题 ……………………………………………………… 225
一、中国海外投资保险国内立法"缺"在何处 …………… 226
二、中国签订的 BIT 之"旧"阻碍海外投资保险的发展 …… 227
第三节 "中信保"海外投资保单条款的疑问 …………… 233
一、保险责任条款中征收险和战争险的缺陷 …………… 235
二、免除责任条款的问题 ………………………………… 237

三、追偿条款无法约束东道国子公司 ……………………… 239
   四、赔偿条款的赔偿标准尚需提高 ……………………… 239
  第四节 "中信保"海外投资保险的法律纠纷实证分析 …… 240
   一、被保险人与"中信保"的纠纷的准司法救济分析 …… 241
   二、"中信保"与东道国之间的代位求偿权纠纷 ………… 249
  本章小结 …………………………………………………… 253

第七章 外国立法模式的启示及中国海外投资保险法律制度的因应 …………………………………………… 255
  第一节 外国立法模式的启示 ……………………………… 255
   一、日本合并式立法模式的启示 ………………………… 255
   二、美国的合并式立法模式更加契合中国海外投资保险法律制度的现实 ……………………………………… 256
  第二节 中国制定"海外投资保护法"与签署 BIT 的因应 …… 256
   一、"海外投资保护法"的具体立法建议 ………………… 257
   二、海外投资保险国际立法——BIT 之"革新" ………… 259
  第三节 弥补"中信保"海外投资保单缺失之对策 ………… 261
   一、规范保险责任条款 …………………………………… 262
   二、规范免除责任条款 …………………………………… 263
   三、适当提高征收险的赔偿标准 ………………………… 266
  本章小结 …………………………………………………… 266

结　论 ……………………………………………………………… 268

关键词索引 ……………………………………………………… 271

参考文献 ………………………………………………………… 275

绪　论

第一节　选题的背景和意义

一、选题背景

关于本书的选题背景，下文将从以下几个方面展开。首先，海外投资保险法律制度对于国家保护本国海外投资而言极具优越性。其次，追溯美国创立海外投资保险法律制度的背景，即"马歇尔计划"的出台和实施。再次，历经几十年的发展，海外投资保险法律制度出现了新的变化。最后，国际格局大变动之下，中国海外投资保险法律制度亦面临新的挑战。

（一）海外投资保险法律制度的优越性

海外投资保险法律制度是应海外投资的发展需求而生，为海外投资提供最后的庇护。资本在发达国家与发展中国家不间断地流动。于投资者母国而言，其投资不仅流向欧美等发达国家，更多的流向亚洲、非洲、拉丁美洲政治风险较大的发展中国家。在这一过程中，对于海外投资者而言，政治风险如同"黑天鹅"和"灰犀牛"，一旦发生，将给海外投资者带来难以预测且无法估量的损失。因此，以国家为后盾的海外投资保险法律制度的最大优越性在于减少或消灭这种损失，有利于保障全球资本流动的安全性。

源于这一制度的优越性,海外投资保险法律制度日渐成为投资者母国的重要制度。例如,2020年,DFC为美国海外投资提供了高达10亿美元的政治风险保险,以应对因货币不可兑换、政府干预以及包括恐怖主义在内的政治暴力造成的损失。[①] 再如,截至2020年,中国出口信用保险公司(以下简称"中信保")全年累计支持对"一带一路"沿线国家出口和投资1526亿美元,增长14.1%;推动"一带一路"国际合作高峰论坛成果项目落地,实现承保金额27.1亿美元;其中海外投资保险业务规模再创历史新高,全年累计承保625.6亿美元;承保保单871张(新签保单209张),承保项目覆盖巴基斯坦、印度尼西亚、哈萨克斯坦、越南、老挝等85个国家(地区);业务主要分布在电力生产和供应业(34.5%)、其他制造业(19.3%)、其他采矿业(18.5%)、土木工程建筑业(10.3%)、石油和天然气开采业(4.3%)、其他行业(13.1%)。[②] 继美国之后,日本(1956年)、德国(1959年)、法国(1960年)相继建立了海外投资保险法律制度。截至2017年,共有26个国家(地区)建立了海外投资保险法律制度。[③]

(二)海外投资保险法律制度的追根溯源

追根溯源,传统海外投资保险法律制度由美国创造并服务于"马歇尔计划",后被世界各国(地区)效仿。1948年,美国国会通过了《对外援助法》(Foreign Assistance Act of 1948),规定由"经济合作署"(Economic Cooperation Administration, ECA)承保海外投资保险。直至1969年,美国国会第八次修订《对外援助法》,授权建立OPIC专门承办海外投资保险业务。2018年,美国前总统特朗普(Trump)签署了《Build法》,成立DFC取代OPIC作为新的海外投资

---

① See U. S. International Development Finance Corporation Annual Management Report Fiscal Year 2020, https://www.dfc.gov/sites/default/files/media/documents/DFC%20Annual%20Management%20Report%20FY%202020.pdf, p. 6. Last visited:2020-12-25.

② 参见《中国出口信用保险公司2020年年度报告》,载中国出口信用保险公司(https://www.sinosure.com.cn/xwzx/ndbd/index.shtml),访问日期:2021年11月1日。

③ 参见曾华群、余劲松主编:《促进与保护我国海外投资的法制》,北京大学出版社2017年版,第55—59页。

保险公司。

(三) 海外投资保险法律制度的新变化

海外投资保险法律制度的新变化主要体现在 2018 年美国《Build 法》,该法将海外投资保险的承保权利从 OPIC 移交至新成立的 DFC。① DFC 与 OPIC 的性质相同,均属于国家政府机构,区别之处在于 DFC 更注重诠释"发展"一词。首先,DFC 是一个倾向于发展的机构。其旨在促进"可持续的、基础广泛的经济增长,减贫和发展",实现明确的经济和社会发展成果,并建立公众问责制和透明度,遵循高标准的透明度和环境与社会保障。② 其次,DFC 虽然亦优先考虑不发达地区,但是在东道国的要求上更偏重考虑"发展"这一因素。《Build 法》降低了 DFC 对低收入和中低收入国家的关注度。

除此之外,日本和德国的立法亦有所修订。具体而言,日本于 2015 年修订了《贸易保险法》;德国于 2004 年修订了《对外投资担保条例》。

(四) 中国海外投资保险法律制度面临的新挑战

中国海外投资保险法律制度面临的新挑战可概括为两个方向:一是中国海外投资战场"东移"面临的挑战;二是国际新格局带来的非传统政治风险。

1. 中国海外投资战场"东移"面临的挑战

首先,2020 年受新冠疫情影响,全球产业链将发生"东移"。主要表现在以下四个方面:一是高端产业东移;二是技术资本东移;

---

① See "U. S. International Development Finance Corporation (DFC) is America's development bank. DFC partners with the private sector to finance solutions to the most critical challenges facing the developing world today," DFC: https://www.dfc.gov/who-we-are. Last visited:2020-3-2.
② 美国《Build 法》第 102 条(b)款。

三是高端服务业东移;四是高端人才东移。① 在此背景下,东北亚将成为各国海外投资的重点区域以及海外投资保险法律制度发挥作用的主战场。东北亚作为一个地理概念,其范围包括中国东部、朝鲜半岛、日本列岛、俄罗斯远东地区。在这些国家(地区)中,韩国、日本与美国的同盟关系十分亲密,于中国海外投资而言,"国家安全审查"等政治性的风险难以回避。

其次,2020年11月15日签署的《区域全面经济伙伴关系协定》(Regional Comprehensive Economic Partnership Agreement, RCEP)②将带来东亚区域投资新热潮,这一热潮亦影响着中国的海外投资。这一预测的依据在于:一是RCEP的签署意味着全球约1/3的经济体量形成一体化大市场。③ 二是RCEP促进投资高水平开放。RCEP的15个缔约国均采用负面清单方式对制造业、农业、林业、渔业、采矿业等5个非服务业领域投资作出较高水平的开放承诺,大大提高了各方政策透明度。④ 三是RCEP为投资提供了统一的规则。在RCEP签署前,区域外的企业到区域内国家投资,不得不面临不同的规则;而RCEP签署后,区域内的规则实现了统一,对区域外的投资者来说,进入一个国家,就意味着进入整个区域内的全部国家,发展的市场和空间都会大大增长,有助于本地区吸引区域外的投资。⑤ 但是,利益的交汇必然导致冲突的产生,尤其是日韩关系陷入

---

① 参见魏建国:《疫情后,全球供应链将发生"四个东移"》,载中国日报中文网(https://caijing.chinadaily.com.cn/a/202003/22/WS5e7747f6a3107bb6b57a8109.html),访问日期:2020年10月8日。
② 2020年11月15日,东盟十国以及中国、日本、韩国、澳大利亚、新西兰15个经济体签署了《区域全面经济伙伴关系协定》,该协定旨在通过削减关税及非关税壁垒,建立一个统一市场的自由贸易协定。该协定的签署意味着世界上人口数量最多、成员结构最多元、发展潜力最大的自贸区就此诞生。
③ 参见《商务部:RCEP是一个全面、现代、高质量和互惠的自贸协定》,载中华人民共和国驻东盟使团经济商务处(http://asean.mofcom.gov.cn/article/jmxw/202011/20201103015938.shtml),访问日期:2020年11月20日。
④ 参见《商务部:RCEP促进贸易投资高水平开放》,载人民网(http://finance.people.com.cn/n1/2020/1117/c1004-31933340.html),访问日期:2020年11月20日。
⑤ 参见《〈区域全面经济伙伴关系协定〉谈判整体结束 RCEP货物贸易开放水平超90%》,载中华人民共和国中央人民政府(http://www.gov.cn/xinwen/2019-11/07/content_5449588.htm),访问日期:2020年11月20日。

低谷,并相互采取针对贸易或投资的制裁措施,这亦导致东亚区域贸易和投资风险的上升。①

2. 国际新格局带来的非传统政治风险

国际新格局带来了一系列非传统政治风险,包括国家安全审查风险、次级制裁风险以及超过必要限度的疫情管控行为带来的政治风险。然而,这些新型政治风险尚不属于中国海外投资保险的承保范畴。

首先,美国国家安全审查"剑指"中国。美国自前总统特朗普执政以来,不断加大针对中国企业的国家安全审查力度。例如,2018年8月13日,特朗普签署发布《外国投资风险评估现代化法案》(Foreign Investment Risk Review Modernization Act,FIRRMA),该法案被写入2019年《国防授权法》参议院版本的第十七卷"外国投资和出口管制审查"。② FIRRMA第1719节(b)(1)规定:不迟于本法案颁布之日后2年,以及此后至2026年,每2年,美国商务部长应向国会和美国外国投资委员会提交一份关于中国实体在美国进行外国直接投资交易的报告。这意味着将中国列为"特别关注的国家",对来自中国的投资加大安全审查力度。2020年4月4日,特朗普再次签发第13913号行政命令③,要求成立美国通信服务业外国参与审查委员会,并呼吁以"国家安全"为由对在美运营的中国电信企业实施更严格的审查④,从而进一步升级中美数字技术摩擦。美国政府一再泛化"国家安全"的定义,滥用国家力量,打压特定的中国企业。⑤ 2020年11月12日,特朗普发布行政命令,禁止美国投资者对中国军方拥有或控制的企业进

---

① 参见《2019全球风险地图:哪些国家的风险变化需要关注?》,载贸易投资网(http://www.tradeinvest.cn/information/4475/detail),访问日期:2020年12月1日。
② "Title XVII-Review of Foreign Investment and Export Controls," https://internet.wsgr.com/CFIUS/pdf/FIRRMA.pdf. Last visited: 2021-11-1.
③ 美国第13913号行政命令第3条。
④ 参见张茉楠:《美国升级外资安全审查制度加剧中美脱钩》,载中美聚焦(http://cn.chinausfocus.com/m/41897.html),访问日期:2020年11月14日。
⑤ 参见《突发! 特朗普政府公布行政命令:禁止美国投资者投资与中国军方有关联的企业》,载环球网(https://world.huanqiu.com/article/40g6tvBdupv),访问日期:2020年11月15日。

行投资。①

其次,次级制裁是 2020 年中国海外投资面临的新型风险,尤其是以美国的"次级制裁"为代表。2020 年随着美伊冲突升级,美国再次加紧了对伊朗的经济制裁②,并以此为借口对中国能源等领域的投资实施次级制裁。

最后,超过必要限度的疫情管控行为带来的政治风险。一是东道国国内防疫措施过当引发间接征收风险;二是疫情加重武装抢劫、极端恐怖主义等政治风险;三是新冠疫情加大政府违约风险。虽然超过必要限度的疫情管控行为所引发的政治风险属于传统政治风险范畴,但是东道国的疫情管控行为本身并不属于可被承保的风险范畴。

二、选题意义

(一)理论意义

首次探索海外投资保险法律制度适用的理论,即将外交保护理论和全球治理理论与海外投资保险法律制度联系起来。首先,基于外交保护的定义,一是论证海外投资保险公司是国有政策性保险公司,属于"以国家名义";二是关于"其他和平手段",基于目前国际上尚无统一说法,海外投资保险可以认定是和平手段。其次,论证全球治理理论对于 MIGA 的理论意义。一是全球治理之下 MIGA 需多元化主体参与;二是全球治理是解决多元化主体间摩擦的精要所在;三是全球治理是 MIGA 建立一个稳定的多边权利分配机制的理论依据。

---

① Humeyra Pamuk, Alexandra Alper, and Idrees Ali, "Trump bans U. S. investments in companies linked to Chinese military," https://news.trust.org/item/20201112215833-b815k. Last visited:2020-11-15.

② Pan Yuanyuan, "The Looming Threat of Sanctions for Chinese Companies in Iran," The Diplomat: https://thediplomat.com/2020/02/the-looming-threat-of-sanctions-for-chinese-companies-in-iran/. Last visited:2020-11-11.

(二) 实践意义

首先,在借鉴域外发达国家立法模式的基础上(美国、日本的合并式立法模式),选择最适合中国海外投资保险的立法模式。其次,提出制定一部"海外投资保护法",并设专章规定海外投资保险的立法建议。再次,革新BIT中陈旧或不确定之处,包括全面实施准入前和准入时的国民待遇,明确间接征收的条款,以及将充分的保护与安全条款涵盖恐怖主义风险。最后,探索弥补"中信保"海外投资保单条款缺失的对策。一是补充间接征收的定义并增设恐怖险;二是规范"中信保"海外投资保单中的免除责任条款;三是提高"中信保"海外投资保单征收险的赔偿标准。

三、创新点

(一) 理论创新

首先,诠释外交保护理论与海外投资保险法律制度的关联性。一是论证海外投资保险公司作为国有企业,其承保的是由国家财政支持的政策性风险,属于"以国家名义";二是基于"非武力"的手段即可认为是和平手段,海外投资保险可以被认定为和平手段。

其次,剖析海外投资保险合同的有名性。一是海外投资保险合同分为信用或保证保险合同、财产保险合同两种情形;二是鉴于合同相对性原则,当被保险人是母公司时,合同无法约束境外子公司。母公司与子公司单独签署的协议在其两者之间有效,但无法对抗保险公司。

最后,论证全球治理下的投资保险法律制度是以MIGA为载体的:一是符合全球治理下多元化主体参与的特征;二是以解决多元化主体,包括成员国、MIGA等主体之间的摩擦为主旨;三是MIGA建立了一个稳定的多边权利分配机制。

(二) 对策创新

首先,借鉴美国《Build 法》,中国制定一部"海外投资保护法",将海外投资保险作为其中一章。

其次,签署或修订与海外投资保险法律制度相协调的 BIT。全面实施准入前和准入时的国民待遇,明确间接征收的条款,明确充分的保护与安全条款涵盖恐怖主义风险。

最后,提出完善"中信保"海外投资保单建议。一是关于间接征收的表述应与 BIT 保持一致;二是应当增设恐怖险;三是明确解释国家利益和公共利益的应有之义;四是以"近因原则"(Principle of Proximate Cause)判断被保险人违反东道国法律与保险人拒付的因果关系;五是提高"中信保"海外投资保单征收险的赔偿标准。

第二节 国内外研究成果综述

一、国外研究现状

第二次世界大战结束后的美国为欧洲的重建提供"对外援助",进而催生了海外投资保险法律制度。因此,相较于国内,国外针对海外投资保险法律制度的研究提前了数十年,散见于学者的论文、国际法律实践评析和相关著作的部分章节。下文将分别从海外投资保险法律制度的理论基础研究和中国海外投资保险法律制度的专门研究两个方面对国外研究成果加以梳理。

(一) 海外投资保险法律制度的基础理论研究

国外学界的相关研究包括海外投资保险法律制度的定义、起源、法律渊源(国内法和国际法),海外投资保险合同的属性,以及海外投资保险法律制度的理论等几个部分。

1. 海外投资保险法律制度的定义

国外学者在研究海外投资保险法律制度的定义时，不约而同地从其国家属性入手。早在20世纪90年代，保罗·E.科莫（Paul E. Comeaux）等学者就在研究中将海外投资保险法律制度视为国家控制风险的方法。① 在这之后，海外投资保险法律制度的国家属性从未受到质疑，阿尔贝托·泰塔（Alberto Tita）更将这一制度描述为"国家的艺术"②。换言之，海外投资保险法律制度是国家为保护和支持本国海外投资企业所建立的国家投资保险方案。彼得·穆奇林斯基（Peter Muchlinski）等认为其旨在消除或降低海外投资企业对政治风险频发地区的顾虑。③

2. 海外投资保险法律制度的起源

众所周知，海外投资保险法律制度起源于美国。由是观之，国外学者关于海外投资保险法律制度起源的研究主要集中于两个方面：一是美国海外投资保险法律制度的历史沿革；二是美国OPIC的运行机制。但是，这类研究成果普遍年代久远。2018年，美国制定《Build法》，并据此法案设立DFC取代OPIC承保海外投资保险，但是关于这一最新发展的研究相对匮乏。

（1）美国海外投资保险法律制度的历史沿革

第二次世界大战之后，美国实施"马歇尔计划"，大量资本流入战后的欧洲市场。美国学者普遍将这一资本流动视为一场针对欧洲的大规模的官方援助。而伴随1948年《对外援助法》的公布，布雷纳德（Brainard L.）认为海外投资保险法律制度是美国政府为了鼓

---

① See Paul E. Comeaux, N. Stephen Kinsella, "Reducing Political Risk in Developing Countries: Bilateral Investment Treaties, Stabilization Clauses, and MIGA and OPIC Investment Insurance," 15 *New York Law School Journal of International and Comparative Law* 1, 5 (1994).

② Alberto Tita, "Investment Insurance in International Law: A Restatement on the Regime of Foreign Investment," 11 *Journal of World Investment and Trade* 651 (2010).

③ See Peter Muchlinski, Federico Ortino, and Christoph Schreuer, *The Oxford Handbook of International Investment Law*, Oxford Handbooks Online Press, 2008, p.6.

励国内企业支持其"对外援助"计划的工具之一。① 凯瑟琳·戈登（Kathryn Gordon）亦将在这一过程中发挥了积极作用、带有国家性质的海外投资保险法律制度视为资本输出国"对外援助"的一种方式。② 沃尔特（Walt J. V. D.）认为，不可否认的是，美国的"对外援助"确实为彼时的战后欧洲经济的复苏与发展起到了积极的作用，帮助一些国家实现了"平衡的增长"。③

在美国海外投资保险法律制度设立之初，其承保机构是 ECA，即 OPIC 的前身。尚克斯（Shanks R. B.）指出，最初 ECA 承保的风险仅是美国企业在东道国的"当地货币不能自由兑换为美元"的风险。④ 自 OPIC 1969 年成立、1971 年运营以来，针对其运行机制的研究不断涌现。

（2）美国 OPIC 的运行机制

国外学者对于 OPIC 运行机制的研究主要包含两个方面：一方面是对 OPIC 承保险别的研究；另一方面是 OPIC 的实证研究。首先，国外学者在研究 OPIC 的承保险别时通常采用三种方式：第一种是结合《对外援助法》的修订，如沙耶拉·伊利亚斯（Shayerah Ilias）专门研究 OPIC 的承保险别。⑤ 第二种是仅针对 OPIC 承保的恐怖主义风险展开研究，如罗德尼·斯蒂威尔（Rodney Stilwell）以 1981 年美国修订《对外援助法》为基础，论证带有政治目的之暴动或

---

① See Brainard L. , *Security by Other Means*: *Foreign Assistance*, *Global Poverty*, *and American Leadership*, Brookings Institution Press and Center for Strategic and International Studies, 2007, p. 278.

② See Kathryn Gordon, "Investment Guarantees and Political Risk Insurance: Institutions, Incentives and Development," OECD Investment Policy Perspectives 2008, http://www.oecd.org/daf/fin/insurance/44230805.pdf. Last visited: 2018-11-11.

③ See Walt J. V. D. , "Dead Aid: Why Aid is not Working and How There is a Better Way for Africa," 22 *The Review of Austrian Economics* 431, 431(2009).

④ See Shanks R. B. , "Insuring Investment and Loans Against Currency Inconvertibility, Expropriation, and Political Violence," 9 *Hastings International and Comparative Law Review* 417, 418(1985).

⑤ See Shayerah Ilias, "Overseas Private Investment Corporation: Background and Legislative Issues," https://heinonline-org.ezproxy.library.sydney.edu.au/HOL/Page?public=true&handle=hein.crs/crsmthmbbck0001&div=2&start_page=[i]&collection=congrec&set_as_cursor=2&men_tab=srchresults#. Last visited: 2018-11-11.

骚乱以及带有政治目的之恐怖主义行动属于OPIC可承保的政治风险。① 第三种是经济合作与发展组织(Organization for Economic Co-operation and Development, OECD)在《经合组织投资政策展望》报告中引用凯瑟琳·戈登(Kathryn Gordon)的观点,她比较了不同国家海外投资保险法律制度,特别是对OPIC的承保险别进行了研究。② 其次,针对OPIC的实证研究,齐尔贝格莱特(Zylberglait P. M.)专门就OPIC承保的案例进行实证研究③;舍费尔(K. N. Schefer)等学者则是有针对性地讨论了OPIC的经典案例④。

3. 海外投资保险法律制度的法律渊源(国内法和国际法)

国外学者针对海外投资保险法律制度的研究通常分为国内法层面和国际法层面。前者多指投资者母国的海外投资保险法律规范;后者则集中在针对BIT和《汉城公约》的研究上。

(1)海外投资保险法律制度的国内法渊源

索纳拉贾(M. Sornarajah)将海外投资保险法律制度国内法渊源的研究视为对投资者母国的海外投资保险法律规范的研究,并以美国海外投资保险法律规范为主要研究对象。⑤ 美国海外投资保险法律规范即《对外援助法》及其修正案。特梵蒂斯(Theofanides S.)认为,1948年通过的《对外援助法》延续了"马歇尔计划"的"援助理念",提出创设海外投资保险法律制度,并为其披上"对外援助"的美好外衣。⑥ 该法案历经八次修订后,提出成立一家海外投资保险公

---

① See Rodney Stilwell, "Encouraging Investment in LDCs: The United States Investment Guaranty Program," 8 *Brooklyn Journal of International Law* 365, 386(1982).
② See "OECD Investment Policy Perspectives," OECD: http://www.oecd.org/daf/inv/mne/oecdinvestmentpolicyperspectives.htm. Last visited:2018-11-11.
③ See Zylberglait P. M., "OPIC's Investment Insurance: The Platypus of Governmental Programs and Its Jurisprudence," 1 *Law and Policy in International Business* 359, 359-423(1993).
④ See K. N. Schefer, Krista, *International Investment Law: Text, Cases and Materials*, Edward Elgar, 2016, pp.591-598.
⑤ See M. Sornarajah, *The International Law on Foreign Investment*, Cambridge University Press, 2010, pp.19-20.
⑥ See Theofanides S., "The Metamorphosis of Development Economics," 16 *World Development* 1455, 1455-1463(1988).

司,即 OPIC。①

(2)海外投资保险法律制度的国际法渊源

国外学者针对海外投资保险法律制度国际法渊源的研究通常聚焦于 BIT 以及《汉城公约》。

首先,奥古斯特·雷尼施(August Reinisch)等学者针对 BIT 的研究在于其保护海外投资的作用。BIT 通常涵盖针对投资的主要保护标准,例如征收、国民待遇、最惠国待遇、公平与公正待遇和充分的保护与安全、禁止不合理和歧视性措施等。② 因此,如何保护海外投资自然而然地成为 BIT 中必不可少的内容。史蒂芬·辛德朗(Steffen Hindelang)等学者对 BIT 中的公平与公正待遇和充分的保护与安全提出了批判,认为其标准模糊不清且要求过高,忽视了国家出于公共利益对投资享有的监管权力。③ 但已有成果虽提及 BIT 在保护海外投资中的作用,但并未将其与海外投资保险联系起来。

其次,国外学者针对《汉城公约》的研究多聚焦其目的及承保险别。塞尔吉奥·普伊格(Sergio Puig)认为,《汉城公约》更为注重促进发展中国家成员国之间的投资流动,《汉城公约》主要承保五类非商业风险:汇兑限制、征收和类似措施、政府违约、战争与内乱以及其他非商业风险。④

4. 海外投资保险合同的属性

国外学者并没有专门针对海外投资保险合同属性的研究。虽然各国在海外投资保险合同的称谓上,或用"Insurance"(保险),或用"Guarantee"(保证),但其本质均是保险合同,即资本输出国围绕

---

① See Muchlinski P., *Multinational Enterprises and the Law*, Oxford University Press, 2007, pp.614-616.
② See August Reinisch, Christoph Schreuer, *International Protection of Investments: The Substantive Standards*, Cambridge University Press, 2020, pp.17-18..
③ See Steffen Hindelang, Markus Krajewski, *Shifting Paradigms in International Investment Law*, Oxford University Press, 2016, pp.117-227.
④ See Sergio Puig, "Emergence & Dynamism in International Organizations: ICSID, Investor-State Arbitration & International Investment Law," 44 *Georgetown journal of International Law* 531, 560-561(2013).

政治风险,依据国内法,为本国海外投资"量身打造"的保险合同。

5. 海外投资保险法律制度的理论

现有学者并未发现外交保护理论和全球治理理论与海外投资保险法律制度之间存在逻辑关系,他们仅对这两种理论进行了狭义的研究。

(1) 外交保护理论

传统的外交保护理论存在两种观点:一是认为国民利益隶属于国家权利,因此艾莫·德·瓦特尔(Emer de Vatte)认为国家"有义务""应当"保护其海外国民[1];二是主张外交保护隶属于国家权利,奥本海(Oppenheim)主张国家拥有自由裁量权,即国家"有权"决定是否行使外交保护权。[2] 后者较前者彰显了主权国家于外交保护中的意愿,亦契合了主权国家的政治考量。

21世纪初期,这一传统的外交保护理论被更加具象化。值得关注的是国际法委员会(2004年)对外交保护所作的定义,即外交保护是指一国针对其国民因另一国的国际不法行为而受到损害,以国家名义为该国民采取的外交行动或其他和平解决手段。[3] 这一意涵实际上扩大了外交保护的范畴,"以国家名义"较之前的外交机关,外延广泛得多;而"其他和平手段"基于目前国际上尚无统一说法,应当不限于外交路径。这亦是本书探索外交保护与海外投资保险法律制度的关联性的关键所在。

(2) 全球治理理论

之所以认为全球治理理论与海外投资保险法律制度之间亦存在逻辑关系,主要取决于以下方面:

首先,全球治理理论强调多元化主体的参与合作。一是全球治

---

[1] See Emer de Vattel, J. Chitty, *The Law of Nations or the Principles of the of Natural Law Applied to the Conduct and to the Affairs of Nations and Sovereigns*, Nabu Press, 1758, p.136.

[2] 参见〔英〕劳特派特:《奥本海国际法》(上卷第2分册),王铁崖、陈体强译,商务印书馆1989年版,第173页。

[3] 参见联合国:《国际法委员会报告(第五十六届会议)》,载https://undocs.org/pdf?symbol=zh/A/59/10(SUPP),访问日期:2020年2月。

理解决具有国际化因素的问题。马蒂斯·E.马古利斯(Matis E. Margulis)认为,全球冲突来源于农业、国际贸易和人权方面的机制在规则和规范上的分歧造成的饥荒和食品安全问题,全球治理是解决这一冲突的必由之路。① 二是全球治理主体间拥有共同的追求和愿景。全球治理委员会(1995年)强调,全球治理是利益冲突的调和者,是社会成员管理其共同事务的诸多方式的总和,它是使相互冲突的或不同的利益得以调和,并且采取联合行动的持续过程。②

其次,全球治理是解决多元化主体间摩擦的路径。其一,全球治理并不是摒弃竞争。约翰尼斯·厄佩莱宁(Johannes Urpelainen)认为,竞争性机制对于全球治理而言具有合理性,并且合理竞争以及对竞争的保护在一定程度上彰显全球治理的理念。③ 其二,全球治理并不意味着要建立一个世界政府或者世界联邦。星野昭吉认为,全球治理既不能理解为全球政府或世界政府,亦不能看作民族国家行为体的简单组合,它是国家与非国家行为体之间的合作,是从地区到全球层次解决共同问题的方式。④

通过上述针对全球治理理论的梳理,发现 MIGA 与全球治理理论存在契合之处,这正是本书研究的空间之一。

(二)中国海外投资保险法律制度的专门研究

虽然国外学者缺少对中国海外投资保险法律制度的专门研究,但他们比较关注中国海外投资的总体状况,包括投资规则、发展

---

① See Matis E. Margulis, "The Regime Complex for Food Security: Implications for the Global Hunger Challenge," 19 *Global Governance* 53, 53-67(2013).

② 参见〔瑞典〕英瓦尔·卡尔松、〔圭亚那〕什里达特·兰法尔主编:《天涯成比邻——全球治理委员会的报告》,赵仲强、李正凌译,中国对外翻译出版公司1995年版,第3页。

③ See Johannes Urpelainen, Thijs Van de Graaf, "Your Place or Mine? Institutional Capture and the Creation of Overlapping International Institutions," 45 *British Journal of Political Science* 799, 799-827(2014); Julia Morse, Robert O. Keohane, "Contested Multilateralism," 9 *Review of International Organizations* 385, 385-412(2014).

④ 参见〔日〕星野昭吉:《全球政治学——全球化进程中的变动、冲突、治理与和平》,刘小林、张胜军译,新华出版社2000年版,第227—278页。

趋势。马修·莱文(Matthew Levine)尤其关注"一带一路"倡议的构建以及中国政府在亚洲基础设施投资银行发展过程中占据的地位。①

二、国内研究现状

2014年中国成为资本净输出国,完成资本输入国向资本输出国的身份转变。② 自此,国内学界针对海外投资的研究如雨后春笋般层出不穷,但对于海外投资保险法律制度的研究却方兴未艾,学术观点散见于期刊论文、硕士学位论文,尚无高层次、系统化的研究海外投资保险法律制度的著作或博士学位论文。

现有的国内研究的重点集中在中国海外投资保险法律制度域外立法的借鉴、立法模式、承保条件和险别等方面,但是以硕士论文居多,且研究内容未与时俱进。此外,缺乏对海外投资保险法律制度的理论研究,如海外投资保险法律制度与外交保护理论和全球治理理论的关联性,亦无专门针对"中信保"海外投资保单、实证案例等法律问题的研究。

(一)海外投资保险法律制度的基础理论研究

鉴于海外投资保险法律制度是"舶来品",中国学者沿用了国外海外投资保险的定义、起源、法律渊源(国内法和国际法)。针对海外投资保险合同的性质亦有研究。至于外交保护理论和全球治理理论与海外投资保险法律制度的关联性,则无人涉及。

---

① See Matthew Levine, "Towards a Fourth Generation of Chinese Treaty Practice Substantive Changes, Balancing Mechanisms, and Selective Adaption," in Julien Chaisse, *China's International Investment Strategy: Bilateral, Regional, and Global*, Oxford University Press, 2019, pp.202-221.
② 参见张德勇:《中国成为资本净输出国意味着什么》,载中国共产党新闻网(http://theory.people.com.cn/n/2015/0302/c40531-26618828.html),访问日期:2019年12月15日。

1. 海外投资保险合同性质辨析

国内学者对于海外投资保险合同的性质,主要持两种观点:一种观点主张海外投资保险合同滥觞于保险合同。漆彤认为,因为海外投资保险合同符合保险合同的一般特征,即保险人承诺在事故发生时按照保险合同约定赔偿被保险人,海外投资保险合同中的事故是东道国境内发生的政治风险。① 另一种观点认为海外投资保险合同在本质上属于保证保险合同,可以归为保证合同。邹海林甚至提出这种保证"只不过采用了保险的形式","是一种由保险人开办的担保业务"②。李利等学者将保险人视为担保人或保证人,承担被保险人的担保责任。③

通过梳理发现,无论是将海外投资保险合同视为保证合同还是保险合同,国内学者均未结合中国海外投资保单加以讨论。首先,海外投资(股权)保单和海外投资(债权)保单二者的合同性质应当予以区分。其次,被保险人是境内母公司与被保险人是境外子公司两种情况下,海外投资保险合同的性质亦不能一概而论。

2. 外交保护理论研究

国内学者针对外交保护理论的研究较之国外学者并无多大差异。首先,国内学者亦将传统的外交保护视为国家专有权利。周鲠生认为,外交保护泛指一国通过外交途径对在国外的本国国民的合法权益所进行的保护,国家享有此项权利是公认的国际法准则。④ 王铁崖指出,外交保护的前提是一国国民受另一国不法行为的侵害而无法借助通常途径得到解决。⑤ 其次,在国际法委员会关于外交保护的定义的基础上进行更为系统的研究。殷敏认为,外交保护是国家对于在外国的本国国民或法人行使外交保护

---

① 参见漆彤主编:《中国海外投资法律指南》,法律出版社2019年版,第164—177页。
② 邹海林:《保险法》,人民法院出版社1998年版,第354页。
③ 参见李利、许崇苗:《对保证保险内涵的探析》,载《保险理论与实践》2020年第8期,第89—99页。
④ 参见周鲠生:《国际法》(下册),武汉大学出版社2007年版,第459页。
⑤ 参见王铁崖主编:《国际法》(第二版),法律出版社2005年版,第123页。

权,是国家基于属人管辖而产生的一种权利,是国家的主权权利。① 因此外交保护也就是国家的主权行为。而这种主权行为不同于一般的代理行为,也不同于海外投资保险法律制度中的代位求偿行为。最后,完善以领事保护为核心的外交保护制度。李秀娜认为,尽管领事保护与外资保护不同,但它是一种特殊的外交保护,是外交保护的一个前期准备阶段。②

3. 全球治理理论研究

较之国外学者针对全球治理理论的研究,国内学者沿用了全球治理的特质,但更突出强调中国在全球治理中的角色。一是掌握全球经济治理中的经济话语权,陈伟光将其理解为对国际经济社会结构赖以存在的体系、规则、机制的支配权③;二是面对2020年新冠疫情在全球范围内爆发,叶江认为中国不可避免地在全球治理体系重塑中发挥新的作用④。

(二) 中国海外投资保险法律制度的专门研究

相较于国外学者的不关注,国内学者十分关注中国海外投资保险法律制度,主要集中于以下几个方面:中国海外投资保险法律制度的域外经验,中国海外投资保险法律制度的立法模式、中国海外投资保险的承保条件和承保险别等。

1. 中国海外投资保险法律制度的域外经验——针对美国OPIC的实证研究

国内学者对海外投资保险法律制度域外经验的研究多集中于

---

① 参见殷敏:《外交保护法律制度及其发展势态》,华东政法大学2007年博士学位论文,第7—9页。
② 参见李秀娜:《海外利益保护制度的有效性困境及路径探究》,载《北方法学》2019年第5期,第97—110页。
③ 参见陈伟光、王燕:《全球经济治理中制度性话语权的中国策》,载《改革》2016年第7期,第25—37页。
④ 参见叶江:《新冠肺炎疫情对现代世界体系的影响——兼谈中国在全球治理体系重塑中的新作用》,载《国际展望》2021年第1期,第48—66页。

对美国 OPIC 的研究。1978 年党的十一届三中全会召开后,陈安[①]首次将目光投向涉及海外投资保护方面的法律问题。他认为,美国的海外投资保险法律制度已相当完善,并以 OPIC 作为中心环节,通过对 OPIC 运行体制和索赔案件的评价,揭示出美国对本国海外投资的法律保护机制,亦揭示了 OPIC 的行政管理性质,其充当了外国政府与美国资本家之间的桥梁,使政治性问题取得商业性的解决。自陈安之后,海外投资保险法律制度的研究未能跟进域外最新立法动态。王军杰仅对美国、日本、德国海外投资保险法律制度中的主体、保险范围、承保条件以及保险费、保险期、保险金等方面进行简略的比较分析。[②]

2. 中国海外投资保险法律制度的立法模式

在国内学者针对中国海外投资保险法律制度的立法模式展开研究之前,已有学者针对立法模式进行了详细研究。王学政将立法模式划分为三种,即分立式立法模式、合并式立法模式和混合式立法模式。[③] 其中,分立式立法模式,是指国家立法机关将同一类别法律关系的具体事项分割开来,将每一事项在不同的法律中分别规定的立法模式;合并式立法模式,又称为集中式立法模式或综合立法模式,主要表现为国家立法机关按照高度集约的原则,通过对同一门类法规编纂而形成系统的法律,形成一部完整的法典;混合式立法模式是居于分立式与合并式之间的一种折中的立法模式,表现为某一法律关系完全没有专门立法加以调整,只能适用于分散的不同法律规范的原则性规定。[④] 曾华群认为中国海外投资保险尚未

---

① 参见陈安:《美国对海外投资的法律保护及典型案例分析》,鹭江出版社 1985 版,第 19—20 页。
② 参见王军杰:《论"一带一路"沿线投资政治风险的法律应对》,载《现代法学》2018 年第 3 期,第 170—179 页。
③ 参见王学政:《对竞争立法模式的比较研究》,载《中国法学》1997 年第 5 期,第 59—66 页。
④ 参见王学政:《对竞争立法模式的比较研究》,载《中国法学》1997 年第 5 期,第 59—66 页。

立法。①

3. 中国海外投资保险的承保条件

关于中国海外投资保险法律制度承保条件是否以与东道国签订BIT为依据②,大多数学者持支持的立场。王培志认为,这有利于解决代位求偿权的问题,加强对海外投资者的保护。③ 郭玲则强调,从效果而言,鉴于双方地位不平等,投资者对东道国的损害赔偿请求权实现难度较大,通过国内法和BIT转化为投资者母国的承保机构对东道国的代位求偿权,缩小了主体之间地位差距,提高了权利实现的可能性。④

4. 中国海外投资保险的承保险别

在关于中国海外投资保险法律制度承保险别的研究上,少部分国内学者已着眼于海外投资恐怖险问题。王淑敏从美国完善其国内的海外投资恐怖险的角度出发,揭示了美国海外投资公司将过去内含于政治暴乱险中的恐怖险,发展成为具有独立性的海外投资恐怖险这一险种⑤,认为这对于中国立法有所启发,可以应对中国海外投资在东道国面临的日益增长的恐怖主义风险的挑战。

三、中外研究现状评析

首先,中外学者研究的重叠之处。纵观国内外学界的研究现状,中外学者在以下方面的研究存在重叠。一是基础理论研究层面不乏对海外投资保险概念、性质等基础问题的研究,并基本趋同;二是承保险别层面,国内外学者对于海外投资保险承保险别的划分

---

① 参见曾华群、余劲松主编:《促进与保护我国海外投资的法制》,北京大学出版社2017年版,第29—36页。
② 参见姚梅镇:《国际投资法》(修订版),武汉大学出版社1989版,第245—247页。
③ 参见王培志、潘辛毅、张舒悦:《制度因素、双边投资协定与中国对外直接投资区位选择——基于"一带一路"沿线国家面板数据》,载《经济与管理评论》2018年第1期,第5—17页。
④ 参见郭玲:《"一带一路"背景下我国双边投资保护协定代位条款研究》,载《上海金融》2020年第7期,第72—79页。
⑤ 参见王淑敏:《海外投资的恐怖险立法问题研究——美国经验及其对我国的启示》,载《法商研究》2017年第4期,第157—164页。

大致相同,并且普遍注重对发达国家的海外投资保险国内立法进行比较研究;三是实证研究层面的焦点集中于美国 OPIC 的实证研究。

其次,中外学者研究的不足之处。一是海外投资保险法律制度缺乏专门的理论,虽然国内外学者均有关于外交保护理论和全球治理理论的研究,但没有将两种理论与海外投资保险法律制度建立联系。二是对外国立法的研究未能与时俱进,尚未关注美国最新颁布的《Build 法》以及取代 OPIC 成为美国新的海外投资保险公司的 DFC;对于德国和日本海外投资保险国内立法缺乏系统的法条翻译和整理,更无深入的评析研究;国际立法层面,没有将 BIT 中的待遇条款与海外投资保险的险别建立联系。三是欠缺对"中国海外投资法"中海外投资保险立法的条文设计。四是尚未针对"中信保"海外投资保单的问题及完善进行研究。

第三节　研究方法和思路

一、研究方法

(一)跨学科研究法

关于政治学理论——全球治理理论与海外投资保险法律制度的关联性,有以下三点:一是全球治理之下海外投资保险需多元化主体参与;二是全球治理是解决多元化主体间摩擦的精要所在;三是全球治理是 MIGA 建立一个稳定的多边权利分配机制的理论依据。但这并不意味着需要全面舍弃外交保护理论,其是对全球治理理论的补充。

(二)历史分析法

研究海外投资保险法律制度不但要在国家之间进行横向比

较,还应当挖掘域外以及中国海外投资保险的历史发展过程,通过纵深方向的研究达到"他山之石,可以攻玉"的功效。从第二次世界大战后美国实施"马歇尔计划"中的投资保证方案,再到后来美国根据《对外援助法》首先创立海外投资保险法律制度,该制度随着形势的变化不断完善,逐渐被日本、德国等国借鉴。观之国内,中国的海外投资保险法律制度亦经历了较长时间的历史演变。

(三) 实证研究法

首先,实证研究离不开数据的支持。通过调研,对"中信保"在"一带一路"沿线国家承保海外投资保险进行实证研究,并对实证研究结果加以分析。其次,实证研究亦离不开案例。目前,中国公开的唯一一起通过仲裁解决的案例即"新洲集团诉'中信保'征收索赔案",该案对厘清中国海外投资保险法律制度中存在的问题具有重要意义。

(四) 比较分析法

通过比较域外海外投资保险法律制度的不同规定,特别是对比在海外投资中处于主导性地位的发达国家——美国、日本、德国三国的海外投资保险法律制度,分析其各自的立法,提取具有先进性和借鉴价值的规范,并思考合理的立法模式,以期为完善中国海外投资保险法律制度提供参考。

二、研究思路

本着先夯实理论基础的思路,指引立法与完善海外投资保险合同。海外投资保险属于外交保护中的"其他和平手段",同时鉴于海外投资保险法律制度多元化的主体、主体间存在利益摩擦、需要一个稳定的机制以实现权利分配的特点,全球治理理论亦与之契合。然后分析海外投资保险法律制度三种立法模式各自的优势与不足,海外投资保险合同的存疑之处,以及条约对于保险人代位求偿权行使的瓶颈与突破,之后聚焦中国海外投资保险法律制度的问题及对策,从实证角度出发,探索应对立法缺失、BIT条款陈旧、海外投资保险合同合规性问题的因应。具体思路如图1所示。

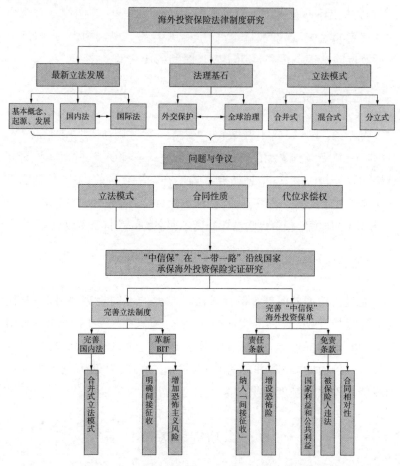

图1 海外投资保险法律制度研究思路

第一章　中国海外投资保险法律制度的理论基石

观览中国以及域外各国给予本国企业在海外的投资以保险形式的保护,毋庸置疑,其源自海外投资保险法律制度,针对投资东道国呈现的政治风险,由投资者母国提供保险救济。自2015年中国提出"一带一路"倡议以来①,截至2021年12月1日,中国已经同144个国家和32个国际组织签署200余份共建"一带一路"合作文件,如表1.1②所示。

表1.1　已同中国签订共建"一带一路"合作文件的国家一览
(排名不分先后)

洲别	国家	合作方式	投资指南
非洲	苏丹	合作协议	
	南非	合作备忘录	
	塞内加尔	合作文件	

---

① 参见《推动共建丝绸之路经济带和21世纪海上丝绸之路的愿景与行动》,载中华人民共和国商务部(http://www.mofcom.gov.cn/article/ae/ai/201503/20150300928878.shtml),访问日期:2020年12月18日。自"一带一路"倡议提出以来,各种版本的"一带一路"地图、"一带一路"路线图等不绝于耳,这其实是对"一带一路"倡议的一种误解。"一带一路"不是简单的线状经济体,它跨越不同地域、不同发展阶段、不同文明,是一个开放包容的经济合作倡议,是各方共同打造的全球公共产品。划定"一带一路"沿线国家名单、制作地图的做法并不值得提倡。中国政府从来没有对"一带一路"限定过范围,任何国家或地区都有机会享受"一带一路"的"红利"。参见《关于"一带一路"的15个认知误区》,载中国一带一路网(https://www.yidaiyilu.gov.cn/sy/zlbw/86705.htm),访问日期:2021年11月30日。

② 参见《已同中国签订共建"一带一路"合作文件的国家一览》,载中国一带一路网(https://www.yidaiyilu.gov.cn/xwzx/roll/77298.htm),访问日期:2021年11月30日。

(续表)

洲别	国家	合作方式	投资指南
非洲	塞拉利昂	合作谅解备忘录	2020投资指南—塞拉利昂
	科特迪瓦		
	索马里		
	喀麦隆		
	南苏丹		2020投资指南—南苏丹
	塞舌尔		2020投资指南—塞舌尔
	几内亚		2020投资指南—几内亚
	加纳		
	赞比亚		2020投资指南—赞比亚
	莫桑比克		
	加蓬		
	纳米比亚		
	毛里塔尼亚		2020投资指南—毛里塔尼亚
	安哥拉		
	吉布提		2020投资指南—吉布提
	埃塞俄比亚		
	肯尼亚		2020投资指南—肯尼亚
	尼日利亚		
	乍得		2020投资指南—乍得
	刚果布		2020投资指南—刚果布
	津巴布韦		2020投资指南—津巴布韦
	阿尔及利亚		2020投资指南—阿尔及利亚
	坦桑尼亚		2020投资指南—坦桑尼亚
	布隆迪		2020投资指南—布隆迪
	佛得角		2020投资指南—佛得角
	乌干达		
	冈比亚		2020投资指南—冈比亚

(续表)

洲别	国家	合作方式	投资指南
非洲	多哥	合作谅解备忘录	2020投资指南—多哥
	卢旺达	合作文件	2020投资指南—卢旺达
	摩洛哥	合作谅解备忘录	2020投资指南—摩洛哥
	马达加斯加		2020投资指南—马达加斯加
	突尼斯		
	利比亚		2020投资指南—利比亚
	埃及	合作文件	
	赤道几内亚	合作谅解备忘录	
	利比里亚		
	莱索托		2020投资指南—莱索托
	科摩罗		2020投资指南—科摩罗
	贝宁		
	马里	合作备忘录	
	尼日尔		
	刚果(金)	合作谅解备忘录	2020投资指南—刚果(金)
	布基纳法索		
	博茨瓦纳	合作文件	2020投资指南—博茨瓦纳
	中非	合作谅解备忘录	
	几内亚比绍		2020投资指南—几内亚比绍
	厄立特里亚		
亚洲	韩国	合作谅解备忘录	
	蒙古国		2020投资指南—蒙古国
	新加坡		2020投资指南—新加坡
	东帝汶		2020投资指南—东帝汶
	马来西亚		2020投资指南—马来西亚
	缅甸		

(续表)

洲别	国家	合作方式	投资指南
亚洲	柬埔寨	合作文件	
	越南	合作备忘录	2020 投资指南—越南
	老挝	合作文件	
	文莱		2020 投资指南—文莱
	巴基斯坦	合作谅解备忘录	
	斯里兰卡	合作备忘录	2020 投资指南—斯里兰卡
	孟加拉国	合作谅解备忘录	2020 投资指南—孟加拉国
	尼泊尔		2020 投资指南—尼泊尔
	马尔代夫		2020 投资指南—马尔代夫
	阿拉伯联合酋长国		2020 投资指南—阿拉伯联合酋长国
	科威特	合作文件	2020 投资指南—科威特
	土耳其	合作谅解备忘录	
	卡塔尔	合作文件	
	阿曼	合作谅解备忘录	2020 投资指南—阿曼
	黎巴嫩	合作文件	
	沙特阿拉伯	联合声明	2020 投资指南—沙特阿拉伯
	巴林	合作谅解备忘录	
	伊朗	联合声明	2020 投资指南—伊朗
	伊拉克		2020 投资指南—伊拉克
	阿富汗		2020 投资指南—阿富汗
	阿塞拜疆	合作谅解备忘录	2018 投资指南—阿塞拜疆
	格鲁吉亚	合作文件	2020 投资指南—格鲁吉亚
	亚美尼亚	联合声明	2020 投资指南—亚美尼亚

(续表)

洲别	国家	合作方式	投资指南
亚洲	哈萨克斯坦	合作谅解备忘录	2020投资指南—哈萨克斯坦
	吉尔吉斯斯坦	联合声明	
	塔吉克斯坦	合作谅解备忘录	2020投资指南—塔吉克斯坦
	乌兹别克斯坦	合作文件	2018投资指南—乌兹别克斯坦
	泰国	合作谅解备忘录	2020投资指南-泰国
	印度尼西亚		2020投资指南—印度尼西亚
	菲律宾	联合声明	2020投资指南—菲律宾
	也门	合作谅解备忘录	2020投资指南—也门
欧洲	塞浦路斯	合作文件	
	俄罗斯	联合声明	
	奥地利	合作文件	2020投资指南—奥地利
	希腊	合作谅解备忘录	
	波兰		2020投资指南—波兰
	塞尔维亚		
	捷克		2020投资指南—捷克
	保加利亚		
	斯洛伐克		
	阿尔巴尼亚		
	克罗地亚		
	波黑		
	黑山		
	爱沙尼亚	合作文件	
	立陶宛		2020投资指南—立陶宛
	斯洛文尼亚		
	匈牙利	合作谅解备忘录	

(续表)

洲别	国家	合作方式	投资指南
欧洲	北马其顿（原马其顿）	合作谅解备忘录	
	罗马尼亚		
	拉脱维亚		
	乌克兰	合作协议	2020投资指南—乌克兰
	白俄罗斯	合作议定书	
	摩尔多瓦	合作文件	
	马耳他		
	葡萄牙	联合声明	2020投资指南—葡萄牙
	意大利	合作文件	
	卢森堡	合作谅解备忘录	
大洋洲	新西兰	安排备忘录	2020投资指南—新西兰
	巴布亚新几内亚	合作文件	2020投资指南—巴布亚新几内亚
	萨摩亚	合作谅解备忘录	
	纽埃		
	斐济		
	密克罗尼西亚联邦	合作协议	
	库克群岛		
	汤加		
	瓦努阿图	合作谅解备忘录	2020投资指南—瓦努阿图
	所罗门群岛		
	基里巴斯	合作文件	
南美洲	智利	合作谅解备忘录	
	圭亚那	合作文件	
	玻利维亚	双边合作文件	2020投资指南—玻利维亚

(续表)

洲别	国家	合作方式	投资指南
南美洲	乌拉圭	合作谅解备忘录	
	委内瑞拉	合作文件	
	苏里南		
	厄瓜多尔		
	秘鲁		
北美洲	哥斯达黎加	合作谅解备忘录	
	巴拿马		
	萨尔瓦多		
	多米尼加		2020投资指南—多米尼加
	特立尼达和多巴哥	合作文件	
	安提瓜和巴布达	合作谅解备忘录	2020投资指南—安提瓜和巴布达
	多米尼克		
	格林纳达		2020投资指南—格林纳达
	巴巴多斯		
	古巴		
	牙买加		

根据商务部统计,2021年1—9月,我国企业在"一带一路"沿线对56个国家非金融类直接投资962.3亿元人民币,同比增长5.7%(折合148.7亿美元,同比增长14.2%),占同期总额的18.4%,较上年同期上升1.9个百分点,主要投向新加坡、印度尼西亚、越南、马来西亚、阿拉伯联合酋长国、老挝、哈萨克斯坦、泰国、孟加拉国和柬埔寨等国家。对外承包工程方面,我国企业在"一带一路"沿线的60个国家新签对外承包工程项目合同3643份,新签合同额5229.5亿元人民币,同比下降10.6%(折合808.1亿美元,同比下降3.5%),占同期我国对外承包工程新签合同额的50.6%;完成营业

额 3999.3 亿元人民币,同比增长 7.7%(折合 618 亿美元,同比增长 16.3%),占同期总额的 57.5%。① 然而,伴随丰富的投资机遇一同到来的还有"一带一路"沿线国家的政治风险。因此,中国海外投资保险法律制度的完善是中国企业在"一带一路"沿线国家投资的重要保障。

第一节　海外投资保险法律制度的初始

首先从梳理制度、法律制度入手,进而辨识海外投资保险法律制度,之后比较海外投资保险、海外投资保证与海外投资担保三个近似概念,廓清政治风险的内涵与外延。在此基础上,考察海外投资保险法律制度的缘起和发展以及中国海外投资保险制度的缘起。

一、海外投资保险法律制度及相关概念

从制度到法律制度,再到海外投资保险法律制度,三者的关系是递进的。

(一)"法律制度"与海外投资保险法律制度语义解析

基于"制度"是规则的集合,是在特定社会领域内统一形成的,用以规范个人或组织的行为②,进而,"法律制度"是指制度中那些法令、法规的集合体。

1. 何为"法律制度"

如前所述,"制度"是规则的集合,那么"法律制度"就是规则集

---

① 参见《2021 年 1—9 月我对"一带一路"沿线国家投资合作情况》,载中华人民共和国商务部"走出去"公共服务平台(http://fec.mofcom.gov.cn/article/fwydyl/tjsj/202110/20211003211565.shtml),访问日期:2021 年 11 月 30 日。
② 参见丁志刚、于泽慧:《论制度、制度化、制度体系与国家治理》,载《学习与探索》2020 年第 1 期,第 38 页。

合中法令、法规的集合体,是由有权的立法者为实现既定社会目标而设计的机制。具体而言,"法律制度"具有以下特征:

第一,"法律制度"是一种社会规范。波兰裔美国经济学家列昂尼德(Leonid Hurwicz)认为,"制度"的出现是为了实现既定社会目标,刺激和鼓励社会成员参与。① "法律制度"不是自始存在或一成不变的,它随着社会的变迁而起源或革新。

第二,"法律制度"具有约束力。"法律制度"之所以具有约束力,是因为它表现为一种正式规则,如宪法等。美国经济学家诺斯更倾向于将"法律制度"描述为一种"博弈规则",或更严谨地表述为人类为自身打造的制约人类交往活动的具有约束力的条件总和。②

第三,"法律制度"必须建筑在"公义基础"之上。所谓"公义基础",是指人类社会成员集体接受或承认的合乎情理和期待的判断标准。③ 换言之,"法律制度"必须满足大多数社会成员的合理期待。

第四,一国以内的"法律制度"包含"法律"和"契约"两个要素。④ 前者由政府制定,用以普遍约束个人行为;后者是平等主体之间旨在确立相互之间的权利义务关系而签订的协议。

2. 海外投资保险法律制度的内涵与外延

笔者认为,海外投资保险法律制度系指在海外投资保险领域内统一形成的规则集合体,用以规范投保人、被保险人和保险人的行

---

① See Leonid Hurwicz, "Institutions as Families of Game Forms," 2 *The Japanese Economic Review* 113, 113-132(1996).
② See Douglass C. North, *Institutions*, *Institutional Change and Economic Performance* (*Political Economy of Institutions and Decisions*), Cambridge University Press, 1990, pp. 3-10.
③ 参见〔美〕E. 博登海默:《法理学:法律哲学与法律方法》,邓正来译,中国政法大学出版社1999年版,第236页。
④ 在一国之内,可将具有法律性质的制度划分为"法律"和"契约"两类。因国内社会为"有政府状态",故法律由政府制定,用以普遍约束个人行为;而个人作为平等主体,确立相互间权利义务关系签订的则是契约。相反,国际社会仍处于"无政府状态",缺乏一个位居各国主权之上的世界政府。因此,无论是"规则"(相当于国内社会政府制定的"法律"),还是"契约"(相当于国内社会私人订立的"契约"),均须经各国政府共同同意方能产生。虽然二者从形式上难以界分,但在功能上,与国内社会类比意义上的"规则"与"契约"之别必然存在。因此,可从国际经济法律制度中析出"规则"和"契约"两大要素。参见徐崇利:《"一带一路"国际经济法律制度的"契约性"特征》,载《法学》2019年第3期,第132页。

为。其外延包括海外投资保险法律制度的国内法最新立法趋势、国际法最新立法趋势、理论基石、投资者母国立法模式、海外投资保险合同、条约中的代位求偿权条款等。第一,本章第二节分别从投资者母国和投资东道国探讨海外投资保险法律制度的国内最新立法趋势;本章第三节关于国际法最新立法趋势的阐述是围绕 BIT、区域性协定和多边公约依次展开的;本章第四节和第五节阐述了海外投资保险法律制度的理论基石,包括外交保护理论和全球治理理论。第二,海外投资保险法律制度的投资者母国立法模式分为合并式立法模式和混合式立法模式,第二章将具体评价这两种立法模式。第三,"中信保"海外投资保单的内涵、外延及性质将在第三章详细阐述。第四,条约之下代位求偿权的行使并不是一帆风顺的,第四章将就其瓶颈与突破展开论述。

(二)海外投资保险、海外投资保证与海外投资担保三个概念的辨识

中外学者曾使用海外投资保险、海外投资保证、海外投资担保三种称谓。在理论上,保险、保证、担保显然是三个不同的概念,那么,在实践中,它们又是否有所区别呢?

1. 三个概念的侧重不同

首先,海外投资保险合同滥觞于保险合同。一是它符合保险合同的一般特征,即保险人承诺在事故发生时按照保险合同的约定赔偿被保险人,而海外投资保险合同中的事故是东道国境内发生的政治风险,虽然它具备商业保险合同的特征,但有其特殊性。普遍以政府控股或独资成立的保险公司作为保险人,是主权国家借用"法人"的主体形式,针对东道国的政治风险提供保险救济的方式。

其次,海外投资保证或海外投资担保可交替使用。原因在于:部分学者认为,海外投资保险合同在本质上属于保证保险合同,可

以归为保证合同。① 支持此观点的学者认为,保险人作为担保或保证人,承担被保险人的担保责任②,因此它在本质上与普通的保证或担保合同并无差异。尽管如此,部分学者仍坚持认为保证保险合同应定性为保险合同而非保证合同。③

保证保险和信用保险这两个术语尚无统一定义,经常交替使用。但是在英国,二者还是有细微的差别的,表现为当事人的身份不同。④ 总而言之,海外投资保险合同具有保证合同的属性,有时以海外投资保证或海外投资担保代替海外投资保险这一称谓。

2. "海外投资保险"这一术语的使用最为普遍

1948年,在开创海外投资保险法律制度之初,美国的《对外援助法》及签署的BIT均使用"投资保证"一词,为投资者提供政治风险发生后的保障。自从1969年修订《对外援助法》之后,海外投资保险这一术语替代了"投资保证"。⑤ 中国学者在研究中倾向使用"海

---

① 学界一般认为,保证保险在性质上属于保证,"只不过采用了保险的形式","是一种由保险人开办的担保业务"。参见邹海林:《保险法》,人民法院出版社1998年版,第354页。我国台湾地区学者袁宗蔚也认为保证保险不是保险,他提出四点理由:一是保证保险有三方当事人(如前述),而普通保险仅有两方当事人;二是保证保险对被担保人的义务之履行有约束力,而普通保险对被保险人无任何约束;三是保证保险并无预想的损失,保费只不过是以保险公司名义收取的手续费,而普通保险非但有预想的损失,而且保费是真实的,以理赔的数额作为计算依据;四是保证保险中的被担保人对担保人(保险公司)给付代利人的补偿有偿还的义务,而普通保险的被保险人无任何返还的责任。参见袁宗蔚:《保险学——危险与保险》,三民书局1994年版,第619页,转引自徐卫东、陈泽桐:《保证保险合同若干法律问题研究》,载《当代法学》2006年第3期,第63页。

② 参见李利、许崇苗:《对保证保险内涵的探析》,载《保险理论与实践》2020年第8期,第89—99页。

③ 参见宋刚:《保证保险是保险,不是担保——与梁慧星先生商榷》,载《法学》2006年第6期,第110页。

④ 在英国,信用保险和保证保险并没有本质的差别,统称为保证。信用保险合同与担保合同极为相似。与普通担保合同所不同的是,保险人在这两种保险合同中充当保证人,承担给付保险赔偿金的责任,目的在于填补被保证人由于作为或不作为给被保险人造成的损失。诚然,保证保险合同通常有三方当事人,即被保证人(投保人)、权利人(被保险人)和保证人(保险公司),由债务人自己投保。但信用保险合同只有两方当事人,即权利人(投保人也是被保险人)和保证人(保险公司),由保险人对债权人在信用借贷或商业赊销中因债务人不能履行合同义务而受到的损失给予保险赔偿。参见王淑敏:《船舶抵押权人保险保障之我见》,载中国海商法协会主办:《中国海商法年刊》(总第9卷),大连海事大学出版社1999年版,第288—289页。

⑤ See Lowenfeld A. F. , "International Private Investment," 2 *International Economic Law* 420, 420(1982).

外投资保险"一词。尽管各国使用的名称有所不同,但其实质并无差异。资本输出国围绕政治风险,依据国内法为本国海外投资"量身打造"海外投资保险法律制度。关于海外投资保险机构的设置,各国略有差异。

(三)海外投资的内涵

投资概念是海外投资保险法律制度的研究基础。关于海外投资的界定直接关系到是否能被海外投资保险公司承保。传统的观点认为,"存在外国投资的决定性标准是投资者的国籍"[1],即由外国国民控制或拥有的资产发生了跨国转移即是海外投资。这种观点显然混淆了海外投资和资本转移的界限。法国学者朱拉德(Patrick Juillard)在此基础上为界定"海外投资"施加了额外条件:"其一,是一个长期的持续性项目;其二,存在对收益或利润的期待;其三,投资者是直接或间接地参与项目管理;其四,承担商业或政治风险。"[2]这一定义包含的外国投资者对项目拥有管理权或控制权要素,被国际投资法各类教科书作为直接投资的定义所采纳。[3] 这里的决定性因素在于投资者拥有的实际"控制权"和"管理权"。相较于直接投资,间接投资不再局限于资金类投资,亦包括一国私人或政府对外国私人或政府发放的股票和其他证券投资或贷款等,以及国际金融组织对各国的贷款等,即不需要对投资实际"控制"。

但值得注意的是,事实上,出现在各类条约中的海外投资更加广泛,不仅包括直接投资,而且涵盖间接投资。各国可以在其投资条约中界定投资保护的范畴,并以此扩大其对外国投资者财产保护的范

---

[1] Peter Muchlinski, Federico Ortino, and Christoph Schreuer (eds), *The Oxford Handbook of International Investment Law*, Oxford University Press, 2008, pp. 58-59.

[2] Patrick Juillard, "Freedom of Establishment, Freedom of Capital Movements, and Freedom of Investment," 15 *ICSID Review - Foreign Investment Law Journal* 322, 335 (2000). See Rudolf Dolzer, Christoph Schreuer, *Principle of International Investment Law*, Oxford University Press, 2008, p. 60.

[3] See M. Sornarajah, *The International Law on Foreign Investment*, Cambridge University Press, 2004, pp. 4-10.

围。例如在 BIT 中,海外投资可以适用于投资者的所有资产,包括股本、债务、合同、财产、股票、抵押和留置权的权利,以及东道国政府颁发的认捐或许可证。① 《关于解决国家与他国国民之间投资争端公约》(Convention on the Settlement of Investment Disputes Between States and Nationals of Other States,以下简称《华盛顿公约》)虽然未能定义海外投资,但其第 25 条第 1 款将 ICSID 的管辖权囿于缔约国和另一缔约国国民之间,产生于直接投资的任意"法律争端"。也就是说,间接投资争议不属于该中心管辖范畴。ICSID 管辖绝大多数国际投资案件。2020 年 1—10 月,ICSID 共处理了 303 个案件。② 作为处理全球 70%的投资争端的机构,2016 年 ICSID 对仲裁规则进行了第四次大规模修订,旨在维持正当程序、实现投资者与国家间利益的平衡、提高争端解决程序的效率、降低争端解决的成本。③

因此,ICSID 仲裁庭不仅必须确定一项活动是否出于相关协定目的之投资,而且还必须确定其是否符合 ICSID 决策者的法律解释的。此缘于,对于法律条文、合同条款过于公式化的解读可能会造成事实上的不公正。④ 虽然《华盛顿公约》起草人在订立条款时,出于"担心具体含义会限制公约的范围并引起不必要的管辖权问题"⑤的考虑,有意地避免定义何为海外投资。但是在许多案例中,仲裁庭和仲裁员亦在尝试阐明海外投资之意涵。⑥ 第一个案例是"菲达克斯公司诉委内瑞拉共

---

① See Ewell E. Murphy, "Access and Protection for Foreign Investment in Mexico Under Mexico's New Foreign Investment Law and the North American Free Trade Agreement," 10 *ICSID Review-Foreign Investment Law Journal* 54, 54-97(2000).

② See ICSID, "The ICSID Caseload-Statistics," 2020, ICSID: https://icsid.worldbank.org/sites/default/files/publications/The%20ICSID%20Caseload%20Statistics%20%282020-2%20Edition%29%20ENG.pdf. Last visited:2020-11-13.

③ 参见何悦涵:《投资争端解决的"联合控制"机制研究——由投资争端解决机制的改革展开》,载《法商研究》2020 年第 4 期,第 146—147 页。

④ 参见王淑敏、李忠操:《区块链纠纷的民事管辖权配置:法理创新与立法应对》,载《政治与法律》2020 年第 5 期,第 140—149 页。

⑤ David A Lopina, "The International Center for Settlement of Investment Disputes: Investment Arbitration for the 1990s," 4 *Ohio State Journal on Dispute Resolution* 107, 114 (1988).

⑥ See Alex Grabowski, "The Definition of Investment Under the ICSID Convention: A Defense of Salini," 15 *Chicago Journal of International Law* 287, 295(2014).

和国案"(Fedax N. V. v. The Republic of Venezuela)。① 仲裁庭并未确立判断"海外投资"的严格要件,只是列出了一些重要原则,例如,一定的持续时间,利润与收益具有规律性,承担风险,承诺对东道国的发展有重要意义,等等,这些原则形成了日后确立判断"海外投资"标准的基础。目前最常见的海外投资定义出现于"萨利尼建筑公司与意大利贸易公司诉摩洛哥王国案"(Salini Costruttori S. p. A. and Italstrade S. p. A. v. Kingdom of Morocco)②,该案涉及两家意大利公司与摩洛哥政府之间的争端。在此案中,仲裁庭设计了四要件的测试(后称"萨利尼测试")③,用以判断两家意大利公司投资的性质。这四个要件分别是:其一,有资金或资产的移转;其二,该投资持续了一段时间;其三,存在风险;其四,对东道国具有经济贡献。关于提出这四个要件,仲裁员审查了各方的证据,考证了先前的国际投资仲裁裁决中对于海外投资的界定,发现前三个要件曾包含于先前的裁决中,但是仲裁员认为仅这三个要件并不能全面判断"海外投资",因此又增加了第四个要件,以强调海外投资在东道国经济发展中的作用。

经过多年的适用,"萨利尼测试"存在部分争议,尤其是对第四个要件的分歧最大。但是,无论"萨利尼测试"具有多强的争议性,作为ICSID 框架内开发的标准,仍被 ICSID 和其他法庭所广泛采用。④

(四)政治风险

海外投资保险的承保对象是政治风险,下文从政治风险的特征和种类分别加以讨论。

---

① See Decision of the Tribunal on Objections to Jurisdiction, Fedaxn. N. V. v. The Republic of Venezuela, Case No. ARB/96/3, July 11, 1997.

② See Decision on Jurisdiction, Salini Costruttori S. p. A. and Italstrade S. p. A. v. Kingdom of Morocco, Case No. Arb/Oo/4, July 23, 2001.

③ See Decision on Jurisdiction, Salini Costruttori S. p. A. and Italstrade S. p. A. v. Kingdom of Morocco, Case No. Arb/Oo/4, July 23, 2001.

④ See Alex Grabowski, "The Definition of Investment Under the ICSID Convention: A Defense of Salini, "15 *Chicago Journal of International Law* 287, 297(2014).

1. 政治风险的特征

外国直接投资在东道国不可避免地面临政治风险,政治风险是指向海外投资未来可得利润未能达到预期的可能性。因此,判断东道国的行为是否属于政治风险就显得尤为重要。政治风险是指通过政府行为、公众行为和国际暴力行为,如国有化、征收、无适当补偿的征用、强制合同重新谈判、蚕食性征收或监管征收,以及通过税收进行政府监管干预或其他投资壁垒。发展中国家法律的不稳定性、经济和意识形态的变化均影响政治风险的程度。那么如何判断一项风险是否政治风险呢?

第一,政治风险的主体是政府机构或非政府机构。政府机构主要包括东道国政府、国际多边组织、投资者母国政府;非政府机构主要包括恐怖分子、东道国当地少数群体、国有控股企业、非法武装等。前者引发的多为国有化征收风险、禁兑风险、政府违约风险;后者可能引发的则是战争风险中的恐怖主义风险或武装暴乱风险。例如,东道国政府通过特定项目的国有化导致投资者的财产损失;又如恐怖分子可能通过对项目周边环境、设备的破坏导致资产损失等。

第二,政治风险的直接影响因素必须是具有"政治性"的政治事件。政治事件是导致政治风险的直接因素,即海外投资保险中的损因认定。政治事件的"政治性"除体现在前述主体的政治性外,还必须是出于政治性目的。从国家关系的角度而言,政治性目的通常涉及国家之间的利益、国际外交关系;从国内政局稳定的角度而言,政治性目的通常涉及不同种族、民族、宗教派系、党派斗争之间的关系。

第三,政治风险的最终后果是导致企业运营受到损害,并且未获得有效赔偿。一是造成某些权益的无法实现,如对资产或权益的要求权、所有权、使用权、转让权、出售权、清偿权等;二是对于投资资产的直接破坏,造成财产损失或使预期利润受到破坏。

第四,政治风险后果的承担人——投资者或所有者。相对于其他因素,政治风险后果的承担人相对容易界定。

投资风险在同时满足以上四个特征的前提下,才可被称为政治风险。

2. 政治风险的种类

在海外投资的历史长河中,投资者面临三种最基本的政治风险。

首先,政治暴力,如战争、革命、暴动、恐怖主义或内乱发生的风险。这类政治风险通常亦非东道国政府所愿。这类政治风险是否归因于东道国政府有两种情况[1]:一是东道国的作为行为,典型如战争或内乱风险;二是东道国的不作为行为,典型如恐怖主义风险中东道国的不作为。

其次,东道国政府故意采取征用、干预投资者经营权等行为,导致投资者财产权无法有效取得的风险。[2] 这类政治风险完全归责于东道国政府,根据国际法,东道国理应对外国投资者产生的损失承担赔偿责任。征收,就其本身而言,虽然不被禁止[3],但必须符合合法性要求[4]。所谓合法性通常包括两个方面:一是符合公共利益的目的、非歧视地并且遵循正当法律程序地进行。[5] 例如《能源宪章条约》就将上述要求列入征收条款。[6] 二是补偿的义务和水平。对于

---

[1] "In accordance with article 2, one of the essential conditions for the international responsibility of a State is that the conduct in question is attributable to the State under international law. Chapter II defines the circumstances in which such attribution is justified, i. e., when conduct consisting of an act or omission or a series of acts or omissions is to be considered as the conduct of the State." Draft Articles on Responsibility of States for Internationally Wrongful Acts, with Commentaries 2001, p. 38.

[2] See S. Linn Williams, "Political and Other Risk Insurance: OPIC, MIGA, EXIMBANK and Other Providers," 5 *Pace International Law Review* 59, 64(1993).

[3] See August Reinisch, Christoph Schreuer, *International Protection of Investments: The Substantive Standards*, Cambridge University Press, 2020, p. 5.

[4] See August Reinisch, Christoph Schreuer, *International Protection of Investments: The Substantive Standards*, Cambridge University Press, 2020, p. 5.

[5] See August Reinisch, Christoph Schreuer, *International Protection of Investments: The Substantive Standards*, Cambridge University Press, 2020, p. 5.

[6] See Energy Charter Treaty (1994), article 13: "Investments of Investors of a Contracting Party in the Area of any other Contracting Party shall not be nationalized, expropriated or subjected to a measure or measures having effect equivalent to nationalization or expropriation (hereinafter referred to as 'Expropriation') except where such Expropriation is: (a) for a purpose which is in the public interest; (b) not discriminatory; (c) carried out under due process of law; and (d) accompanied by the payment of prompt, adequate and effective compensation."

征收的补偿,BIT 或多边条约均要求"及时、充分、有效"。① 其中,《荷兰—波兰 BIT》中对"及时、充分、有效"作出了直接解释,其要求东道国的赔偿等值于投资受损害的实际价值,并且以投资者接受的任何可自由兑换的货币,不无故拖延赔偿支付受损害的投资者或投资者指定的国家。② 除此之外,在征收风险的认定过程中,通常极易发生争议。对于间接征收是否属于征收范畴,国际上普遍持肯定态度。例如,OECD 拟定的《多边投资协定(草案)》中明确将间接征收和直接征收同时纳入征收范畴。③ 尽管如此,如何界定间接征收,尚未得到解决。

最后,东道国政府限制本国货币兑换为外汇的风险。东道国政府通常对这一事件有很大的控制权,但在《国际货币基金组织协定》第 8 条规定义务的接受国日益增多的当下,这一政治风险发生的概率低于前两种。

二、海外投资保险法律制度的缘起和发展

海外投资保险法律制度缘起于美国。美国于 1948 年开始"对外援助"计划,并于 1969 年成立 OPIC,具有高度代表性。美国是海外投资保险法律制度的诞生地,其他国家在不同程度上从美国那里获取了灵感。因此,笔者旨在廓清海外投资保险法律制度在美国之起源,以期揭开该法律制度的面纱。

(一) 海外投资保险法律制度缘起于美国

鉴于美国是海外投资保险法律制度的首创者,因此本节首先将研究重点投向海外投资保险法律制度在美国的诞生与发展,以探寻

---

① See August Reinisch, Christoph Schreuer, *International Protection of Investments: The Substantive Standards*, Cambridge University Press, 2020, p. 5.
② 1992 年《荷兰—波兰 BIT》第 5 条。
③ 1998 年 OECD《多边投资协定(草案)》。

这一制度存在于一国的意义。

第二次世界大战结束之初，面对满目疮痍、百废待兴的欧洲各国，美国投资者发现对欧投资隐藏的厚利，于是乘虚蜂拥而入欧洲大陆，这就是甚嚣尘上的"马歇尔计划"。为了推行该计划，美国国会通过了《对外援助法》。此时，美国的真实目的是利用"对外援助"构筑世界新秩序。"马歇尔计划"被认为取得了全面成功：重建了西欧被战争毁坏的基础设施；消除了工业化国家间的贸易壁垒；帮助受援国实现了工业现代化；给欧洲带来了二十多年的繁荣；抵御了苏联西扩的势头；直到1952年计划结束，所有受援国的经济都恢复甚至超过了战前水平。它奠定了战后美欧关系的基本框架，建立了以美国为首的西方世界的新秩序。

面对海外如此大量的美资，美国需要向投资者提供"安全保证"，主要有三方面条件①：首先，该"安全保证"的适用领域被限定于欧洲，"有关当事国"仅指参加所谓"欧洲复兴计划"的欧洲国家；其次，"安全保证"的"保证"内容仅限于货币兑换上的风险，即只保证投保者可按合同规定将其他国家的货币兑成美元；最后，海外投资保险的承保机构——ECA是直属美国国务院的一个行政部门。

"马歇尔计划"之后，一方面，美国政府认为，既然投资保险计划对参与欧洲重建的美国企业有意义，那么对在非洲、拉丁美洲、亚洲等发展中国家经营的美国企业亦同样有意义；另一方面，欧洲市场复苏后，在欧洲的美资正面临被排挤的局面，亟待探寻替代性市场。因此，美国将投资的目光转向原料丰富且具有大量低廉劳动力的发展中国家市场。但是，这类发展中国家的投资环境普遍"利厚险多"，政治环境不稳定。因此，美国1959年《共同安全法》②（Mutual Security Act of 1959），规定："国会认识到，美国人民与其他各国人民

---

① 美国1948年《对外援助法》第111条。
② 1951年，美国结束了支持"马歇尔计划"的"对外援助"，并颁布《共同安全法》，其目的在于帮助贫穷国家发展并遏制共产主义的蔓延。1951年《共同安全法》关于海外投资保险的规定直接沿用1948年《对外援助法》中的条款，但是1959年《共同安全法》关于海外投资保险的规定发生了明确的变化。直至1961年，美国制定了新的外国援助计划，《共同安全法》被1961年《对外援助法》取代。

之间存在基本的利益一致,这些各国人民正在努力建立和发展政治上独立和经济上可行的单位,并生产更多的商品和服务,以反映民意的方式改善生活方式,实现对正义、教育、个人尊严和尊重的渴望,并建立负责任的政府,与其他志同道合的政府合作。国会宣布,在适当考虑到我们的其他义务的情况下,通过向愿意为实现这些目标而积极工作的各国人民提供援助,来分享这些努力,是美国的一个主要目标和需要,也是符合美国传统和理想的一个目标。"①美国的海外投资保险逐渐增加承保的险别,从货币兑换险,到征用险、战争险、革命和内乱险及骚动险。1961年《对外援助法》扩大了承保险别的范围,从货币兑换险到征用险、战争险、革命和内乱险及骚动险。② 除了东道国和险别的范围,承保机构的名称亦有变化,分为两个阶段:前期称为"经济合作署"(1948年)、"共同安全署"(1952年),后期称为"国外事务管理署"(1953年)、"国际合作署"(1955年)及"国际开发署"(Agency for International Development, AID)(1961年)。虽然名称屡经变迁,职司有大有小,但其共同点是均曾相继经营海外美国私人投资的保证、保险业务。作为"后继者",新的机构理应承继原机构在保险合同中的权利与义务。其目的在于投保人与承保人之间的关系稳定化,借此承保机构向东道国当局代位索赔的权利得以保证。此外,每次更改名称,都还沿用一个"署"(Administration 或 Agency)字,始终强调它们是美国政府的一个行政部门。

《对外援助法》前后历经八次修改。纽约参议员雅各布·贾维茨建议设立一个独立的新机构来管理投资保险计划,该提案获得国会通过。最大的变动在于,设立 OPIC 取代原有行政机构。③ 虽然承保机构不再以"署"自居,而是以"公司"自称,但这并不意味着其由行政部门向公司法人转变。事实上,公司仍隶属美国国务院,绝非私营企业,从本质上说仍然是美国政府的代理机构。2018年10月5

---

① 美国1959年《共同安全法》第2节第3条第1款。
② 美国1961年《对外援助法》第234条。
③ See Muchlinski P., *Multinational Enterprises and the Law*, Oxford University Press, 2007, pp.614-616.

日,美国前总统特朗普签署了《Build 法》,此次立法改革加强了美国的发展融资能力,成立了一个新的联邦机构——DFC,以帮助应对美国的发展挑战和外交政策的优先事项;它是一个现代化的综合机构,汇集了 OPIC 和美国国际开发署的职能,同时推出新的金融产品,以便更好地将私人资本带到发展中国家;美国将有更大的灵活性来支持对发展中国家的投资,以推动经济增长、创造稳定和改善生活。DFC 使美国在全球发展阶段成为一个更强大、更具竞争力的领导者,更有能力在变革性项目上与其盟友合作,并为国家指导的举措提供财务上可靠的替代方案,因为这些国家指导的举措可能会使发展中国家的境况更糟。[①]

(二)海外投资保险法律制度与"对外援助"的联系

前已述及,"马歇尔计划"以"对外援助"的形式为第二次世界大战后的欧洲提供物力支持。[②] 之所以将海外投资保险法律制度与"对外援助"联系起来,究其原因,在执行"马歇尔计划"过程中,企业遭遇东道国的政治风险,《对外援助法》设计了保险机构予以赔偿,此种保险机构演变为海外投资保险公司。

1. "对外援助"的内涵

人类社会所称的"援助"的本质,是有能力的社会整体对缺乏能力的社会个体给予的帮助。从经济学角度理解"对外援助",即包含所有形式的跨越国界的援助活动。依据"对外援助"的形式又可将其划分为三种[③]:一是官方发展援助(Official Development Assistance,ODA),是指发达国家对发展中国家的援助。这类援助是经济外交层面的一种政策工具,是带有指向性的不平等援助,其

---

① See "Overview," DFC: https://www.dfc.gov/who-we-are/overview. Last visited:2019-11-23.

② See Theofanides S., "The Metamorphosis of Development Economics," 16 *World Development* 1455, 1455-1463(1988).

③ 参见程诚:《"一带一路"中非发展合作新模式:"造血金融"如何改变非洲》,中国人民大学出版社 2018 年版,第 1 页。

诞生伊始就是为了维护和增进被援助国利益服务的。这亦是国际发展经济学中的"对外援助"。二是官方开发金融,其相对ODA更为柔和,主要是指以金融形式体现出来的发展合作形式,既包含传统的"对外援助",亦包含投资、信贷等其他形式,只要合作目的在于促进经济增长和提高生活水平,皆可以纳入此概念范围内,此概念主要用于联合国等国际组织。如果说官方发展援助是"输血式"的援助,那么官方开发金融就是"造血式"的援助。[①] 三是国际发展合作,其强调的是平等地位的主体之间以合作形式就发展事务展开的援助,与前两者的"施恩"色彩相较,"合作"的特点更为明显。

2. "对外援助"纳入发展经济学研究领域

发展经济学的诞生有着特殊的历史背景和研究对象。[②] 资本分配的不均衡使得人们逐渐认识到资本积累是经济长期增长的必要条件之一。积累的资本不仅可以用于扩大再生产,实现劳动分工,还可以用于投资新的技术以提高产品质量和数量。于是,以资本替代劳动力被认为是提高劳动生产率的主要途径。换言之,资本积累是经济发展的主要动力之一。第二次世界大战后,传统的"邻国"概念被扩大化,各国开始关注经济上与本国高度关联国家的发展问题。因此,让发展中国家从贫困中解脱出来,不仅是出于人道主义的理念,而且对自身和平与繁荣在很大程度上依赖于国际秩序稳定的发达国家来说,亦是必要的。[③] 由此诞生了如何协调使用国际援助和国内资源推进经济发展的发展经济学。

从理论上说,对发展中国家而言,首先,资本积累无法通过国内

[①] 参见任晓、刘慧华:《中国对外援助:理论与实践》,格致出版社、上海人民出版社2017年版,第18—31页。

[②] 发展经济学起源于20世纪30年代,兴起于第二次世界大战之后,特别是20世纪五六十年代。它的主要研究对象是经济落后的发展中国家。代表人物有W.阿瑟·刘易斯、保尔·罗森斯、拉·纳克斯、W.罗斯托、劳尔·普雷维什。参见李桂娥主编:《发展经济学》,武汉大学出版社2013年版,第20—29页。

[③] 参见〔日〕速水佑次郎:《发展经济学:从贫困到富裕》,李周译,社会科学文献出版社2003年版,第2页;程诚:《"一带一路"中非发展合作新模式:"造血金融"如何改变非洲》,中国人民大学出版社2018年版,第36页。

手段来解决。其欠缺实现增长的"必要条件",主要有三点原因①:一是发展中国家的低收入水平导致较低的储蓄率,资本积累难以通过正常的银行金融系统来实现;二是大多数发展中国家,例如撒哈拉以南的非洲国家,都欠缺一个强有力的政府,无法通过有效的税赋征收形成的政府财政来进行投资②;三是发展中国家普遍未建立起有竞争力的出口型工业,常常依赖于出口初级自然资源,而其价格又长期被国际贸易剪刀差压制,难以通过出口来积累外汇。③ 其次,发展中国家低下的经济发展水平,以及低下的法律和政府治理水平,又严重制约了外国投资的进入。因此,"对外援助"自然成为解决资本积累问题不多的选择之一,这一领域的研究逐渐成为国际发展经济学。

三、中国海外投资保险法律制度的缘起

毋庸赘述,中国海外投资保险虽脱胎于商业保险,但又与商业保险迥异,《保险法》的诸多规制仍适用于海外投资保险,例如代位求偿权制度,由此而论,在中国海外投资保险法律制度的混合式立法体系中,《保险法》占有重要地位。

(一)《保险法》在混合式立法体系中占据主导地位

《保险法》在混合式立法体系中占据主导地位。从保险法的雏形到 2013 年《最高人民法院关于审理出口信用保险合同纠纷案件适用相关法律问题的批复》的出台,均可认定海外投资保险适用《保险法》。2016 年"中信保"的监督机构亦承认"中信保"受《保险法》约束。

---

① 参见程诚:《"一带一路"中非发展合作新模式:"造血金融"如何改变非洲》,中国人民大学出版社 2018 年版,第 35—38 页。
② 参见程诚:《"一带一路"中非发展合作新模式:"造血金融"如何改变非洲》,中国人民大学出版社 2018 年版,第 37 页。
③ 参见程诚:《"一带一路"中非发展合作新模式:"造血金融"如何改变非洲》,中国人民大学出版社 2018 年版,第 37 页。

1. 保险立法的雏形阶段

保险立法的雏形阶段是 1979 年至 1990 年。1979 年,中国人民保险公司(现为中国人民保险集团公司)开始承保投资保险。在这一阶段,《保险法》尚未出世。直至 1985 年,国务院颁布了行政法规——《保险企业管理暂行条例》,可以看作彼时的保险法律依据。1995 年中国颁布《保险法》。在《保险法》颁布之外,全国人大常委会针对不同的保险活动颁布了特别法,如 2018 年《社会保险法》、2012 年《军人保险法》等。之所以认为《保险法》应当属于海外投资保险国内立法体系的一个组成部分,原因在于:《保险法》的一般原理适用于所有保险,即它是保险领域的上位法,其总则第 3 条规定的适用范围包括在中国境内从事的一切保险活动。[1]

2. 司法解释的出台亦认可海外投资保险适用《保险法》

2013 年发布的《最高人民法院关于审理出口信用保险合同纠纷案件适用相关法律问题的批复》已明确规定,审理出口信用保险的纠纷可以适用《保险法》的基本机理,如法律未有规定,则适用出口信用保险合同。[2] 由此及彼,基于"中信保"海外投资保单和出口信用保险合同在属性上高度雷同,均属于政策性保险合同,审理海外投资保险纠纷案件理应适用《保险法》的基本机理,如法律未有规定,则适用海外投资保险合同,即"中信保"海外投资保单。但《保险法》适用于海外投资保险,尚有多处不符之处。

3. 保险监督管理机构确认"中信保"受《保险法》约束

2016 年,中国保险监督管理委员会(中国银行保险监督管理委员会的前身,以下简称"保监会")对"中信保"下达了未经批准下设 20

---

[1] 《中华人民共和国保险法》第 3 条规定:"在中华人民共和国境内从事保险活动,适用本法。"

[2] 2013 年 4 月 15 日通过的《最高人民法院关于审理出口信用保险合同纠纷案件适用相关法律问题的批复》就出口信用保险的法律适用作出解释:"对出口信用保险合同的法律适用问题,保险法没有作出明确规定。鉴于出口信用保险的特殊性,人民法院审理出口信用保险合同纠纷案件,可以参照适用保险法的相关规定;出口信用保险合同另有约定的,从其约定。"

家业务处的监管处罚通知①,保监会认为"中信保"违反了《保险法》第74条②的规定,未经保监会批准,亦未在相关保监局履行任何手续,于2007年至2013年在部分省级分支机构下设业务处共计20家,并且根据《保险法》第164条③的规定,对"中信保"罚款30万元。显然,保监会作为"中信保"的监督管理机构,认可《保险法》之于"中信保"的效力。

(二)规范性文件发挥重要作用

一是国务院规范性文件。国务院于2001年颁布了《国务院关于组建中国出口信用保险公司的通知》,该行政法规包括两部分内容,分别是《中国出口信用保险公司组建方案》和《中国出口信用保险公司章程》。"中信保"正是以此为法律依据建立起来的。国务院的该通知象征着海外投资保险业务正式与中国人民保险公司"脱钩",由从事政策性出口信用保险业务的国有独资保险公司——"中信保"承保。

二是部门规范性文件。例如,由国家发展和改革委员会与"中信保"联合发布的规范性文件为"中信保"提供重点支持的行业提供了指南④;此外,这一文件还规定了核准或履行备案手续⑤。

---

① 《中国保险监督管理委员会行政处罚决定书》(保监罚〔2016〕10号),2016年5月16日发布。

② 《中华人民共和国保险法》第74条规定:"保险公司在中华人民共和国境内设立分支机构,应当经保险监督管理机构批准。保险公司分支机构不具有法人资格,其民事责任由保险公司承担。"

③ 《中华人民共和国保险法》第164条规定:"违反本法规定,有下列行为之一的,由保险监督管理机构责令改正,处五万元以上三十万元以下的罚款;情节严重的,可以限制其业务范围、责令停止接受新业务或者吊销业务许可证:……(六)未经批准设立分支机构的;……"

④ 国家发展和改革委员会、中国出口信用保险公司于2005年1月25日发布《关于建立境外投资重点项目风险保障机制有关问题的通知》规定,"二、境外投资风险保障机制主要用于支持下列境外投资项目:(一)能弥补国内资源相对不足的境外资源开发类项目;(二)能带动国内技术、产品、设备等出口和劳务输出的境外生产型项目和基础设施项目;(三)能利用国际先进技术、管理经验和专业人才的境外研发中心项目;(四)能提高企业国际竞争力、加快开拓国际市场的境外企业收购和兼并项目"。

⑤ 《关于建立境外投资重点项目风险保障机制有关问题的通知》规定,"四、拟申请投保中国出口信用保险公司境外投资保险的项目,须按《国务院关于投资体制改革的决定》和《境外投资项目核准暂行管理办法》的规定获得核准或履行备案手续。国家发展改革委或省级发展改革部门将项目核准文件或备案证明文件抄送中国出口信用保险公司。中国出口信用保险公司根据上述核准或备案文件对项目的投保条件进行独立审核"。

第二节　海外投资保险法律制度的国内最新立法趋势

海外投资保险法律制度的国内法是基于管辖权原则生成的：首先，于投资者母国而言，基于传统的属人管辖原则，其作为主权国家享有获得在海外的投资带来利益的同时，亦肩负着保护投资的义务。其次，于东道国而言，基于属地管辖原则，东道国有权对发生在其领土内的投资活动进行管理。基于此，海外投资必须同时满足投资者母国和东道国两国的法律。那么，这些法律都包括哪些内容？本节针对这个问题，立足海外投资保险法律制度的国内法律体系，分别从投资者母国和东道国的法律渊源寻经稽册。

一、海外投资保险法律制度的国内法体系

海外投资保险法律制度的国内法体系，是由投资者母国的海外投资保险法律和东道国的外国投资法律相互渗透、相辅相成，共同构成的。

首先，投资者母国的考虑。之所以建立海外投资保险法律制度，是因为投资者母国主要是发达国家，而其投资大多流向发展中国家。发展中国家虽然市场潜力巨大，但国家本身存在诸多风险，尤其是政治风险，令投资者顾虑颇多，但投资者母国却不愿放弃投资海外市场的机会，因此试图依靠本国国内法给予本国海外投资一份保障，从而鼓励投资者进行海外投资，其中最为重要的便是海外投资保险法律。

其次，东道国的利益。从东道国或称资本输入国的角度而言，一方面需要吸引投资发展本国经济，另一方面要警惕海外投资可能给本国带来的不利影响。因此东道国通过立法对海外投资施以必要的管制，即外国投资法律。面对东道国对海外投资的管制性

法律,投资者母国亦在其法律中作出回应,这种回应表现在承诺其投资将同时有利于东道国的经济发展。值得关注的是,承保后要求投资者在东道国保持"干净的手"。"干净的手"原则(Clean Hands Doctrine)源自英国衡平法,是指如果一方当事人的行为违背了衡平法原则(如善意原则),该当事人即不能在衡平法院寻求衡平法上的救济或者主张衡平法上的辩护理由。[1] "干净的手"原则主要是针对投资者的违法行为,那么适用这一原则自然要与投资符合东道国法律法规联系起来。因此,如果投资者违反了东道国法律法规,那么,即使海外投资保险公司取得了代位求偿权,仍将遭受东道国以"干净的手"原则为由拒绝赔付。

因此,下文对投资者母国的海外投资保险法律和东道国的外国投资法律逐一展开论述。

(一)投资者母国的海外投资保险法律

通过国内立法,投资者母国选择创设国有公司或政府机构或者政府机构与国有公司共同经营的"公司",授权这些机构负责本国海外投资的保险事宜,承保这些海外投资在东道国可能遭受到的各种政治风险,负责赔偿其风险损失。下文将对美国、日本、德国等率先建立海外投资保险法律制度国家的国内法渊源逐一梳理,具体内容分析将在本节后文详细展开。

1. 美国国内法之沿革

美国的海外投资保险国内法先后经历了1948年《对外援助法》、1951年《共同安全法》、1959年《共同安全法》、1961年《对外援助法》修正案、1969年《对外援助法》修正案、1981年《对外援助法》修正案、1992年《对外援助法》修正案、2003年《对外援助法》修正案和2018年《Build法》。

第一,美国海外投资保险国内法发端于1948年。根据1948年

---

[1] 参见马迅:《论"干净的手"原则在国际投资仲裁中的适用》,载《现代法学》2016年第5期,第149—158页。

《对外援助法》的规定,美国率先创立海外投资保险法律制度,承保美国私人投资者在欧洲部分地区的投资因"当地货币不能自由兑换为美元"带来的风险。① 根据上述法案设立的 ECA 具体管理和实施援助计划及保险法律制度。美国通过数次修订该法案,对承保范围、期限等作出进一步调整。

第二,1959 年《共同安全法》标志着美国转向对经济不发达地区的投资提供海外投资保险。伴随 1951 年 6 月"马歇尔计划"的终止,美国"对外援助"的重心转移到欧洲以外的其他国家,承保地区亦随之扩大到其他地区,特别是扩大到包括菲律宾及中南美洲在内的很多发展中国家。保险机构的主管机构亦随着美国"对外援助"政策的改变而不断变更。

第三,1961 年《对外援助法》修正案专章规定海外投资保险法律制度。其有别于 1948 年《对外援助法》仅在涉及对外援助方式方法的相关条款中单列几条海外投资保险的条款。这一修正案对承保地区、范围、期限及其他问题均作了全面系统的规定。具体来说,再次强调承保地区是不发达的友好国家和地区。② 承保范围包括三种政治风险,即外汇险、征收和类似措施险以及战争内乱险,其中战争内乱险包括革命(Revolution)、战争(War)及暴乱(Insurrection)三种,措辞更加严谨。③ 随后,根据该法案的授权,AID 取代之前的"国际合作署"。但由于 AID 过于官僚,效率低下,无法处理突然增多的申请,受到其他部门和投资者的批评。1968 年,总统咨询委员会认为建立一个独立于 AID、拥有公司结构和公私混合董事会的机构,将会在管理的灵活性和政策控制两方面取得平衡。因此,这个独立机构 OPIC 应运而生。

第四,1969 年《对外援助法》修正案构建了新的保险机构——身

---

① See Shanks R. B., "Insuring Investment and Loans Against Currency Inconvertibility, Expropriation, and Political Violence," 9 *Hastings International and Comparative Law Review* 417(1985).
② 美国 1961 年《对外援助法》第 234 条。
③ 美国 1961 年《对外援助法》第 234 条。

兼商业品质与政府背景的 OPIC。根据该修正案,OPIC 设立的目的是通过推动和便利美国在经济不发达的友好国家和地区的私人投资,从而补充美国的发展援助目标。① 作为双重机构,其具有政府和私人两种身份。一方面,OPIC 是政府机构。一是明确 OPIC 隶属于美国国务院②,其法定资本由国库拨款。二是 OPIC 的官方网站可佐证,"OPIC 是一家自给自足的美国政府机构,帮助美国企业投资新兴市场"③。三是 OPIC 的机构成员多来自政府官员。董事长由 AID 署长兼任,董事会由 11 名成员组成,其中 6 名来自私营部门,5 名来自联邦政府,所有董事会成员均由美国总统提名并经美国参议院批准,由总统直接任命。④ 另一方面,OPIC 采取公司形式,作为法人,以自己的名义起诉和控诉。OPIC 独立核算,自负盈亏,用经营所得归还政府贷款,按照市场规则进行风险管理和运作。OPIC 的设立,可以在与东道国产生纠纷时,避免政府与政府间的直接对抗。自 1971 年起,OPIC 开始运作。

第五,1981 年、1985 年和 2003 年的《对外援助法》修正案仅有一些小规模修订。其中,1981 年《对外援助法》修正案将内乱险包含在战争内乱险内。根据美国众议院的报告,除了革命、战争以及暴乱,这种战争内乱险涵盖了有政治目的的暴动或骚乱,以及带有政治目的的恐怖主义行动。⑤ 1992 年《对外援助法》修正案则增加了新的承保险别——营业中断险,即承保由于上述三种政治风险的发生导致营业中断造成的损失。但 OPIC 的投保申请表、标准合同、官方网站以及年度报告中都未提及这一险别;历年案件中亦无关于这一险别的赔偿。2003 年《对外援助法》修正案完善了对征收和类似措施险的规定,除东道国政府的行为引起的征收征用外,还增加了任何政府分支机构,以及政府拥有或控制的公司的行为所引起的征

---

① 美国 1969 年《对外援助法》第 231 条。
② 美国 1969 年《对外援助法》序言。
③ OPIC: https://www.opic.gov/who-we-are/overview. Last visited: 2019-10-5.
④ 美国 1969 年《对外援助法》第 233 条。
⑤ See Rodney Stilwell, "Encouraging Investment in LDCs: The United States Investment Guaranty Program," 8 Brooklyn Journal of International Law 365, 386(1982).

收征用造成的投资者损失。

第六,2018年美国《Build法》将海外投资保险的承保权利从OPIC移交至新成立的DFC。①

2. 德国国内法梳理

德国以经济劳工部为主导,联合财政部、经济合作部、外交部,共同组成部际联合委员会(Interministerieller Ausschuss,IMA),于1993年制定了《对外投资担保条例》,后经多次修订,最新一个版本是2004年修正案。该条例规定了投资担保的原则、条件、申请程序及投资担保损害处理等内容。据此,德国指定普华永道德国审计股份公司(Price Waterhouse Coopers Deutsche Revision A.G.)和裕利安宜信用保险公司(Euler Hermes Kreditversi Cherungs A.G.)两家公司作为德国联邦政府的代理人,实际行使海外投资保险公司的职能。

3. 日本国内法的演变

早在20世纪50年代初期,日本就已出台《贸易保险法》。但肇因于第二次世界大战后日本国力衰弱,无能力拓展海外市场,因此这部法律囿于贸易领域,并未呈现海外投资保险的相关规定。直至1956年修订此法时才增补了"海外投资保险"一节。② 由通商产业省作为法定保险人,具体业务由通商产业省贸易局输出保险课承办。之后,该法经历多次修订。根据1999年《贸易保险法》修正案,成立日本出口投资保险公司(Nippon Export and Investment Insurance,NEXI)接手经营海外投资保险业务。该公司的业务包括:普通出口保险、出口支付保险、外汇变动保险、出口担保保险、海外投资保险等。③ 由此可见,贸易的复杂性低于外国直接投资,是纯粹货

---

① See "U.S. International Development Finance Corporation (DFC) is America's Development Bank. DFC partners with the private sector to finance solutions to the most critical challenges facing the developing world today," DFC: https://www.dfc.gov/who-we-are. Last visited:2020-3-2.

② 日本《贸易保险法》[昭和二十五年(1950年)法律第六十七号]第三章第九节第69—70条。

③ 参见曾华群、余劲松主编:《促进与保护我国海外投资的法制》,北京大学出版社2017年版,第30页。

物和服务的输出与输入;由贸易险过渡到投资险,是日本跨国经济活动的升华。

借助对比不难发现,美国、德国和日本海外投资保险法律制度大同小异,并无实质区别,即均依托保险合同的形式,为保险机构赋予政治内核。详而言之,一方面,以保险合同为形式,投保人与海外投资保险机构签订保险合同,双方依据合同划分权利与义务:一是投保人的义务,主要为定期缴纳保费;二是保险人的义务,当承保风险发生时,履行赔偿损失的义务;三是保险人的代位求偿权,即履行自身义务后,有权代替投保人向东道国追偿。另一方面,赋予保险机构以政治内核。海外投资保险机构多由国家所有或控股,履行的实为国家职能。尤其在取得代位求偿权后,其往往与东道国直接交涉。

(二)海外投资东道国的外国投资法律

海外投资活动属于东道国管辖范畴,基于属地管辖权,遵守东道国法律是理所应当的。基于这一点,投资者母国规定了海外投资保险承保的投资需要符合东道国的法律。既然肯定了东道国法律需要遵守,那么接下来的问题是主要遵守东道国哪些法律?毋庸置疑,东道国的外国投资法律排在第一位,其专门规定外资准入制度,附有负面清单;此外,还需遵守安全审查要求。本节将在第三部分具体阐释。

二、投资者母国的海外投资保险最新立法趋势

在海外投资保险法律制度的国内法体系中,投资者母国的国内法占据主导地位,是海外投资保险法律制度最直接的国内法渊源。那么,这些投资者母国法有哪些差异呢?下文将就此问题展开进一步讨论。

最具代表性和研究价值的三个国家分别是美国、日本、德国。究其原因:首先,世界有两大法系最具代表性,即英美法系和大陆法系。美国是英美法系国家的代表,而且海外投资保险法律制度发轫

于美国,其立法具有可复制的价值。其次,日本、德国均是大陆法系国家的代表,日本于1956年、德国于1993年相继出台了海外投资保险法律。最后,日本和德国虽同为大陆法系国家,但其国内法仍有区别,有关讨论详见本节第二部分"(四)美国、日本、德国海外投资保险国内法比较"。

至此,海外投资保险国内立法领域形成了分属美洲、亚洲、欧洲的三种各具特色的典型立法范本①——美国、日本、德国立法为其后众多发展中国家所效仿。

(一)美国海外投资保险的国内立法

作为海外投资保险立法的发源国,美国1969年《对外援助法》修正案对OPIC的承保行为设置了诸多条件,主要体现在东道国的要求、承保标的和承保险别三个方面。

一是东道国的要求。1969年《对外援助法》修正案规定OPIC承保的东道国应当是"友好的欠发达国家或地区"②。这里有两个标准需要确认,一是何为"友好的",二是何为"欠发达"。《对外援助法》将"友好的"定位为"同意与美国建立海外投资保险或担保计划的国家"③;而对于"欠发达国家或地区"的标准,《对外援助法》选择援引联合国界定"最不发达国家或地区"的方法④——以人均国民生产总值(Gross National Product,GNP)作为衡量标准,规定年人均GNP等于或低于984美元的国家或地区为"欠发达国家或地区"。⑤

二是承保标的。《对外援助法》要求投资者必须具有美国国籍。具体而言,OPIC提供的政治风险保险的适用对象包括美国公民,至

---

① 参见曾华群、余劲松主编:《促进与保护我国海外投资的法制》,北京大学出版社2017年版,第35、37页。
② 美国1969年《对外援助法》第231条。
③ 美国1969年《对外援助法》第237条。
④ See United Nation Department of Economic and Social Affairs, "Criteria for Identification of the LDCs," United Nations: https://www.un.org/development/desa/dpad/least-developed-country-category/ldc-criteria.html. Last visited:2019-3-6.
⑤ 美国1961年《对外援助法》第231条。

少大部分受益者为美国公民的美国公司,美国企业的外国子公司,且该外国子公司的股份至少95%为美国实体或公民所拥有,或其他100%为美国实体或公民所有的外国实体。①

三是承保险别。主要包括三种:禁兑险,征收险,战争、革命和叛乱险。② 上述三种风险是海外投资保险法律制度中普遍存在的险别。1969年《对外援助法》修正案之后的修正案对于险别亦作了适当细化修改,表现在:1981年《对外援助法》修正案在原有的战争、革命和叛乱险的基础上,添加了内乱险③;1992年《对外援助法》修正案增加了"营业中断险"④;2003年《对外援助法》修正案扩大了东道国实施征收行为的主体⑤,除原有的"政府"外,"外国政府的政治分支机构"以及"外国政府拥有或控制的公司"的征收行为亦属于征收险的范畴。

美国海外投资保险法律制度的最新发展是成立了DFC。下面分别阐述DFC的性质和承保条件。

首先,DFC的性质。DFC是美国依据《Build法》成立的一个新的联邦机构。⑥ 其与OPIC的性质相同,均属于国家政府控股的公司。DFC的董事会亦包括美国政府官员,分别是:国务卿、美国经济合作署署长、财政部长和商务部长(或他们的指定人)。⑦ 区别之处在于:DFC更倾向于是一个发展机构,旨在促进可持续的、基础广泛的经济增长,减贫和发展⑧,实现明确的经济和社会发展成果,并建立公众问责制和透明度⑨,遵循高标准的透明度和环境与社会保障。因此,DFC董事会的人员配置上包括由美国总统任命并得到参议院

---

① 美国1969年《对外援助法》第238条。
② 美国1969年《对外援助法》第234条第1款。
③ 美国1981年《对外援助法》第234条第1款。
④ 美国1992年《对外援助法》第233条第1款。
⑤ 美国2003年《对外援助法》第4条第2款。
⑥ 美国《Build法》第1412条(a)款。
⑦ 美国《Build法》第1413条(a)款。
⑧ 美国《Build法》第1412条(b)款。
⑨ See "Office of Accountability," DFC:https://www.dfc.gov/who-we-are/office-accountability. Last visited:2020-4-5.

的建议和同意的四名非政府成员,但是这四名非政府成员被要求具有"相关经验"来实现 DFC 的宗旨,其中可能包括与私营部门,环境、劳工组织或国际发展组织有关的经验。① DFC 虽然削减了政府官员的参与人数,但是人员设置打破了政府官员群体单一化的局面,更注重国家整体的经济发展利益,而不是单一地强调机构的政治作用。

其次,DFC 的承保条件。一是东道国的要求。相较于 OPIC,DFC 虽然亦优先考虑不发达国家或地区,但是在东道国的选择上更偏重考虑"发展"这一因素。一般而言,DFC 将优先按照世界银行定义的欠发达国家或地区(即"低收入经济或中低收入经济体")的标准执行。② 按照此规定,DFC 一般不支持在"中上收入经济体"的投资,除非总统向国会证明这种支持促进了美国的国家经济或外交政策利益,以及这种支持旨在为该国最贫穷的那部分人口带来"重大的发展成果或发展利益"③。二是投资者的要求。DFC 改变了 OPIC 投资者需要具有"美国国籍"的要求。虽然 DFC 同样优先考虑美国公民或美国公民拥有或控制的实体④,但在实际操作中却可以因项目而异。换言之,这一变化增加了一种可能性,即 DFC 可以支持外国项目发起人的投资,前提是它们符合其他法定要求,包括有利于美国经济发展和遵守国际贸易义务的项目及其投资者;并且 DFC 必须至少每年与美国贸易代表(United States Trade Representative,USTR)协商,讨论外国投资者是否有资格获得 DFC 的支持。⑤ 三是承保险别的种类。在承保险别上,DFC 沿袭了 OPIC 的承保险别,包括:禁兑险,征收险,战争、革命和叛乱险。

---

① 美国《Build 法》第 1413 条(c)款。
② 美国《Build 法》第 1412 条(c)款。
③ 美国《Build 法》第 1412 条(c)款。
④ 美国《Build 法》第 1451 款(b)款。
⑤ 美国《Build 法》第 1451 条(c)款。

(二) 日本海外投资保险的国内立法

作为世界上最大的投资者①,日本海外投资保险立法较成熟完备。日本虽为大陆法系国家,但其海外投资保险法律制度却效仿美国,这不仅是出于美国是海外投资保险法律制度的创始国这一原因,亦是当时美国对战败国日本的政治、文化、经济进行全方位渗透的结果。日本《贸易保险法》的内容安排与美国海外投资保险立法相似,同样对其承保机构——NEXI 的性质以及承保条件作出了具体规定,对此下文将作详细阐述。

1. NEXI 是独立行政法人

当今日本的海外投资保险承保机构是 NEXI,但 NEXI 并非原始的海外投资保险承保机构。日本 1956 年《贸易保险法》修正案增补了"海外投资保险"一节,由通商产业省贸易局输出保险课承办相关事宜。这源于第二次世界大战后的日本在新宪法的规范下确立了内阁的最高行政机关地位,以及其对一切重要政策的制定和执行权力。

但是这种职能分配造成日本官僚主义在经济发展中占据主导地位,甚至肆意"下凡"到制造业、银行和商社任职,致使官僚势力愈加扩张,迫使企业不得不顺从行政指导。② 这一弊端当然地体现在海外投资保险领域,海外投资保险的经营权掌握在行政机关手中,行政机关内在的封闭性、排外性导致其无法真正保障被保险人的利益,其保守的态度亦影响着整体经济效率,易丧失作出风险预判的最佳决策时机。同时,这种模式缺乏外部监管,极易产生贪腐现象。为了解决上述弊端,日本政府将海外投资保险的经营管理权交由 NEXI 独家负责,并经由《贸易保险法》明确下来。基于此,1999

---

① See "Japan Remained the Largest Investor in the World," in United Nations Conference on Trade and Development, *World Investment Report* 2020, https://unctad.org/en/PublicationsLibrary/wir2020_en.pdf. Last visited:2020-12-30.

② 参见范纯:《法律视野下的日本式经济体制》,法律出版社 2006 年版,第 125 页。

年《贸易保险法》修正案对 NEXI 的性质作出了界定——NEXI 是独立行政法人。①

那么,何为独立行政法人?在日本,其创设依据是应国民需求提供有效的行政服务,是从事国家事务中一定事务的实施主体。② 日本独立行政法人的法人格与国家的法人格亦有所不同,区别在于:前者分为具有国家公务员身份的"公务员型独立行政法人"与不具有国家公务员身份的"非公务员型独立行政法人",NEXI 属于后者。③

综上所述,NEXI 遵循政策性保险机构的定位,从维护和保障公众利益的角度出发开展和经营业务,成为国家稳定和经济社会健康发展的"非公务员型独立行政法人"。

2. NEXI 的承保条件

除 NEXI 的性质外,《贸易保险法》亦对其承保条件作了具体规定,此处重点对承保对象和承保险别加以分析阐述。

首先,NEXI 的承保对象不仅包括出资性投资,亦包括权利性投资,如购买股票、房地产等。其次,NEXI 的承保险别④主要包括四种:其一,征用、权利侵害险;其二,战争、内乱、革命和恐怖行为险;其三,外汇交易的限制或禁止险;其四,其他不由投资方承担责任的损害险。

从美国、日本关于承保险别的条款可以看出,日本海外投资保险的承保险别参考了美国的设置,又有区别于美国的条款,日本针对每一个险别的判断标准作了细致规定。鉴于日本的保险种类包括出资性投资和权利性投资,因此险别的判断标准分为两种情形,为明了起见,整理如表 1.2 所示。

---

① 日本《贸易保险法》【昭和二十五年(1950 年)法律第六十七号】第二章第一节第 4 条规定:"根据本法和独立行政法人通则第二条第一项规定的'独立行政法人日本贸易保险公司'(简称'日本贸易保险公司'。"根据 2015 年《贸易保险法》修正案,该公司自 2017 年 4 月过渡为政府全资拥有的特殊公司。
② 日本《独立行政法人通则法》[平成 11 年(1999 年)法律第 103 号]第一章第一节第 2 条、第 6 条。
③ 参见范纯:《法律视野下的日本式经济体制》,法律出版社 2006 年版,第 201 页。
④ 日本《贸易保险法》第 69—70 条。

表 1.2　日本海外投资保险中的险别划分

承保险别＼承保范围	出资性投资	权利性投资
征用、权利侵害险	1. 外国政府(包括地方公共团体)剥夺了投资者对股票和分红的分配权。 2. 外国政府(包括地方公共团体)剥夺了与投资项目有关的房地产、设备、原材料等,并且导致投资者发生以下四种情形:一是投资项目无法继续进行;二是外国银行停止与投资者进行交易;三是当地项目企业启动破产程序;四是当地项目企业暂停营业已超过一个月。	外国政府(包括地方公共团体)直接剥夺投资者在当地投资的房地产、设备、原材料等的所有权,或是侵害投资者享有的如矿业权、工业权等使用权及因权利产生的收益。
战争、内乱、革命和恐怖行为险	投资项目企业在当地无法继续进行投资活动。	投资者享有的其所投资项目的所有权或使用权不能再产生投资收益。
外汇交易的限制或禁止险	汇兑限制不仅包括投资项目产生的直接收益,同时及于投资项目企业的股票转让收益和股息的自由汇兑。	汇兑限制包括所有权上的房地产、设备、原材料等的出售所得以及使用权所产生的直接收益。
其他不由投资方承担责任的损害险	投资项目企业在当地无法继续进行投资活动。	投资者享有的其所投资项目的所有权或使用权不能再产生投资收益。

从表 1.2 可知,日本的险别规范得非常细致。那么,同为大陆法系国家的德国又是如何规定的呢?

(三)德国海外投资保险的国内立法

在美国"对外援助计划"的帮助下,联邦德国①逐渐从第二次世

---

① 德意志联邦共和国在 1990 年两德统一前简称联邦德国。因此,本书关于德国 1990 年之前的表述,称联邦德国。

界大战的创伤中复苏并开始发展对外投资。有数据表明,1951 年至 1958 年间,联邦德国海外投资需求激增。① 当时的联邦德国已经认识到,在国际投资领域,政治风险的存在是限制国际投资活动的重要隐性成本,其将导致投资者面对投资市场广阔、风险高的发展中国家望洋兴叹,不敢前行。② 因此,联邦德国于 1959 年制定了对外投资担保计划,由政府与国有企业共同实施保险业务,以保护本国海外投资者的利益。在对外投资担保计划实施之初,联邦德国并未制定单独的法律规制海外投资保险业务,而是在 1959 年《联邦预算法》中规定,海外投资保险业务由两个国有公司——"黑姆斯信用保险公司"和"德国信托公司"③负责执行,但是否给予承保,由德联邦政府决定。直至 1993 年,统一后的德国颁布实施《对外投资担保条例》(最新版本为 2004 年版)作为其海外投资保险的专门立法,并沿用至今。

1.《对外投资担保条例》的立法目的

德国《对外投资担保条例》的立法目的有两点:一是保护本国海外投资者的利益;二是保护德国整体的经济安全和利益。具体而言,前者表现为可承保投资的广泛性。原则上,所有类型的投资,无论是对生产领域还是对服务领域的投资,都可能符合条件,投资可以是现金,亦可以是实物④;后者表现在:投资除了必须符合一般要求,投资者还须进一步证明投资是值得的。⑤ 在实践中,前者意味着股权投资、捐赠资本、经批准的贷款以及勘探和生产共享协议下的

---

① Wolfgang F. Stolper, Karl W. Roskamp, "Currency and Economic Reform: West Germany After World War II: A Symposium Planning a Free Economy: Germany 1945-1960," 3 *Zeitschrift Für Die Gesamte Staatswissenschaft* 374, 374-404(1979).
② Pierre-Guillaume Méon, Sekkat K, "Does the Quality of Institutions Limit the MENA's Integration in the World Economy?," 9 *World Economy* 1475, 1475-1498(2010).
③ 黑姆斯信用保险公司现已并入裕利安宜信用保险公司。德国信托股份公司已于 1994 年终止。参见漆彤:《中国海外投资法律指南》,法律出版社 2019 年版,第 165 页。
④ 德国《对外投资担保条例》第 2 条。
⑤ See Insurance of Outward FDI in Germany, Relies on the Information Memorandum on the Assumption of Federal Guaranties for Investments Abroad Published by the Federal Ministry of Economics and Labor (BMWA). BIS: https://www.bis.org/publ/cgfs22buba2.pdf. Last visited: 2019-3-6.

权利均可投保,甚至可以延伸到投资的原始资本支出以及投资收益(根据生产共享协议的捐赠资本和权利除外);后者意味着投资应通过转让知识、补充资本或提高环境标准对东道国产生预期的积极影响,假若仅是收购企业内部股份的投资,一般不被视为"值得",将无法得到德国海外投资保险的支持。

2.《对外投资担保条例》的承保公司

美国、日本立法均提到通过立法授权成立新的海外投资保险承保机构,但德国《对外投资担保条例》并无此规定,因为德国海外投资保险的承保机构——无论是《对外投资担保条例》颁布前的承保机构"黑姆斯信用保险公司"和"德国信托公司",还是《对外投资担保条例》中规定的承保机构"普华永道德国审计股份公司"和"裕利安宜信用保险公司",均是先于1959年对外投资担保计划存在的,因此,并无必要成立一个新的机构。

3.《对外投资担保条例》的承保条件

德国《对外投资担保条例》的承保条件与美国、日本立法规定的承保条件相似,主要包括以下四个方面内容:其一,合格的投资者。必须是在德国境内有居住地或者经营地的企业所有者。[①] 其二,合格的投资。一是必须遵守东道国和德国的法律,获得必要的投资批准以及遵守东道国批准的条件、义务和责任[②];二是有助于促进德国与东道国之间的关系[③]。其三,合格的东道国。东道国必须可以为投资提供充分的法律保护,例如东道国与德国之间签订有BIT,否则投资无法取得被保险资格。[④] 其四,承保风险。包括五种,分别是:征收风险、外汇风险、战争风险、延迟支付风险和汇率变化风险。为明了起见,关于承保风险的具体内容可参见表1.3所示。

---

① 德国《对外投资担保条例》第1条第1款。
② 德国《对外投资担保条例》第1条第3款。
③ 德国《对外投资担保条例》第1条第2款。
④ Investitionsgarantien der Bundesrepublik Deutschland, "Ein Rechtsanspruch auf Gewährung einer Garantie besteht nicht."

表1.3 德国《对外投资担保条例》第3条第1款中承保风险的内容

承保风险	内容
征收风险	国有化、征用或其他对投资产生相当于征用影响的行为。
外汇风险	德国投资者合法的利润在东道国不能自由地兑换成外币、不能自由汇回德国。
战争风险	战争或者其他武装冲突,革命或者起义,或者与恐怖主义行为有关的事件。
延迟支付风险	因东道国停止支付或延迟支付而造成的损失。
汇率变化风险	东道国停止支付、延期支付或不能自由兑换等导致货币贬值给德国投资者带来的损失。

除表1.3所列之外,以下风险属于"其他因东道国行为造成的损失",亦可获得保险赔偿:其一,东道国的行为使投资者处于不利地位的法院判决;其二,东道国恣意拒绝向项目公司支付退税;其三,东道国无故拒绝授予关键性批准;其四,东道国实行的资本和外汇管制措施导致投资者不可能转换或转移资金;其五,东道国通过决议非法取缔营业场所;其六,东道国违法撤销已批准的许可证和特许权。①

(四)美国、日本、德国海外投资保险国内法比较

美国、日本、德国三国海外投资保险立法既有相同之处,又有差异之处。下文将从三国海外投资保险立法的共性与个性的维度展开细致比较。

1. 相同之处

美国、日本、德国海外投资保险国内法相同之处表现在:一是保险人的出资具有国家属性;二是立法目的相同。

(1)保险人出资具有国家属性

海外投资保险作为政治风险保险,区别于商业风险保险。政治

---

① See Michael Huber-Saffer, "Investment Guarantees of the Federal Republic of Germany," pp.28-29. https://www.ifo.de/DocDL/forum-2015-2-huber-saffer-fdi-june.pdf. Last visited: 2019-3-6.

风险是完全或部分由政府官员行使权力或政治组织的行为而产生的,其不确定性、高风险性以及一旦发生将带来巨大损失的特点,致使以营利为目的的商业保险公司尚无能力亦不愿意承担此种风险。因此,从美国、日本、德国三国的保险人设置来看,虽运营模式有所不同,但是均是以国家财政为强有力保障的。

第一,于美国而言,无论是依据《对外援助法》建立的 OPIC 还是依据《Build 法》建立的 DFC,其保险人的性质始终具有国家属性。第二,于日本而言,在 2001 年 4 月 NEXI 成立以前,日本的海外投资保险一直是由政府经营的特殊业务。NEXI 成立初期,其性质为独立行政法人,直到 2017 年过渡为由日本政府全额出资并控股的企业。换言之,即使经营权转移至 NEXI,但其国家经营的性质并未改变。第三,于德国而言,虽然德国并未成立具有国家属性的新的机构承保海外投资保险,但是普华永道德国审计股份公司和裕利安宜信用保险公司相当于"联络员",其任务限于两点:一是代替政府出面联络合格的投资者,并指导他们申请海外投资保险;二是审查投资是否符合资格以及进行风险评估,并将结果上报德国部际委员会的决策机构。至于是否准许承保,决定权依旧掌握在德国政府手中。[①] 由此看来,美国、日本、德国三国的海外投资保险均保持着国家属性,是国家保证。

(2)立法目的相同

纵观美国、日本、德国三国的立法目的,通常包括两种价值:一是保护本国投资者,助力本国经济发展和对外政策;二是有利于东道国的经济发展,主张共赢。

首先,保护本国投资者,助力本国经济发展和对外政策。如美国 1969 年《对外援助法》修正案规定,成立 OPIC 的目的在于为美国在发展中国家和新兴市场经济体的私人投资提供便利。[②]《Build 法》还规定,成立 DFC 的目的是支持美国的发展援助和其他外交政

[①] Michael Huber-Saffer, "Investment Guarantees of the Federal Republic of Germany," p. 28. https://www.ifo.de/DocDL/forum-2015-2-huber-saffer-fdi-june.pdf. Last visited: 2019-3-6.

[②] 美国 1969 年《对外援助法》第 231 条。

策目标。① 又如日本《贸易保险法》第 1 条规定,该法的立法目的是针对外汇交易的限制和普通保险无法防范的其他风险,建立对外贸易和其他对外交易保险制度,促进对外贸易和其他对外交易的健康发展。此处所指的其他风险即指海外投资保险机构承保的政治风险。② 再如德国《对外投资担保条例》第 1 条规定的立法目的,在于给予德国境内的企业在东道国可能遇见的政治风险提供担保。③

其次,有利于东道国的经济发展,主张共赢。美国《Build 法》规定 DFC 应当调动私营部门资本和技能,为欠发达国家或地区以及从非市场经济向市场经济转型的国家提供经济利益。④ 日本和德国关于承保投资须满足有利于东道国发展这一要求亦可证明这一价值。

2. 差异之处

前文所述的相同之处是从保险人的出资具有国家属性、立法目的相同等宏观层面展开讨论的,而美国、日本、德国三国海外投资保险国内法的不同之处需要从微观层面入手。下文从事先审查制度、保险人的权限范围、保险机构的法律地位、确定适保东道国的依据、承保条件和范围等方面进行具体分析。

(1)事先审查制度不同

首先,美国《Build 法》规定,对可能产生重大不利的环境和社会影响的投资项目,董事会应当在 60 日内完成环境和社会影响评估或审计,分析项目的环境和社会影响以及拟议项目的替代办法,包括缓解措施,并将结果提供给东道国的美国公民以及受当地影响的团体和非政府组织。⑤

其次,相较于美国,日本海外投资保险中的事前调查制度并未专门提及环境因素,而是概括规定对投资者和投资项目同时进行审查,至于具体审查内容并未在法律中予以明确。

---

① 美国《Build 法》第 1412 条(b)款。
② 日本《贸易保险法》第 1 条。
③ 德国《对外投资担保条例》第 1 条。
④ 美国《Build 法》第 1412 条(b)款。
⑤ 美国《Build 法》第 1451 条(e)款。

最后,相较于美国和日本,德国海外投资保险国内法将对东道国的人类社会生活和环境保护的影响作为审查依据。也就是说,必须审查承保项目对东道国的人类社会生活和环境保护的影响。

实践中,保险公司第一步必须先对项目进行筛选,以寻找其对东道国的人类社会生活和环境保护是否存在潜在的影响,并相应地进行分类,主要划分为如下三类(以下影响均指"不利影响")[①]:一是具有严重影响环境保护或严重影响东道国的人类社会生活的项目,这些影响大多数发生在不特定地区,并且影响后果不可逆转。二是对环境保护和东道国的人类社会生活的影响有限,这些影响通常看起来是针对特定地区,并且通过适当措施很容易解决。三是对环境保护和东道国的人类社会生活几乎没有或仅具有微不足道的影响的项目。

第二步,保险机构根据项目类别对投资项目是否合格进行评估,这里"合格"的最低标准是遵守当地环境保护标准和法律法规。当然德国希望承保项目同时可以符合国际标准,但这不是必然要求。

第三步,保险机构将结果提交德国部际委员会,由委员会出具是否准予承保的决定。

综上,关于对"可持续发展原则"的遵守,德国最为严格,美国次之,日本再次。

(2)保险人的权限范围不同

保险人的权限范围主要有两种:一是保险人兼具经营权和审批权。在这种权限设置下,审批机构与保险业务经营机构合一,保险人既是审批机构又是经营机构,审批机构与经营机构为保险机构中的两个不同部门。二是保险人仅具有经营权。这意味着海外投资保险由两个机构各司其职,即审批机构和经营机构采取分离建制。前者掌握决定权,属于实际掌握海外投资管理权的国家机关,类似

[①] See International Finance Corporation, "Environmental and Social Categorization," IFC: https://www.ifc.org/wps/wcm/connect/topics_ext_content/ifc_external_corporate_site/sustainability-at-ifc/policies-standards/es-categorization. Last visited:2020-5-5.

于企业中的"董事会";后者拥有运营权,如同企业的"管理层",实际运营海外投资保险的承保业务。

首先,美国、日本属于第一种权限设置,即保险机构兼具经营权和审批权。美国的模式是集"董事会"与"管理层"于一身。换言之,涉及海外投资保险的相关业务,均由 DFC 这一政府性质的公司把控,公、私性质兼而有之。与此同时,受美国影响,日本亦采取这种权限设置,由 NEXI 负责海外投资保险的承保业务。

其次,德国表现出与美国、日本明显不同。德国选择了后者,即审批机构和经营机构分别建制,行政机关掌握审批权,保险机构仅有经营权。审批权由多部门的部际委员会联合执掌①,保险业务由两家国有公司经营——普华永道德国审计股份公司和裕利安宜信用保险公司。投资者、审批机构、保险机构这三者之间的关系是:投资者与审批机构之间是纵向的管理关系,投资者与保险机构之间是横向的经营关系。其弊病在于:部际委员会享有审批权却无赔偿义务,一旦发生风险,赔偿义务转嫁给保险机构。但两家公司对于投资者的资格、投资的性质可能知之不多。尤其是在索赔时,它们需要花费很多时间重新审查,这无疑增加了保险程序的难度和时间。

对于这两种权限设置,笔者更倾向于前者,好处在于:由兼具公、私法人性质的海外私人投资保险公司主管海外投资保险业务,利于与东道国更好地沟通,公司充当东道国政府与投资者母国之间的桥梁,促使政治性问题得以解决。

(3)保险机构的法律地位不同

美国、日本、德国三国保险机构的法律地位各不相同,恰好为其他各国提供了三种海外投资保险公司的经营模式:一是政府性质的公司负责经营海外投资保险业务;二是政府机构负责经营海外投资保险业务;三是公私合营公司负责经营海外投资保险业务。

首先,美国 OPIC 采用的是第一种,即由政府性质的 OPIC 负责

---

① 在德国,海外投资保险的承保申请由联邦经济事务部、财政部和外交部代表组成的部际委员会进行最终审查批准。

经营海外投资保险业务。虽然根据《Build法》,该权利自2018年起移交给DFC,DFC承继OPIC的资产和义务,并负责承保海外投资保险项目,但DFC依旧保持了美国政府公司的性质。①

其次,日本采取的是第二种,即由政府机构负责经营海外投资保险业务。在2001年4月NEXI成立以前,日本海外投资保险一直由通商产业省经营。在NEXI成立后,NEXI的性质依旧是通商产业省下设的政府机构。只不过将其作为一个独立的管理机构(即前文所称的独立行政法人),有助于按照企业自身的理念来选择客户并以更高效的服务来获取效益,可以很好地解决政府机构办事效率低下及管理与服务合二为一的问题。

最后,德国采取了第三种模式,即由政府与国有公司共同负责承保海外投资保险。德国授权普华永道德国审计股份公司和裕利安宜信用保险公司两家国有公司经营海外投资保险业务,但这两家公司只负责执行投资保险业务,其主管审查与批准保险的机关为德国部际委员会,主要审查投资项目是否值得鼓励,以及对加强德国与东道国的经济关系有无积极贡献。因此,德国政府相当于真正的保险人,两家国有公司只是执行者。②

(4)确定适保东道国的依据不同

实践中,投资者母国有权决定哪些国家为适保的东道国,并通过海外投资保险国内法确定下来。在这一过程中,投资者母国主要考虑三个因素:第一,投资者母国本身的对外经济政策与外交战略部署。第二,东道国的国内投资法律环境。相较于发达国家,发展中国家发生政治风险的概率更高,同时对外资的需求也更多。本着"高风险高回报"的经济理念,投资者母国依然可能支持向这些国家的投资,那么海外投资保险就是投资者母国所选择的最直接的鼓励

---

① See "OPIC Annual Report 2018," OPIC:https://www.dfc.gov/sites/default/files/2019-08/OPIC_FY_2018_Annual_Management_Report.pdf. Last visited:2019-3-5.

② Özlem Onaran, Engelbert Stockhammer Kcara Zwickl, "FDI and Domestic Investment in Germany:Crowding in or out?", 4 *International Review of Applied Economics* 429, 429-448 (2013).

手段。第三,投资者母国与东道国之间的关系。如果东道国与投资者母国签订了 BIT,那么一旦风险发生,承保机构可依据条约规定的代位求偿权直接向东道国索赔。美国、日本、德国综合上述三大因素产生了三种不同的确定适保东道国的依据,以下分述之。

首先,国内法明确规定东道国必须是与其签订了 BIT 的国家。至于东道国是否发展中国家,在美国《Build 法》生效后,只作为可被优先承保的非必要条件。美国模式亦被称为双边保险模式,即以签订 BIT 为前提。美国的双边保险模式直接产生两种效果:一是将不与美国签订 BIT 的国家排除在保险范围之外;二是为美国 DFC 行使代位求偿权提供了条约依据。但目前美国对外签订的 BIT 仅有《突尼斯—美国 BIT》①和《克罗地亚—美国 BIT》②中有代位求偿权条款。③ 其他没有代位求偿权条款的 BIT 不能为 DFC 行使代位求偿权提供条约依据。

其次,国内法并未规定东道国必须是与其签订 BIT 的国家。例如日本。④ 但在实践中,日本制定了评级制度,将未与日本签订 BIT 的东道国的投资项目划分为风险等级高的类别,收取成倍的高额保险费,或直接不予投保。日本的这一模式又被称为单边保险模式。

最后,国内法中并未直接规定东道国必须是与其签订 BIT 的国家,但规定必须考虑东道国的国内投资法律环境。例如德国。⑤ 德国模式往往又被称为介于美国式双边保险模式与日本式单边保险

---

① 《突尼斯—美国 BIT》[Tunisia-United States of America BIT (1990)],1990 年 5 月 15 日在华盛顿签署,1993 年 2 月 7 日生效。载 https://investmentpolicy.unctad.org/international-investment-agreements/treaties/bilateral-investment-treaties/3037/tunisia---united-states-of-america-bit-1990-,访问日期:2020 年 1 月 10 日。
② 《克罗地亚—美国 BIT》[Croatia-United States of America BIT (1996)],1996 年 7 月 13 日签订。载 https://investmentpolicy.unctad.org/international-investment-agreements/treaties/bit/1112/croatia---united-states-of-america-bit-1996-,访问日期:2020 年 1 月 10 日。
③ 参见〔美〕肯尼斯·J. 范德威尔德:《美国国际投资协定》,蔡从燕、朱明新等译,法律出版社 2017 年版,第 830—831 页。
④ 参见曾华群、余劲松主编:《促进与保护我国海外投资的法制》,北京大学出版社 2017 年版,第 38 页。
⑤ 参见曾华群、余劲松主编:《促进与保护我国海外投资的法制》,北京大学出版社 2017 年版,第 38 页。

模式之间的混合保险模式。其中,所谓"东道国的国内投资法律环境"是指东道国的国内投资立法足以给予外国投资充分的法律保护。简言之,如果德国与东道国之间签订了 BIT,则这一要求被视为得到满足;若未签订 BIT,则需证明东道国的国内法律确实可以为外国投资提供充分的保护方可享有被承保的资格。

由是观之,笔者更倾向于双边保险模式,利用条约来保证海外投资保险公司行使代位求偿权。

(5)承保条件和范围不同

首先,承保条件。日本的规定最为宽松灵活,并不要求承保项目必须是新的投资,原有项目的投资亦可以作为新项目的附带投保项目,并且其海外投资保险不仅承保直接投资,亦可承保海外房地产类的租赁活动。相较于日本,美国、德国则要求投资必须是针对新项目的投资。

其次,承保范围。除征收险、外汇险和战争险三种险别是三国共有险种之外,区别之处在于:

其一,美国设有营业中断险,是指承保由于征用、外汇、战乱三种风险的发生导致投资者某项营业活动暂时中断而造成损失的险别。设置这一险别的意义在于:一是征用、外汇、战乱三种风险的发生导致的营业中断,包括预期的经济利益损失;二是虽然投资者可以征用、禁兑、战乱险索赔,但这些险别承保的仅包括直接损失,不包括间接损失。

其二,日本设有兜底条款,即其他不由投资方承担责任的损害。在 NEXI 发布的保险手册中被解释为"东道国政府撤销许可行为"[1],类似于东道国政府违约风险。换言之,日本变相地承担了四种风险。

其三,相较于美国、日本,德国海外投资保险的范围最为广泛,另承保延迟支付风险和汇率变化风险。从前文所描述的这两种风险的外观表现来看,延迟支付风险类似于政府违约的一种,汇率

---

[1] NEXI《海外投资保险手册》。

变化风险则是将外汇风险导致的间接损失涵盖在承保范围内。

(6) 其他区别

除上述区别外,美国、日本、德国在承保期限、保费、索赔程序方面亦存在不同之处,具体如下:

首先,承保期限不同。美国 OPIC 的承保期限不得超过 20 年①,之后的 DFC 将承保期限延长至不超过 25 年②;德国立法规定投资担保期限为 15 年,理由充分的情况下,最多可达 20 年,期满时可分别再延长 5 年③;日本《贸易保险法》规定承保期限为 5~10 年,因投资项目建设需要,该期限可以延长到 15 年。④

其次,保费不同。美国立法规定保费由承保机构自行确定,根据承保的投资类型、政治风险的种类和范围具体确定。⑤ 日本海外投资保险公司规定的保费按投资类型分为两类:一般性投资的年费率为 0.55%,如果是开发资源的投资,投资者所缴纳的年费率则为 0.7%。⑥ 德国规定的保费因保险期限的长短而不同。在实践中,保险期限在 5 年以内的,年费率为 0.6%;5~10 年的年费率为 0.5%;10~15 年的年费率为 1.0%;15~20 年的年费率为 1.5%。⑦

最后,索赔程序不同。主要表现在:①美国仅有个别 BIT 规定代位求偿权条款,代位求偿权是通过 OPIC(现为 DFC)与东道国另签协议,以保证这一权利的行使。②由于日本立法缺乏 BIT 保护,NEXI 支付保险金后即取得向东道国政府索赔的代位求偿权,但难以逾越东道国主权豁免的藩篱。③德国则结合了美国与日本的规定。当德国与东道国签订了 BIT 时,保险机构可依据 BIT 的代位求

---

① 美国 1969 年《对外援助法》第 237 条。
② 美国《Build 法》第 1422 条(b)款。
③ 德国《对外投资担保条例》第 7 条第 1 款。
④ 日本《贸易保险法》第 69 条。
⑤ 最新的美国《Build 法》中并没有关于承保费用的规定,但是规定自《Build 法》生效之日起,OPIC 的相关职能、人员、资产和负债移交至 DFC。因此,承保费用沿用《对外援助法》原先的规定。
⑥ 参见《海外投资保险手续细则、海外投资保险运用规程》,载 https://www.nexi.go.jp/regulation/,访问日期:2019 年 12 月 7 日。
⑦ See Michael Huber-Saffer, "Investment Guarantees of the Federal Republic of Germany," https://www.ifo.de/DocDL/forum-2015-2-huber-saffer-fdi-june.pdf. Last visited:2019-3-6.

偿权条款直接向东道国索赔。而当德国与东道国未签订BIT时,德国可以通过外交保护等其他救济方式保护本国海外投资者的权益。

三、海外投资保险法律制度的投资东道国最新立法趋势

前已述及,东道国关于投资准入、负面清单以及安全审查的法律制度关系到海外投资保险公司所承保的投资是否属于合格的投资,是否属于东道国法律规制的范畴。那么,哪些东道国的法律更具代表性？如何挑选东道国？哪些东道国的法律值得作为样本研究？本书遴选出三个具有代表性的国家,它们分别是：印度尼西亚(东南亚)、墨西哥(拉美)、俄罗斯(欧洲)。选取这三个国家作为典型东道国的具体原因将在下文中逐步分析。

(一)东道国选取依据

选取印度尼西亚(东南亚)、墨西哥(拉美)、俄罗斯(欧洲)的原因在于：①根据国家信用风险评级,这三个国家属于中等风险等级国家；②根据2018年伯尔尼协会[①]发布的年度数据,这三个国家地处海外投资风险的集中区域。

1. 国家信用风险评级

截至2019年,中国在"一带一路"沿线国家投资排名前十的是：新加坡(东南亚)、俄罗斯(欧洲)、印度尼西亚(东南亚)、老挝(东南亚)、哈萨克斯坦(中亚)、越南(东南亚)、阿拉伯联合酋长国(西亚)、巴基斯坦(南亚)、缅甸(东南亚)、墨西哥(拉美)。根据2019年"中信保"的评级标准,排名前十的国家除新加坡和阿拉伯联合酋

---

① 借助国际组织平台推进"一带一路"建设——以"中信保"公司为例："国际信用和投资保险人协会,又称'伯尔尼协会',是世界各国的信用保险机构组成的国际组织,1934年在瑞士伯尔尼成立,目前拥有来自73个国家的84个信用保险机构。1996年,中国人民保险公司以'观察员'身份加入伯尔尼协会,并于1998年成为正式会员,'中信保'成立后,成为中国在伯尔尼协会的唯一代表",载"一带一路"工业和信息化产业资源平台(http://www.ydyliit.com/index.php?m=content&c=index&a=show&catid=13&id=6874),访问日期:2020年7月5日。

长国外,均属于高风险国家。

国家信用风险评级可以追溯到第一次世界大战之前的美国。经过近一个世纪的发展,市场上形成了标准普尔(Standard & Poor)、穆迪(Moody's)和惠誉(Fitch)三家美国信用评级机构垄断的局面,三家机构占据全球90%以上的市场份额。标准普尔、穆迪和惠誉三大评级机构从定性和定量的角度,对主权国家政府足额、准时偿还债务的能力和意愿进行综合性评估,针对的是主权债务的综合风险。与此同时,不同类型、各具特色的评级机构均实现了蓬勃发展,它们通过差异化竞争后,各自具有较高的知名度。中国社会科学院世界经济与政治研究所(Insititute of World Economincs and Politics Chinese Academy of Social Science,IWEP)发布的《中国海外投资国家风险评级报告》(Report of Country-risk Rating of Overseas Investment from China,CROIC-IWEP)综合考量了证券投资和直接投资的风险,这与目前中国海外投资形式的多样性紧密契合。评级结果共分为九级,由高至低分别为 AAA、AA、A、BBB、BB、B、CCC、CC、C。其中 AAA-AA 为低风险级别,A-BBB 为中等风险级别,BB-C 为高风险级别(如表1.4所示)。①

表 1.4　2018 年中国海外投资部分国家风险评级

投资流入排名	国家	风险评级（2018 年）	风险排名
1	新加坡	AA	9
2	俄罗斯	A	24
3	印度尼西亚	BBB	25
4	老挝	BBB	31
5	哈萨克斯坦	BBB	22

---

① 中国社会科学院世界经济与政治研究所国家风险评级课题组(课题组主要成员包括张明、王碧珺、王永中、张金杰、李国学、潘圆圆、韩冰、周学智、李曦晨、朱子阳和刘瑶)发布 2019 年《中国海外投资国家风险评级报告》CROIC-IWEP。参见张明、王碧珺等:《中国海外投资国家风险评级报告(2018)》,中国社会科学出版社 2019 年版,第 28—29 页。

(续表)

投资流入排名	国家	风险评级（2018年）	风险排名
6	越南	BBB	39
7	阿拉伯联合酋长国	A	13
8	巴基斯坦	BBB	30
9	缅甸	BBB	40
10	墨西哥	BBB	27
11	巴西	BB	51
12	埃及	BB	53

由此可见,在中国对外投资排名前十的国家中,俄罗斯和墨西哥、印度尼西亚均属于中风险(A—BBB)国家。俄罗斯的风险稍低一些。那么,这三个国家是否被其他投资国认为是中等风险东道国呢?下文将展开分析。

2. 海外投资保险覆盖区域分析

根据2018年伯尔尼协会发布的年度数据报表可知(见表1.5)①,2018年海外投资保险的覆盖率仍以东南亚地区为首,但较2017年下降了约34%;其次是拉丁美洲地区,但较2017年下降了约26%;南非和欧洲地区紧随其后,欧洲地区较2017年下降了约10%,而南非地区呈上升趋势,虽然仅上升了约6%;中东和北非地区的海外投资保险覆盖率亦榜上有名,位居第五,较2017年涨势最为迅猛,上升了约32%;北美、大洋洲及西亚和中亚地区的海外投资保险覆盖率并不高,较前几位差距明显,三者总数仅占总额的8%,甚至较2017年下降了76%,下降甚为显著。

---

① See 2018 Industry Statistics-Data Tables, Berneunion: https://www.berneunion.org/DataReports. Last visited:2019-11-20.

表 1.5 伯尔尼协会 2018 年全球投资贸易保险数据

年份 \ 地区	东南亚	拉美	欧洲	南非	中东北非	西亚中亚	北美	大洋洲
排名	1	2	3	4	5	6	7	8
2018年总额（百万）	21246	9169	8145	7887	6774	1869	1833	944
2018年占比（百分比%）	37	16	14	14	12	3	3	2
2017年总额（百万）	32243	12558	9067	7436	5104	14411	3956	832
2017年占比（百分比%）	38	15	11	9	6	17	5	1

海外投资保险的覆盖率直接表现了投资者对不同地区投资环境中政治风险的担忧程度,覆盖率高的地区通常政治风险较高。据伯尔尼协会2018年的年度数据报表①,印度尼西亚地处排名第一的东南亚地区,墨西哥地处排名第二的拉美地区,俄罗斯地处排名第三的欧洲地区。

综合表1.4和表1.5的数据,印度尼西亚(东南亚)、墨西哥(拉美)、俄罗斯(欧洲),这三个国家是投资者投保海外投资保险集中的国家,因此分析这些国家的负面清单与国家安全审查制度颇具意义。

(二) 印度尼西亚、墨西哥、俄罗斯负面清单的比较

负面清单是东道国针对本国实际情况作出的外资准入管理规定。在实际操作中,东道国普遍对关系国计民生的要害部门,均禁止或限制外国投资,诸如国防或军需行业、大众传播业、国内交通运输业等。除前述共同点之外,由于各国国情不同,东道国对外国投资领域的限制亦各有差异。例如,森林资源稀缺的东道国的负面清单大多禁止或限制外国人投资开采林木;又如,国土面积狭小的东

---

① See 2018 Industry Statistics-Data Tables, Berneunion: https://www.berneunion.org/DataReports. Last visited:2019-11-20.

道国通常对外国人投资土地限制极严;如此等等。充分分析东道国的负面清单,关系到海外投资保险承保的投资是否属于合格的投资,即其是否遵守东道国的法律。

印度尼西亚、墨西哥、俄罗斯三个国家的负面清单的共同点表现在均维持了较高的透明性,但是在负面清单的外在表现形式和对行业的具体限制程度方面存在差异。下文将分别说明之。

1. 共同点

东道国负面清单的透明度是投资者投资前尽职调查的关键。若无法提前预测投资是否符合东道国的法律,投资者将面临巨大的风险。因此,为了吸引外资,印度尼西亚、墨西哥、俄罗斯三国的负面清单都具有较高的透明度。具体表现在:

首先,印度尼西亚颁布了新的《印度尼西亚负面投资清单》(Indonesia's Negative Investment List),作为政府对东盟经济共同体(ASEAN Economic Community, AEC)的承诺之一,以促进东盟地区最大经济体的外国和国内投资活动。因此,为了向 AEC 成员国表示诚意,其负面清单保持了较高的透明度。印度尼西亚负面清单采取的是列举式,明确表明禁止的行业 20 种,集中分布在陆路运输管理、赌场、酒精饮料的生产,以及珊瑚和海洋资源四个领域,同时追加了兜底条款:"政府还可以禁止直接影响印度尼西亚国家利益的外国投资,例如国防或环境方面的投资。"[1]

其次,墨西哥负面清单的表述亦十分明确。作为《北美自由贸易协定》(North American Free Trade Agreement, NAFTA)的签署国之一,墨西哥早在 20 世纪 90 年代初期的 NAFTA 谈判过程中便开始了其负面清单实践,成为最早在外资准入领域适用负面清单模式的发展中国家。[2] 2018 年 11 月 30 日《美国—墨西哥—加拿大协定》(US-Mexico-Canada Agreement, USMCA)正式签署,取代了施行了

---

[1] A Summary of Indonesia's Negative Investment List, Greenhouse: https://greenhouse.co/blog/indonesia-negative-list/. Last visited:2019-11-20.

[2] 参见杨荣珍、高天昊:《外商投资负面清单模式的国内外经验比较研究》,载《山东大学学报(哲学社会科学版)》2016 年第 5 期,第 149 页。

24 年的 NAFTA。墨西哥的负面清单反映在 USMCA 附件一至附件三中。其中,附件一详细列明了 41 项行业限制措施,例如,任何外国国民或外国企业不得获得土地产权;又如,只有墨西哥国民可以申请许可证建立微型工业企业,且任何墨西哥微型企业都不得有外国人作为合作伙伴。附件二列出了墨西哥对 11 个领域及其分支行业采取的进一步限制措施,这些领域包括:博彩业,社会福利,电报、无线电报和邮政服务部门,发行票据(货币)和铸造硬币,海上、内陆港口的控制、检查和监视,对机场和直升机场的控制、检查和监管,核能,等等。附件三主要规定金融领域的限制措施。

最后,俄罗斯在《俄联邦关于外资进入对保障国防和国家安全具有战略意义的商业组织程序法》中规定了负面清单①,对保障国防和国家安全具有战略意义的 46 种行业进行了限制②。俄罗斯认为这份负面清单是详尽无遗的。

2. 差异

印度尼西亚、墨西哥、俄罗斯三个国家的负面清单的差异主要是对行业的具体限制程度不同。

首先,印度尼西亚目前实行的是 2016 年的《负面投资清单》,该清单较 2014 年既有新的放开领域,亦有新的限制领域。其变化主要体现在:其一,印度尼西亚针对清单中曾为禁止领域的 6 种行业③放宽了外资准入,规定这些行业外资最高持股比例分别为 49%～67% 不等④。其二,考虑到自 2016 年 1 月 1 日起 AEC 开始运行⑤,印度尼

---

① 参见范婧昭:《俄罗斯投资法律制度和投资风险防范研究》,载《上海政法学院学报(法治论丛)》2019 年第 2 期,第 14 页。

② 该法后经历次修改,目前共有 46 种经营活动被视为战略性行业。参见商务部国际贸易经济合作研究院、中国驻俄罗斯大使馆经济商务处、商务部对外投资和经济合作司:《对外投资合作国别(地区)指南:俄罗斯(2020 年版)》,载 http://www.mofcom.gov.cn/dl/gbdqzn/upload/eluosi.pdf,访问日期:2020 年 12 月 20 日。

③ 这些行业包括:互联网服务提供商和呼叫中心、专业培训课程、分销和仓储、百货商店(零售面积为 400～2000 平方米)、机场服务和航空运输支持服务、外国航空公司的一般销售代理。

④ 印度尼西亚《负面投资清单》第 13 条。

⑤ 参见马勇幼:《东盟经济共同体来了,越南很发愁》,载《光明日报》2016 年 1 月 8 日,第 12 版。

西亚《负面投资清单》对于马来西亚和新加坡等东盟国家的投资者较其他国家的投资者更为优惠,规定这些国家在某些业务领域可以获得更高的所有权上限(最高 70%)。这种负面清单中的差别对待,旨在通过自由投资来缩小东盟国家之间经济差距。其三,2018年,印度尼西亚的中小企业覆盖全国 99.9% 的业务部门,这些部门吸收的劳动力占全部劳动力的 96.9%,它们的生产总值占国民生产总值的 57.5%,因此,印度尼西亚政府希望专注于发展国内中小企业,在《负面投资清单》中作出某些限制,为国内中小型企业(或与中小型企业合作)的投资活动提供机遇。① 其四,2016 年的《负面投资清单》还包括一项祖父条款,规定了在新法规出台之前已经实施的投资,除非 2016 年更新后规定了更高的外资持股上限,否则《负面投资清单》将不会影响任何先前批准的投资。② 这无疑是一条放宽政策。

其次,墨西哥经济发展水平并不高,但却被和美国、加拿大超大经济体绑定。因此,墨西哥不得不采取较为谨慎的开放政策。墨西哥在 USMCA 中设置的负面清单虽然看似种类过多,繁冗复杂,但其中所涉及的行业却并不宽泛,主要集中在通信、交通运输、金融和专业服务等有关国家经济基础和墨西哥竞争力较弱的领域。以交通运输行业为例,附件一的 41 项行业限制措施中有 17 项专门针对交通运输行业③;附件二中亦针对交通运输行业专门列明了限制措施。④

---

① 印度尼西亚政府为国内中小型企业保留的领域包括价值不到 100 亿印尼盾(约合 70 万美元)的建筑咨询服务。但是,印度尼西亚政府也容纳希望支持国内中小企业的外国实体。因此,国际参与者可以在邮购或互联网订购的快速消费品(食品、饮料、烟草、化妆品等)领域与中小企业合作(而非拥有股份)。
② 印度尼西亚《负面投资清单》第 13 条。
③ See Agreement Between the United States of America, the United Mexican States, and Canada, "Annex I Investment and Services Non-Conforming Measures-Mexico," https://ustr.gov/sites/default/files/files/agreements/FTA/USMCA/Text/NCM-Annex_I_Mexico.pdf. Last visited: 2020-11-30.
④ See Agreement Between the United States of America, the United Mexican States, and Canada, "Annex II Investment and Services Non-Conforming Measures-Mexico," https://ustr.gov/sites/default/files/files/agreements/FTA/USMCA/Text/NCM%20Annex%20II%20Mexico.pdf. Last visited: 2020-11-30.

最后,俄罗斯限制的46种战略性行业普遍关系其国家安全或赖以生存的行业,主要包括四类:第一,关系国家安全,即有关核装置、放射性物质、武器和弹药、军事设备、航空安全等项目;第二,具有重要战略意义的媒体领域,即境内电视和无线电广播活动;第三,在俄罗斯占垄断地位的电信服务活动;第四,与矿物和自然资源有关的活动。

综上,由于印度尼西亚的负面清单主要是为了向AEC成员国表达诚意,因此其负面清单相较于墨西哥、俄罗斯最为宽松,清单对禁止和限制行业的划分更有利于国内中小企业的发展;而相较于印度尼西亚,墨西哥面对美国、加拿大超发达经济体的压力,选择了更为谨慎的开放政策;俄罗斯相较前两者,属于发达经济体,其负面清单设立目的明确,以是否关系国家安全为标准,因此军工和矿产产业是其严格控制的领域。

(三) 东道国国家安全审查制度的比较

上文主要对比分析了印度尼西亚、墨西哥、俄罗斯三国的负面清单,那么这三个国家的国家安全审查制度又是如何规定的呢?

首先,在亚洲国家中,正式设立国家安全审查制度的国家只有日本、中国和印度[1],不包括印度尼西亚。这是否就意味着印度尼西亚在对待外资上完全不考虑"国家安全"呢?答案是否定的。印度尼西亚《外商投资法》第七章第12条规定,政府设立不对外资开放行业的标准是与其国家安全利益密切相关的行业。[2] 换言之,这类似国家安全审查制度,并且被视为其负面清单的兜底条款。

其次,墨西哥与印度尼西亚虽同为发展中国家,但在国家安全审查制度的设置上却大不相同。这是因为墨西哥地处国家安全审查制度的发源地——北美洲,北美洲以美国为代表,形成了较为成

---

[1] 参见田昕清:《外资安全审查制度比较研究及对我国的借鉴意义》,外交学院2019年博士学位论文,第5页。
[2] 印度尼西亚《外商投资法》第12条。

熟的国家安全审查运行机制。墨西哥作为地处北美洲的发展中国家,其国家安全审查制度深受美国、加拿大等发达国家的影响,形成了与之相似的特点。该相似点主要表现在墨西哥具备稳定的审查主体,其国家安全审查制度的主体是墨西哥国家投资委员会。墨西哥国家投资委员会的职能与美国海外投资委员会(Committee on Foreign Investment in the United States, CFIUS)类似,因为它可以以影响国家安全的理由拒绝收购墨西哥公司的申请,而且"有45个工作日作出决定"[1],其从多个不同的角度对一项收购进行审查,以确保不对墨西哥国家安全产生不利影响。

但墨西哥的国家安全审查制度较美国又有所不同,该不同主要表现在分等级实施安全审查。早在1993年,墨西哥国家投资委员会就负责针对外国并购投资作出了审查限制,并为防止外国人收购本国的重要产业而在《外国投资法》中设立了"三级限制"制度:第一级限制在能源、电信、基础设施和货币的造币等行业中形成了国家垄断[2];第二级限制针对墨西哥国民在陆路运输、能源和通信分配以及发展银行的投资[3];第三级限制包括合作生产社团[4]、空运、银行、武器、新闻媒体、淡水捕鱼、港口管理、海上航行和运输可燃物等[5]。这一特点使得墨西哥的国家安全审查制度更具可预测性,这种可预测性有助于鼓励更多的投资,但有可能增加维护国家安全的成本。

最后,《俄联邦关于外资进入对保障国防和国家安全具有战略意义的公司的程序法》明确规定接受投资安全审查的对象,它们是作为投资方的外国投资者和作为被投资方的战略性公司。外国投资者通过股权收购或其他方式直接或间接控制战略性公司的所有

---

[1] 墨西哥《外国投资法》第28条。
[2] 墨西哥《外国投资法》第5条。
[3] 墨西哥《外国投资法》第6条。
[4] 在墨西哥,大多数合作生产社团致力于与第一产业相关的活动,例如渔业养殖、木材加工、培育植物等。See Balderas Mora Alfredo, María del Rosario Chávez Villarreal, Alfredo Balderas Aguilar, "Sociedades cooperativas de producción y servicios, en el sur de Tamaulipas, México," 1 *Cooperativismo y Desarrollo*: COODES 26, 26-40(2013).
[5] 墨西哥《外国投资法》第7条。

交易都应纳入安全审查范围,如果违反该项规定,交易将被撤销,外资的投票权将被剥夺,作出的决议将被认定无效。

第三节　海外投资保险法律制度的国际法最新立法趋势

基于海外投资保险公司在赔偿被保险人之后获得代位求偿权,这种权利的行使需要以东道国为被告提起诉讼,因而涉及东道国的司法豁免权问题,需要该国让渡这种权利,让渡的路径即签署 BIT、区域性协定或多边条约。因此,下文有必要对海外投资保险法律制度的国际法体系及条约的待遇条款进行解析。

一、海外投资保险法律制度的国际法体系

(一)海外投资保险法律制度的国际法体系的法理依据

海外投资保险法律制度的国际法体系的法理依据主要有两点：一是海外投资保险的代位求偿权需要条约；二是 BIT 待遇原则。下文将分别加以论述。

1. 代位求偿权需要条约的原因

BIT 的核心在于确认代位求偿权的"双边性"。其中,海外投资保险的代位求偿权是指因政治风险发生,缔约国国内的承保机构向本国海外投资者赔偿后,依据海外投资保险合同取得代位求偿的权利。东道国以 BIT 的形式放弃司法豁免权,对代位求偿权予以认可,从而使缔约国双方承担了具有国际法约束力的履约理赔义务。区域性协定和多边公约中亦设置代位求偿权条款,其他成员国在缔约时就已认可。

2. BIT 待遇原则

根据联合国贸易和发展会议(United Nations Conference on Trade

and Development,以下简称贸发会)统计的数据,截至 2020 年 2 月,全球共有 2896 个 BIT。[①] 这些 BIT 中普遍确立了相对待遇标准和绝对待遇标准。前者的"相对性"在于相对本国国民或第三国,缔约国承诺在非歧视的基础上对待另一缔约国国民或公司的投资[②],即国民待遇和最惠国待遇;后者的"绝对性"在于确保一缔约国为另一缔约国国民或公司的投资提供的待遇符合公平公正原则且符合国际法的自然正义价值。[③] 绝对待遇标准亦称最低待遇标准,包括公平与公正待遇和充分的保护与安全。

(二)海外投资保险法律制度的国际法特征

首先,海外投资保险法律关系体现为投资者母国的海外投资保险公司与投资者之间的法律关系,以及之后向东道国追偿的法律关系。

其次,海外投资保险既承保直接投资又承保间接投资。这似乎突破了传统国际投资法仅仅调整直接投资的限制。事实上,出现在各类条约中的投资更加广泛,不仅包括直接投资,而且涵盖间接投资。各国可以在其投资条约中自己界定投资保护的范畴,并以此扩大其对外国投资者财产保护的范围。基于此,各国海外投资保险公司均将间接投资列入承保范围。

最后,海外投资保险法律关系既包括国内关系,又包括国际关系。具体而言,海外投资保险法律关系不仅涉及私人投资者与其本国海外投资保险公司的投资保险关系,还必然涉及两国之间基于相互保护私人投资和代位求偿权的承认而达成的 BIT。国内关系与国际关系相互补充,构成统一的海外投资保险法律体系。

---

① See "International Investment Agreements Navigator," UNCTAD Investment Policy Hub: https://investmentpolicy.unctad.org/international-investment-agreements. Last visited: 2020-2-1.

② 参见刘笋:《论投资条约中的国际最低待遇标准》,载《法商研究》2011 年第 6 期,第 100—107 页。

③ 参见何艳:《双边投资条约中的知识产权保护》,中南财经政法大学 2016 年博士学位论文,第 61 页。

综上,海外投资保险法律制度的国际法体系的内涵是指以海外私人投资的保险理赔为调整对象,集合国家之间、区际、国际海外投资保险法律关系的法律规范的总称,即由双边条约、区域性协定和多边条约构成的海外投资保险国际法渊源,这亦是海外投资保险法律制度的国际法体系的外延。

(三)海外投资保险法律制度的国际法体系的外延

依前所述,海外投资保险法律制度的国际法体系的外延即其外在表现形式主要有三种:其一,BIT;其二,区域投资协定,包括带有投资条款的自由贸易协定;其三,与投资有关的多边协定,具有代表性的是《汉城公约》。

1. BIT 的双边性

首先,BIT 是海外投资保险法律制度普遍认可的国际法渊源。BIT 存在或早于国内法或与其相伴而生,其直接目的是吸引外国直接投资。日本学者金硕哲曾以南亚、东亚和东南亚 10 个国家为样本,证实了在风险较高的国家,BIT 在吸引外国直接投资流入方面的影响更为显著。[1] 此外,对于海外投资保险法律制度本身而言,BIT 要求东道国承认投资者与母国国内保险公司之间的海外投资保险关系具有法律效力,允许保险人依约向投保人支付政治风险事故赔偿金之后,有权取代被保险人的法律地位,继而向东道国政府行使"代位求偿"的权利。质言之,这种"法律设计"将国内的海外投资保险合同与国际法衔接,重申了投资者母国国内"海外投资保险合同"的法律效力,要求缔约国予以承认,旨在力图使国内私法意义上的保险合同关系有条件地"越国出境",产生国际公法上条约的约束力。[2]

---

[1] See Kim S., *Bilateral Investment Treaties, Political Risk and Foreign Direct Investment*, Social Science Electronic Publishing, 2006, p.3.
[2] 参见陈安:《美国对海外投资的法律保护及典型案例分析》,鹭江出版社 1985 年版,第 2 页。

其次，BIT 是最早出现在海外投资保险法律制度的国际法体系中的表现形式。历史上保护国际投资双边条约的形式主要有三种：其一，友好通商航海条约（Friendship Commerce Navigation Treaty，FCN），主要用于第二次世界大战前，虽有关于外国商人及其资产和有关投资保护的条款，但其重点是保护商人而不是工业投资者。其二，投资保证协定（Investment Guarantee Agreement，IGA）。[①] 第二次世界大战以后，特别是自 20 世纪 60 年代以来，发达国家私人资本大量流入发展中国家，资本输出国为保护其海外私人投资的安全与利益，与资本输入国签订 IGA。其三，BIT。

（1）早期 FCN

各国缔结的 FCN 大多从总体上规定对外国投资者财产的保障、待遇、征收的条件及补偿标准等。美国率先通过其早期缔结的 FCN 中的简要条款，为美国人的海外财产提供条约保护。美国与法国于 1778 年签订的 FCN 是历史上第一个双边性的 FCN。FCN 是 18、19 世纪美国与其他国家间确立商业关系的主要法律文件，因此，在某种意义上，它是 BIT 的前身。

但是，当时如果没有投资所在的东道国的同意与合作，保险机构代位求偿权就无法实现。因此，美国除了与其他国家签订综合性的 FCN，又与有关国家签订专门的 IGA，后来发展到以签订 BIT 为主。

（2）IGA

20 世纪 60 年代中期，美国停止了 FCN 计划。[②] 显而易见，FCN 的规定过于泛泛，因此以 IGA 取而代之是情理之中的。此类条约始于 20 世纪五六十年代，美国与 100 多个国家陆续签订了 IGA 之类的专约，多是以换文贯彻其对海外美资的程序性保护，其中与中

---

① 参见王传丽：《国际经济法》，中国政法大学出版社 2018 年版，第 330 页。
② 参见陈安：《美国对海外投资的法律保护及典型案例分析》，鹭江出版社 1985 年版，第 11 页。

国亦签署了类似的条约。① 这是中华人民共和国成立后首次同外国签订 IGA。但这一条约却不是对等的,仅单方面给予美国投资者保护。② 这一条约中又进一步明确规定 OPIC 是美国在华投资保险的"承保者",依据承保范围向投保人,即遭遇"政治风险"受到损失的美国投资人支付赔偿金,并享有代位求偿权。③

此类 IGA 条款大同小异,主要贯彻了以下几个方面的内容:第一,双方政府承认海外私人投资交付保险(投保)的效力;第二,投资项目必须通过东道国审查批准;第三,对于美国 OPIC 所承保的海外美资,承保人在支付保险事故赔偿金之后,即取得相应的所有权和处理权,并有权取代投资人实行代位索赔;第四,规定双方政府因索赔问题发生纠纷时的处理程序,并规定将其中涉及国际公法问题的争端交付仲裁庭。④

(3) BIT

从 IGA 到 BIT,在本质上是一个极大的进步,即实现了从给予单方面投资保护到互相给予投资保护的飞跃。由此美国自 20 世纪 80 年代初期开始大力推行新型 BIT。《美国 BIT 2012 年范本》第 6 条

---

① 1980年10月30日,中美两国政府颁布了《中华人民共和国政府和美利坚合众国政府关于投资保险和投资保证的鼓励投资的协议及有关问题的换文》。

② 《中华人民共和国政府和美利坚合众国政府关于投资保险和投资保证的鼓励投资的协议及有关问题的换文》第1条规定:"本协议中的'承保范围',系指根据本协议由海外私人投资公司或继承该公司的美利坚合众国政府的任何机构——以下均称为'承保者'——承保的投资政治风险保险(包括再保险)或投资保证,其利益程度以作为承保范围内的保险者或再保险者为限。"

③ 《中华人民共和国政府和美利坚合众国政府关于投资保险和投资保证的鼓励投资的协议及有关问题的换文》第3条规定:"一、如果承保者根据承保范围向投资者支付赔款,除了本协议第四条的规定外,中华人民共和国政府应承认因上述支付而转移给承保者的任何货币、债权、资产或投资,并承认承保者继承的任何现有或可能产生的权利、所有权、权利要求或诉讼权,但承保者应受投资者尚存法律义务的约束。二、对根据本条规定而转移或继承的任何利益,承保者不应要求比作出转移的投资者可享有的更大权利。但美利坚合众国政府保留以其主权地位按照国际法提出某项要求的权利。"

④ 《中华人民共和国政府和美利坚合众国政府关于投资保险和投资保证的鼓励投资的协议及有关问题的换文》第6条第1款规定:"一、美利坚合众国政府和中华人民共和国政府对本协议的解释发生争议,或任何一方政府认为这种争议由于已在承保范围内保险的投资或与这种投资有关的项目或活动引起国际公法问题时,两国政府应尽可能通过谈判解决。如果在提出谈判要求的三个月后,两国政府未能解决争议,经任何一方政府提出,应按照本条第二款,将争议包括这种争议是否引起国际公法问题提交仲裁庭。"

专门就代位求偿权的保护作出规定:"在投资纠纷处理过程中,如果涉讼的一方国民或公司根据保险合同或保证合同,就其所申诉的全部损失或部分损失已经获得或即将获得赔偿或其他补偿。另一方缔约国不得借此主张(如作为被告,不得借此反诉主张)享有抵扣权或其他权利。"[1]这意味着保险公司在赔偿了被保险人之后获得代位求偿权,东道国不得干扰、破坏这种权利的行使。

2. 区域性协定的区域性

相较于 BIT,区域性协定于海外投资保险法律制度的国际法体系而言,是更为稳固的组成部分。海外投资保险在区域性协定中的表现形式分为两类:第一类是仅包含海外投资保险相关条款的区域性协定,如 2009 年 8 月 15 日签订的《中国与东盟全面经济合作框架协议投资协议》以及 USMCA。第二类是专门调整区域性海外投资保险法律关系的区域性协定。最具代表性的是阿拉伯国家间于 1971 年签订的《设立阿拉伯国家间投资担保公司公约》(Convention to Establish the Arab Investment and Export Credit Guarantee Corporation)和 1980 年 11 月 22 日签订的《阿拉伯资本投资于阿拉伯国家统一协定》(Unified Agreement for the Investment of Arab Capital in the Arab States)。

第一类区域性协定与 BIT 的职能相近,旨在从各方面保护海外投资。其与 BIT 的区别在于:区域性协定的缔约主体为多个。BIT 的缔约主体有且仅有两个,仅在双方缔约国国内生效,效力并不及于第三国;而区域性协定的缔约主体通常表现为特定区域内的多个缔约主体。

在众多区域性协定中,《东盟全面投资协定》(The ASEAN Comprehensive Investment Agreement,ACIA)和 USMCA 的研究价值最为显著,其价值及于发展中国家和发达国家。首先,ACIA 被联合国经济及社会理事会称为"在全世界发展中国家范围内,已生效的最先

---

[1] 〔美〕肯尼斯·J. 范德威尔德:《美国国际投资协定》,蔡从燕、朱明新等译,法律出版社 2017 年版,第 614—617 页。

进的区域性协定"①,其设立了涵盖关于投资合作、促进、自由化和保护等多方面的条款,海外投资保险亦在其规定范围内;其次,USMCA是美国主导专为发达国家设计的区域贸易协定,并专设了投资章节。

第二类区域性协定《设立阿拉伯国家间投资担保公司公约》,是一部真正意义上的在阿拉伯国家联盟成员国范围内生效的区域性投资担保协定,其研究价值不可小觑。区域性投资协定是用以保护特定地区的国家间的投资活动,相较于 BIT,其特点是参与国之间存在紧密的地理、历史、文化等方面的联系。②

那么,在充斥着众多 BIT 的海外投资保险领域,区域性投资协定存在的意义是什么? 总体来说,区域性投资协定与 BIT 相比具有一定的突破性,具体表现在:

首先,成员的扩大。区域性投资协定在一定程度上满足了投资多边化的需要,为更多成员提供高标准的投资保护规则和投资待遇规则、充分的保护与安全条款。这对于推动区域内资本的自由流动有着不可替代的作用。

其次,设立区域性海外投资保险法律制度。《设立阿拉伯国家间投资担保公司公约》为区域性海外投资保险法律制度的构建提供了模板。

3.《汉城公约》的多边性

《汉城公约》在海外投资保险法律制度的国际法体系中具有很强的多边性。该公约于 1985 年 10 月 11 日开放并供签署,于 1988 年 4 月 12 日生效。

《汉城公约》是 MIGA 运行的法律依据,MIGA 在一定程度上弥补了成员国国内海外投资保险法律制度的不足,主要表现在:一是

---

① 亚洲及太平洋经济社会委员会《贸易和投资委员会第二届会议文件——推进多边和区域性贸易和投资合作》(2011 年 7 月)。
② 参见谭民:《中国—东盟能源安全合作法律问题研究》,武汉大学出版社 2016 年版,第 82—83 页。

对于尚未建立海外投资保险机构,或亦未参加任何区域性协定的成员国,可以申请区域投资保险机构为投保的成员国投资者提供保护;二是增加了美国等成员国国内海外投资保险机构尚未承保的违约险;三是为多个成员国的投资者就一项投资共同投保;四是对合格投资者的国籍较为宽松的要求使其挽救了一些投保无门的投资项目。例如,如果一家营业所在地在日本的德国公司向其他成员国进行并购投资,由于它不是日本公司,NEXI 将不予承保;同时,该公司虽为德国公司,但在德国无住所,亦无法向德国海外投资保险公司投保。如果再得不到 MIGA 承保,该项投资就将得不到任何保障。

《汉城公约》的优势在于:其一,有利于国家间的公平竞争。其二,有利于在全球范围内减少投资风险。因为成为东道国的成员国对政治风险发生标准的认定不仅对一国投资者有直接影响,亦会对第三国投资者产生间接影响。① 其三,减少对发展中国家投资者的歧视。其四,更具可预测性和稳定性。②

二、BIT 待遇条款的最新趋势与海外投资保险的关联性

BIT 待遇条款之间的关系是什么?与海外投资保险又有何联系?它们均是最基础的海外投资保险法律制度的国际法问题。

(一)BIT 待遇条款之间的关系及最新趋势

1. BIT 待遇条款之间的关系

BIT 待遇条款包括国民待遇、最惠国待遇、公平与公正待遇和充分的保护与安全,三者均属于国家的条约义务,但亦有所区别。

---

① See Ciorgio Barba Navaretti, Anthony J. Venables, *Multinational Firms in the World Economy*, Princeton University Press, 2004, pp. 25–38.

② See Jeswald W. Salacuse, "The Emerging Global Regime for Investment," 51 *Harvard International Law Journal* 449, 449(2010).

(1) 国民待遇是最高待遇

在 BIT 中,国民待遇是指东道国给予外国投资的待遇应等同于或不低于其给予本国投资的待遇。① 国民待遇旨在禁止基于国籍的歧视,反对"次国民待遇"或"超国民待遇"。② 国民待遇之所以被认为是最高待遇,一是一国给予本国国民的待遇通常是最广泛的,国民待遇打破了东道国基于国籍提供给外国国民低于本国国民的保护的歧视;二是国民待遇被认为可能是一种更为稳定的保护标准。这是因为较之外国国民,受其国内行政法体系约束,东道国甚少突然改变给本国国民的待遇。外国投资活动以外国投资机构建立为准,大致可以划分为两个阶段:即外资准入前阶段(又称准入阶段)和外资准入后阶段(又称运营阶段)。③ 具体而言,BIT 中的国民待遇经历了从准入后阶段的国民待遇到准入前和准入后两个阶段的国民待遇的发展历程。④ 由于国民待遇往往涉及经济(或政治)的敏感问题,因此要达到所谓的国民待遇标准是相当难的。而事实上,迄今为止,尚未有国家真正无条件地给予外国投资者国民待遇,特别是外资准入前阶段的国民待遇。在早期,大多数国家的 BIT 都将国民待遇仅适用于准入后阶段的外国投资。⑤

(2) 最惠国待遇是普惠待遇

最惠国待遇是指一国给予他国或与之有确定关系的人或事的待遇不低于该国给予第三国或与之有确定关系的人或事的待遇。

---

① See UNCTAD, National Treatment, UNCTAD Series on Issues in International Investment Agreements, UNCTAD/ITE/IIT/11 (Vol. IV), United Nations, New York, and Geneva, 1999, p. 4.
② 参见单文华:《外资国民待遇基本理论问题研究》,载陈安主编:《国际经济法论丛》(第一卷),法律出版社 1998 年版,第 243 页;姚梅镇:《国际投资法》,武汉大学出版社 1989 年版,第 287 页。
③ 参见单文华:《外资国民待遇基本理论问题研究》,载陈安主编:《国际经济法论丛》(第一卷),法律出版社 1998 年版,第 249 页。
④ 参见何艳:《双边投资条约中的知识产权保护》,中南财经政法大学 2016 年博士学位论文,第 41 页。
⑤ 参见何艳:《双边投资条约中的知识产权保护》,中南财经政法大学 2016 年博士学位论文,第 41 页。

相较于国民待遇,最惠国待遇强调非歧视。① 如《美国 BIT 2012 年范本》中最惠国待遇条款规定:"各缔约方给予另一缔约方的投资者和投资的待遇应不低于在类似情形下其给予任何非缔约国一方的投资者和投资的待遇。"②进而言之,如果一国给予他国或与之有确定关系的人或事的待遇是国民待遇,那么,不低于该国给予第三国或与之有确定关系的人或事的待遇也是国民待遇。

(3)公平与公正待遇和充分的保护与安全是最低待遇

公平与公正待遇原则被称为国际投资法中的"帝王条款",在国际条约中,公平与公正待遇原则通常表现在最低待遇条款中③,即无论在何种情况下,东道国给予投资者的待遇应当至少不低于最低待遇——公平与公正待遇和充分的保护与安全。该原则主要体现在国际条约和各国外资立法中,目的是作为一个总括性的条款,在缺乏更为具体的保证时,其能被用于所有方面的投资待遇,自然亦可涵盖海外投资保险法律制度。④

在 BIT 中,国际最低待遇最开始是以公平与公正待遇的形式出现,后来发展为公平与公正待遇和充分的保护与安全并列的待遇。

①公平与公正待遇

现行的 BIT 大多规定了公平与公正待遇,即使少数 BIT 未规定这一条款,一旦出现相关的投资争端,亦往往可以依最惠国待遇条款加以援引。⑤《国际投资法中的公平和公正待遇标准》(第 2004/3 号)中指出:"有学者认为,公平与公正待遇作为国际法的一部分,包含在所有国际法渊源之中;还有一种观点认为,公平与公正待遇不

---

① 参见何艳:《双边投资条约中的知识产权保护》,中南财经政法大学 2016 年博士学位论文,第 41 页。
② 《美国 BIT 2012 年范本》第 4 条。
③ See I. A. Laird, "Betrayal, Shock and Outrage - Recent Developments in NAFTA Article 1105," 3 *Asper Review of International Business and Trade Law* 187, 187-189(2003).
④ See OECD, "Intergovernmental Agreements Relating to Investment in Developing Countries,"1984, p.52.
⑤ 参见徐崇利:《公平与公正待遇:真义之解读》,载《法商研究》2010 年第 3 期,第 59—60 页。

仅限于国际习惯法所载的最低标准,而且涵盖国际法的各种渊源,包括一般原则、现代条约及其他国际条约义务。1984 年 OECD 的一份研究报告和 NAFTA 法庭在'梅特克莱德公司诉墨西哥合众国案'(Metalclad Crop. v. United Mexican States)和'S. D. 迈尔斯诉加拿大案'(S. D. Myers v. Canada)中表达了这一观点。"①

②充分的保护与安全

公平与公正待遇与充分的保护与安全并列出现在 BIT 最低待遇条款中。② 这一表述是从早期 FCN 中的"充分与完备的保护"(Full and Perfect Protection)条款衍生而来的。③ 区别之处在于,当时要求的"完备"保护强调的是"绝对"的标准。换言之,它不取决于东道国实际上可以为外国投资者提供的保护的能力,即使东道国穷尽手段保护外国投资者,但只要有损失发生,东道国就必须承担国家责任,这一条款对于综合实力较弱的发展中国家而言,显然是有失公平的。BIT 中通常出现充分的保护与安全之类的措辞④,这类措辞通常被理解为东道国应当勤勉地保护外国人的财产⑤。例如,1997 年发生的"美国制造和贸易股份有限公司诉扎伊尔共和国案"⑥(American Manufacturing & Trading Inc. v. Republic of Zaire)佐证了这一点。仲裁庭根据 1989 年的《美国—扎伊尔 BIT》中的充分的保护与安全

---

① OECD, Fair and Equitable Treatment Standard in International Investment Law, Working Papers on International Investment, Number 2004/3, September 2004, p. 20.

② 在某些投资条约中,完全保护和安全标准出现在征收条款中。例如,《德国双边投资协定范本》第 4 条(征收补偿)第 1 款规定:"一缔约国投资者应享有在另一缔约国境内的完全保护和安全。"参见冉艳:《双边投资条约中的知识产权保护》,中南财经政法大学 2016 年博士学位论文,第 73 页。

③ See Treaty of Friendship, Commerce and Navigation, United States–Paraguay, February 4, 1859, ("1859 Paraguay FCN"), article Ⅸ, 12 Stat. 1091, T S. No. 272; Treaty of Friendship, Commerce and Navigation, United States–Argentina, July 27, 1853, ("1853 Argentina FCN"), article Ⅶ, 10 Stat. 1005, T S. No. 4; Treaty of Friendship, Commerce and Navigation, United States – Costa Rica, July 10, 1851 ("1851 Costa Rica FCN"), Article Ⅶ, 10 Stat. 916, T S. No. 62.

④ 《美国 BIT 2012 年范本》第 5 条第 2 款。

⑤ 参见〔美〕肯尼斯·J. 范德威尔德:《美国国际投资协定》,蔡从燕、朱明新等译,法律出版社 2017 年版,第 253 页。

⑥ See Sergey Ripinsky, Kevin Williams, *Damages in International Investment Law*, British Institute of International and Comparative Law Published, 2008, p. 2.

条款裁定扎伊尔政府怠于履行义务,应当承担国家责任。

2. BIT待遇条款的最新发展趋势是以国民待遇为目标

鉴于国民待遇是最高待遇,给予投资的保护水平相对较高,因此,笔者预测BIT待遇条款未来的发展趋势是普遍选择国民待遇。下文将就BIT待遇条款的最新发展趋势——国民待遇与海外投资保险的关联性展开讨论。例如,2020年《巴西—印度BIT》就明确约定了国民待遇。①

(二)国民待遇与海外投资保险的关联性

依上述内容可知,国民待遇是BIT待遇条款未来的发展趋势。那么BIT中的国民待遇与海外投资保险的关联性为何?下文将从两方面予以阐释。

1. 违反国民待遇义务可能构成征收、禁兑风险

违反国民待遇义务可能构成征收、禁兑险。原因在于:国民待遇的设计的初衷是东道国保护外国投资者,而征收和禁兑之类的政治风险恰是东道国违反了上述义务,即针对外国投资实施的歧视行为。征收表现为没收资产、撤销营业许可等;禁兑则表现为冻结资金、阻止利润汇出等。

2. 违反国民待遇义务可能构成战争、内乱或恐怖主义风险

违反国民待遇义务可能构成战争、内乱或恐怖主义风险。原因在于:在国民待遇的基础上推导出国民待遇理应包括"战争、武装冲突、暴乱等情形下的投资保护",即各缔约方应给予在其国家境内因战争或其他武装冲突、叛乱、暴乱或其他内乱遭受损失的外国投资者以习惯国际法的保护措施,这些措施应当符合无差别的国民待遇。因此,当东道国违反国民待遇时,将可能构成战争、内乱或恐怖主义风险。

---

① 2020年《巴西—印度BIT》第5条。

三、区域性协定待遇条款的最新发展趋势与海外投资保险的关联性

海外投资保险在区域性协定中的表现形式分为两类:第一类是仅包含海外投资保险相关条款的区域性协定;第二类是专门调整区域性海外投资保险法律关系的区域性协定。

在第一类区域性协定中,ACIA 是发展中国家最为开放的贸易范本,而 USMCA 则是彰显以美国为主导、倾向发达国家利益的区域性贸易协定模板。ACIA 和 USMCA 均设计了前述三种待遇条款,包括国民待遇、最惠国待遇和最低待遇。下文将分而论之。

(一)第一类区域性协定待遇条款的最新发展趋势与海外投资保险的关联性

ACIA 和 USMCA 均设计有国民待遇、最惠国待遇和最低待遇标准以供成员国选择。其中,2020 年 7 月 1 日正式生效的 USMCA 待遇条款的最新发展趋势指向国民待遇。

1. 区域性协定待遇条款的最新发展趋势

首先,ACIA 第 5 条、第 6 条、第 11 条分别规定了国民待遇[1]、最惠国待遇[2]和最低待遇标准[3]。

其次,USMCA 亦规定了三种待遇标准,无论选择何种待遇,美国、墨西哥、加拿大三国彼此给予相同的待遇。USMCA 的待遇条款规定在其投资章节第 14 条第 4 款至第 6 款中,其中国民待遇被要求

---

[1] 《东盟全面投资协定》第 5 条。
[2] 《东盟全面投资协定》第 6 条。
[3] 《东盟全面投资协定》第 11 条。

无差异地适用于所有缔约方。加拿大和墨西哥迫于美国的压力①,在 USMCA 谈判中同意美国的观点,不再允许发展中国家因其自身发展水平有限等原因而在三种待遇中选择较低的待遇标准。

2. 违反区域性协定的国民待遇义务可能构成征收、禁兑风险

依上述内容可知,国民待遇亦是区域性协定未来的主要发展趋势。那么区域性协定中的国民待遇与海外投资保险的关联性如何? 对于 USMCA,这一关联性表现在美国与加拿大、美国与墨西哥、墨西哥与加拿大之间,任何一方违反了国民待遇就可能构成征收、禁兑风险。原因在于:基于美国、加拿大是发达国家,它们的企业作为投资者,前往墨西哥投资的机会较多,而墨西哥是发展中国家,大多接受美国、加拿大企业的投资,获得东道国的身份,一旦发生征收险或禁兑险之类的政治风险,则违反了条约下的国民待遇义务,即针对美国、加拿大投资实施了不同于本国人的歧视行为。例如,征收险表现为没收资产、撤销营业许可等;禁兑险则表现为冻结资金、阻止利润汇出等。综上,如果违反了国民待遇义务,则可能构成征收、禁兑险。

3. 违反区域性协定的最低待遇义务可能构成战争、内乱或恐怖主义风险

区别于 USMCA,ACIA 不强制要求国民待遇或最惠国待遇,但规定至少不可以低于最低待遇标准。在 ACIA 成员国之间,一缔约国相对于另一缔约国或多个缔约国违反最低待遇条款,即未给予其他成员国投资者以公平与公正待遇和充分的保护与安全,将可能构成征收、禁兑、战争、内乱或恐怖主义风险。ACIA 缔约国之所以有义务遵守公平与公正待遇和充分的保护与安全条款,原因有两点:一是该条款要求东道国为投资者及其投资提供的保护和安全是"全面的"。那

---

① 美国宣称:"那些与我们有共同承诺并愿意在国内市场提供对等机会的国家可以成为我们的伙伴", Statement of the United States by Ambassador Dennis Shea at the 14th WTO Trade Policy Review of the United States of America, Office of the United States Trade Representative, Dec. 17,2018, USTR: https://ustr.gov/about-us/policy-offices/press-office/press-releases/2018/december/statement-united-states-ambassador. Last visited:2019-11-11.

么在该条款下防范可能对一国境内的经济造成毁灭性打击的恐怖主义[1],自然成为东道国不可推卸的责任之一。二是该条款包含"战争、武装冲突、暴乱等情形下的投资保护"。因此,当东道国违反充分的保护与安全义务时,将可能构成战争、内乱或恐怖主义风险。

(二)专门调整区域性海外投资保险法律关系的协定——《设立阿拉伯国家间投资担保公司公约》

前文已经阐明了海外投资保险法律制度的国际法体系中的区域性协定分为两大类:第一类区域性协定数量颇多,其中最具研究价值的是 ACIA 和 USMCA;作为第二类区域性协定的《设立阿拉伯国家间投资担保公司公约》,是一部真正意义上的在阿拉伯国家联盟成员国范围内生效的区域性投资担保协定,其研究价值亦不可否认。下文将针对该公约的历史背景和具体内容着手研究。

1.《设立阿拉伯国家间投资担保公司公约》的历史背景

1966 年 3 月,阿拉伯经济统一委员会(The Council of Arab Economic Unity, CAEU)在科威特举行会议。会议上,各成员国首次提出建立一个保证阿拉伯国家联盟成员国海外投资的组织的呼吁。会议授权科威特经济发展基金调查研究建立该组织的可行性。[2] 随后科威特经济发展基金通过调查美国和欧洲海外投资保险计划,编写了《阿拉伯投资担保组织公约草案》,经反复修正,将最终版本提交阿拉伯国家联盟各成员国政府批准。1971 年 5 月,阿拉伯国家联盟成员国科威特、叙利亚、埃及、苏丹和约旦作为第一批缔约国签署了《设立阿拉伯国家间投资担保公司公约》,并在协议中约定每个缔约国均需要支付一定数额的资金,当这一金额超过前期运营所需总

---

[1] See M. D. Larobina, R. L. Pate, "The Impact of Terrorism on Business, " 1 *The Journal of Global Business Issues* 147, 147-156(2009).

[2] See State of Kuwait, *Researching the Feasibility of Establishing a Multilateral Arab Corporation for Guaranteeing Arab and Foreign Capitals Invested in Development Projects* (Recommendation No. 62), Kuwait Government Press, p.38.

金额的 60% 时,《设立阿拉伯国家间投资担保公司公约》正式生效。① 1974 年 5 月,缔约国数量增至 12 个,彼时缔约国所缴资金已达到前期运营所需总金额的 70%,公约正式生效。

随着公约的生效,第一个国际担保组织——阿拉伯国家间投资和出口信用担保公司(Inter-Arab Investment and Export Credit Guarantee Corporation, IAIGC)正式建立。截至目前,IAIGC 仍是唯一的区域性投资担保机构。既然 IAIGC 是依据《设立阿拉伯国家间投资担保公司公约》建立的,那么还需从《设立阿拉伯国家间投资担保公司公约》的诞生缘由中挖掘其本源,研究结果将对这类区域性组织的未来发展极具意义。

(1)《设立阿拉伯国家间投资担保公司公约》的诞生缘由

首先,促进国际投资流向缺乏财政盈余的成员国。阿拉伯国家联盟成员国在经济上分为两个阵营:"石油资源拥有者"阵营和"石油资源匮乏者"阵营②,并且这两大阵营经济实力悬殊。石油的拥有量决定了成员国吸收投资的能力,于是处在"石油资源匮乏者"阵营的成员国经济和社会动荡不安。《阿拉伯国家联盟宪章》(Pact of the League of Arab States)的前言就强调了阿拉伯国家联盟的宗旨之一是"确保全体阿拉伯国家的幸福和共同利益,为每一个成员国的前途和愿望而努力"③。由此,为加强《阿拉伯国家联盟宪章》之下成员国之间的经济合作④,《设立阿拉伯国家间投资担保公司公约》应运而生,旨在促进"石油资源拥有者"阵营成员国的财政盈余以国际投资的形式流向缺乏财政盈余的"石油资源匮乏者"阵营的成

---

① See Ghattas E., "The Arab Investment Guarantee System: A Model for Regional Co-operation," 19 *Studies in Comparative International Development* 60, 72-73(1984).

② See Ghattas E., "The Arab Investment Guarantee System: A Model for Regional Co-operation," 19 *Studies in Comparative International Development* 60, 61-62(1984).

③ Pact of the League of Arab States 1945, "In order to direct their efforts towards the goal of the welfare of all the Arab States, their common weal, the guarantee of their future and the realization of their aspirations." Yale Law School: https://avalon.law.yale.edu/20th_century/arableag.asp. Last visited:2019-11-11.

④ See Amr Arafa Hasaan, "The 2013 Amendments to the Arab Investment Agreement," 34 *ICSID Review* 1, 1-29(2019).

员国。

其次,有利于吸引非联盟成员国国家投资者的投资。依前文所述,"石油资源匮乏者"阵营的成员国需要大量的外国投资帮助其经济发展。那么处于"石油资源拥有者"阵营的成员国是否就不需要为吸引外资而努力呢？答案当然是否定的。诚然,受惠于丰富的石油资源,阿拉伯石油出口国拥有充足的财政盈余。但是,石油对于每一个国家均是重要的不可再生资源,巨大的眼前利益让阿拉伯国家一度忘记了石油资源终有耗尽的一天。因此,当一部分阿拉伯国家联盟成员国率先意识到这一点后,寻找足够的海外投资替代出口石油产生财政盈余就成了当务之急。然而"成也萧何,败也萧何",丰富的石油资源亦导致阿拉伯地区和平进程步履蹒跚,致使该地区长期处于不稳定状态,频发的政治风险阻滞资金在该地区内部流动以及外来资金的流入。雪上加霜的是,彼时的阿拉伯地区尚无一个国家实行海外投资保险法律制度。在这一严峻的现状下,《设立阿拉伯国家间投资担保公司公约》的出现将创造和平与政治稳定的投资环境,恢复非联盟成员国国家投资者尤其是来自西方发达国家的外国投资者的投资信心。

（2）《设立阿拉伯国家间投资担保公司公约》与第一类区域性协定的关联性

首先,《设立阿拉伯国家间投资担保公司公约》是第一类区域性协定发展的必然产物。作为第二类区域性协定的《设立阿拉伯国家间投资担保公司公约》并不是凭空产生的,它是在《阿拉伯经济统一协定》(Agreement of Arab Economic Unity)和《阿拉伯国家投资和阿拉伯资本自由流动协定》(Agreement on Investment and Free Movement of Arab Capital among Arab Countries)等第一类区域性协定的基础上发展起来的。

根据《阿拉伯国家联盟宪章》第4条的规定,需要为经济发展设立一个特别委员会,阿拉伯国家联盟应委托这些委员会以协定草案的形式确定合作的基础和范围。① 1957年6月3日,阿拉伯国家联盟通过了《阿拉伯经济统一协定》,以期采取最佳的方式发展其经济。由此,CAEU依据《阿拉伯经济统一协定》成立,负责实现阿拉伯国家间经济的团结。而制定《设立阿拉伯国家间投资担保公司公约》的建议正是在1966年3月CAEU举行的会议上被提出的。《阿拉伯国家投资和阿拉伯资本自由流动协定》推进了《设立阿拉伯国家间投资担保公司公约》产生的进程。依据《阿拉伯国家投资和阿拉伯资本自由流动协定》,阿拉伯国家联盟的成员国有义务彼此帮助。②

其次,《设立阿拉伯国家间投资担保公司公约》是应《阿拉伯资本投资于阿拉伯国家统一协定》而生。1980年11月22日签订的《阿拉伯资本投资于阿拉伯国家统一协定》是一项促进和鼓励在阿拉伯区域投资的区域性投资协定,其目标是促进阿拉伯发展和经济一体化。此外,该协定旨在为阿拉伯国家在成员国的投资创造有利的投资环境。在这一目标下,《阿拉伯资本投资于阿拉伯国家统一协定》第5条赋予每一个阿拉伯国家联盟成员国的投资者使用IAIGC的权利③,第22条要求IAIGC应根据《阿拉伯资本投资于阿拉伯国家统一协定》向投资者提供担保④。

由是观之,当第一类区域性投资协定发展到一定程度时,就极有可能产生第二类区域性投资担保协定,只是时间问题。二者并不是非此即彼的关系,而是相辅相成的。

2.《设立阿拉伯国家间投资担保公司公约》的具体内容

下文针对《设立阿拉伯国家间投资担保公司公约》中关于IAIGC的性质、承保条件、承保范围的具体规定加以分析。

(1) IAIGC的性质

《设立阿拉伯国家间投资担保公司公约》第1条规定,设立一个

---

① 《阿拉伯国家联盟宪章》第4条。
② 《阿拉伯国家投资和阿拉伯资本自由流动协定》第1条。
③ 《阿拉伯资本投资于阿拉伯国家统一协定》第5条。
④ 《阿拉伯资本投资于阿拉伯国家统一协定》第22条。

名为IAIGC的组织。① 其包含了两方面内容：首先，IAIGC是以公司的形式经营的；其次，IAIGC是区域性组织。这就意味着IAIGC是一个以公司形式经营，却以国际组织形式管理的区域性投资担保机构。这种公司与国际组织相结合的模式，使得IAIGC拥有包括OPIC在内的其他国内海外投资保险公司所不能比拟的优势。

首先，IAIGC是以公司形式经营的。公司被认为是最具活力的组织形式。公司在法律上可以被看成一个独立的人，公司的法律责任由其独立承担，而与公司的股东无关。IAIGC选择这一经营形式的优势在于：一是可以迅速聚集大量资本。IAIGC具有独立的法人资格，并且拥有独立的财政权②，其总资本是开放式的，它随着成员的加入和退出而扩大和缩减。③ 二是有利于分散经济欠发达国家的风险。鉴于政治风险引起的损失往往是巨大的，《设立阿拉伯国家间投资担保公司公约》仅要求各成员国在认缴资金范围内按比例共同承担风险。④ 换言之，对于成员国而言，无论政治风险将造成多大的损失，其承担的赔偿额最多就是认缴的出资额。这一举措缓解了单一国家尤其是经济欠发达国家因承担赔偿责任而面临的国家财政风险，这种可预期的有限责任亦增加了经济欠发达国家加入《设立阿拉伯国家间投资担保公司公约》的勇气。

其次，IAIGC的管理形式是区域性组织。以区域性组织的形式进行管理，较之以公司形式管理更具优势：一是增加海外投资保险法律制度在区域内的活跃程度。一国国内的海外投资保险法律制度活跃能力毕竟有限。⑤《设立阿拉伯国家间投资担保公司公约》对于IAIGC的成员组成放宽了限制，规定成员国可任命其境内一个或

---

① 《设立阿拉伯国家间投资担保公司公约》第1条。
② 《设立阿拉伯国家间投资担保公司公约》第3条。
③ 《设立阿拉伯国家间投资担保公司公约》第8条第7款。
④ 《设立阿拉伯国家间投资担保公司公约》第7条第4款。
⑤ See Brett D. Schaefer, "The Overseas Private Investment Corporation: Myth and Realities," The Heritage Foundation (June 26, 1997), https://www.heritage.org/political-process/report/the-overseas-private-investment-corporation-myth-andrealities. Last visited: 2019-3-5.

多个公共或半公共组织为该公司的成员。① 受邀成为成员的组织,享有与该成员国相同的权利和责任。将成员资格扩大到地方和区域机构的目的有两点:调动更多的资本以及促使成员更多地参与该公司的工作和任务。后者意义尤为重要。二是消除政治冲突对区域经济的影响。《设立阿拉伯国家间投资担保公司公约》明确规定,"IAIGC 在运行过程中不得干涉任何成员国的内政"②,并且任何一个成员国亦不可单独掌控 IAIGC。IAIGC 的理事会由每个成员国选出一名代表组成,这是公司的最高权力机构。③ 它被赋予实现公司目标所需的一切权力,该理事会每年至少举行一次会议,就政策事项作出决定。④ 各成员国通过会议讨论共同关心的问题,彼此沟通协商,提出各自政府的意见和政策。正是由于 IAIGC 在行政决定中享有自主权,成功地实现了不同政治和经济体制的阿拉伯国家之间在促进阿拉伯投资方面的合作,实现了将政治冲突排除在阿拉伯世界资金流动之外。

(2) IAIGC 的承保条件

IAIGC 的承保条件主要有两个:一是合格的投资;二是合格的投资者。

首先,《设立阿拉伯国家间投资担保公司公约》中所称 IAIGC 可承保的投资是指在缔约国境内的所有类型的投资。⑤ 不论是直接投资、有价证券投资还是期限超过 3 年的贷款,亦不论是新的投资项目,还是以先前投资所得收益进行的再投资,只要获得了东道国政府的批准⑥,均有资格获得 IAIGC 海外投资保险的保驾护航。这显然比任何其他海外投资保险公司可承保的投资范围都要广泛,再次彰显了《设立阿拉伯国家间投资担保公司公约》成员国不惜一切代价促进阿拉伯地区投资的决心。《设立阿拉伯国家间投资担保公司

---

① 《设立阿拉伯国家间投资担保公司公约》第 7 条第 2 款。
② 《设立阿拉伯国家间投资担保公司公约》第 39 条。
③ 《设立阿拉伯国家间投资担保公司公约》第 9 条。
④ 《设立阿拉伯国家间投资担保公司公约》第 10 条。
⑤ 《设立阿拉伯国家间投资担保公司公约》第 15 条。
⑥ 《设立阿拉伯国家间投资担保公司公约》第 15 条。

公约》要求 IAIGC 优先承保两类投资①:第一类是有利于成员国之间经济合作的投资,特别是阿拉伯国家之间的联合项目或是为实现阿拉伯经济一体化的其他项目;第二类是经证明可以有效发展东道国经济生产能力的项目。

其次,《设立阿拉伯国家间投资担保公司公约》中所提及的合格投资者可以是自然人亦可以是法人。原则上,如果投资者是自然人,则该自然人必须是缔约国的国民。② 但是《设立阿拉伯国家间投资担保公司公约》亦规定了例外情况:若非缔约国国民的投资是在缔约国境内的,则该自然人亦被视为满足合格的投资者条件。③ 若投资者为法人,只要其资本的 50% 以上由一个或多个缔约国或缔约国国民控制,则满足合格的投资者条件。④

(3)IAIGC 的承保范围

《设立阿拉伯国家间投资担保公司公约》规定 IAIGC 所涵盖的政治风险主要包括以下三种:一是国有化征收,是指东道国政府或其管辖机构作出的没收、国有化、征用、强制扣押或任何其他具有相当法律后果的行为⑤,这类行为剥夺了投资者与其投资有关的实质性权利。二是禁兑。这类风险是指东道国政府作出妨碍投资者自由地转让其本金或收益的措施,但在市场规律下的货币贬值或汇率波动不包含在内。⑥ 三是战争及其他内乱。由于阿拉伯地区极端主义、恐怖主义泛滥,这一风险在《设立阿拉伯国家间投资担保公司公约》中的规定较为成熟,涵盖了发生在东道国的一切军事行动⑦,如革命、整编、叛乱、暴力、恐怖主义等,只要损害了投资者的有形资产或者造成投资者的业务中断,就可以触发该风险。

---

① 《设立阿拉伯国家间投资担保公司公约》第 16 条。
② 《设立阿拉伯国家间投资担保公司公约》第 17 条。
③ 《设立阿拉伯国家间投资担保公司公约》第 15 条。
④ 《设立阿拉伯国家间投资担保公司公约》第 17 条。
⑤ 《设立阿拉伯国家间投资担保公司公约》第 18 条。
⑥ 《设立阿拉伯国家间投资担保公司公约》第 18 条。
⑦ 《设立阿拉伯国家间投资担保公司公约》第 18 条。

四、多边公约——《汉城公约》之历程及修订

《汉城公约》主要承保四类非商业性风险:货币汇兑、征收和类似措施、政府违约、战争与内乱风险。同时,《汉城公约》对担保的合格性设定了基本要求,包括适格的投资(投资项目的经济条件、类型、时间要求)、适格的投资者(自然人与法人投资者的国籍要求)、适格的东道国(须为发展中国家、认可 MIGA 承保的风险且能够对外资提供公正与公平待遇的国家)。此外,《汉城公约》还就 MIGA 的代位求偿权、担保争议解决等问题规定了明确的要求。

(一)《汉城公约》的前世今生

《汉城公约》的诞生并不是一帆风顺的。从某种程度上说,《汉城公约》在诞生之初困难重重。

首先,近 40 年未达成有效方案。早在 1948 年,世界银行内部就开始有了为跨国投资非商业性风险提供保险的设想。至 20 世纪五六十年代,包括世界银行在内,一些国际组织、民间团体和私人纷纷提出了多达十几种建立多边投资保险机制的构想。① 其中较典型的有 1962 年世界银行起草的《多边投资保险——工作人员报告书》、1965 年 OECD 提出的《关于建立国际投资保证公司的报告书》及 1966 年世界银行拟就的《国际投资保险机构协定草案》等。② 但这些方案都未能妥善解决一些关键性的问题,诸如发展中国家的出资,承保机构的代位求偿权,设想中的机构与东道国之间争端的解决,机构中投票权的分配,等等,因而难以得到众多发展中国家,特

---

① 参见陈安:《中国特色话语:陈安论国际经济法学》(第二卷),北京大学出版社 2018 年版,第 1312 页。
② 参见陈安:《中国特色话语:陈安论国际经济法学》(第二卷),北京大学出版社 2018 年版,第 1312 页。

别是拉丁美洲国家的支持。① 其次,当时的部分发达国家已建立了各自的官办投资保险制度,签订了数个 BIT。这些发达国家担心一个未知的世界性的多边投资保险机构会与它们的官办投资保险机构发生竞争,因而并不乐见其成。②

上述原因导致国际社会构建多边投资保险法律制度的计划一次又一次地被搁浅,直至 20 世纪 80 年代初期才被世界银行再度提上议程。③ 20 世纪 80 年代初期,由于过分倚赖外国商业贷款,许多发展中国家面临严重的债务危机,无力还债,导致国际债务纠纷频发。与此同时,出于对东道国国有化征收等政治风险的担心,流向发展中国家的外国直接投资在全球跨国直接投资流动总额中所占的比重急剧下降。显然,尽管外国投资者承认其在发展中国家的投资回报远远高于其在发达国家的投资回报,然而这些投资者亦十分忧虑发展中国家巨大的政治风险。④ 此时,无论是发达国家还是发展中国家均意识到:国际社会迫切需要一个南北两大阵营国家均能接受的世界性机制,借以缓解或消除发达国家投资者对发展中国家政治风险的忧虑,促进更多外国直接投资流向发展中国家。正是在这样的历史背景下,南北两大阵营国家的代表们折冲樽俎,反复磋商,在互谅互让、互相妥协的基础上达成共识,使孕育多年、一直处在难产状态的全球性多边投资担保公约——《汉城公约》,终于诞生了。

总之,虽然《汉城公约》诞生的使命在于促进发展中国家的发展,但却是发达国家和发展中国家共同期望并努力的结果。

---

① 参见陈安:《中国特色话语:陈安论国际经济法学》(第二卷),北京大学出版社 2018 年版,第 1312 页。
② 参见陈安:《中国特色话语:陈安论国际经济法学》(第二卷),北京大学出版社 2018 年版,第 1312 页。
③ 参见陈安:《中国特色话语:陈安论国际经济法学》(第二卷),北京大学出版社 2018 年版,第 1312 页。
④ 参见陈安:《中国特色话语:陈安论国际经济法学》(第二卷),北京大学出版社 2018 年版,第 1312 页。

(二)《汉城公约》的优势内容

MIGA 的目标是在成员国之间,特别是在发展中国家成员国之间,促进用于生产目的的资源流动。《汉城公约》规定,MIGA 在其宣传工作中"应特别注意增加发展中国家成员国之间投资流动的重要性"①。既然说《汉城公约》是发达国家和发展中国家共同的心之所向,那么其在内容上又是如何体现这一优势的呢?

1. 《汉城公约》的发展中国家成员国具有双重身份

一方面,发展中国家成员国是《汉城公约》所指合格的东道国②;另一方面,发展中国家成员国又是 MIGA 的股东,从而部分地承担了外资风险承保人的责任③。这一双重身份产生的法律后果是:一旦在东道国境内发生 MIGA 承保的政治风险,致使有关外资遭受损失,若 MIGA 成功行使代位求偿权,则发生政治风险的发展中国家成员国作为"侵权行为人",需要以东道国的身份赔偿外国投资者;若 MIGA 行使代位求偿权失败,则其作为 MIGA 的股东,在 MIGA 行使代位求偿权以前,即在 MIGA 对投保人理赔之际,亦间接地为投资者的损失"买单",并且其作为"侵权行为人",还要面临 MIGA 其他成员国(包括众多发展中国家)股东们的集体责备和国际上的压力。由此可见,MIGA 在实践中加强了对发展中国家成员国作为东道国时的约束力,对外资在东道国可能遇到的各种政治风险起了多重预防作用。

2. 《汉城公约》规定的承保条件与"发展"密不可分

《汉城公约》规定的承保条件无论是从合格的投资、合格的投资者还是合格的东道国上均与"发展"密不可分。

---

① Shihata, I. F. I., "Towards a Greater Depoliticization of Investment Disputes: The Roles of ICSID and MIGA," 1 *ICSID Review* 1, 1-25(1986).
② 《汉城公约》第 3 条。
③ 《汉城公约》第 6 条。

首先,《汉城公约》规定,合格的投资必须满足三个条件①:一是投资的经济合理性及其对东道国发展所作的贡献;二是投资符合东道国的法律条令;三是投资与东道国宣布的发展目标相一致。关于这一要求,一方面是通过 MIGA 的审查,另一方面是需要得到东道国的认可。因此,《汉城公约》第 15 条规定了"在东道国政府批准机构针对指定承保的风险签发担保之前,该机构不得订立任何担保合同"②,东道国在此处的"批准"是指外国投资者的投资必须符合东道国的法律。

其次,《汉城公约》鼓励发展中国家彼此之间的投资③,因此未将合格的投资者限制为发展中国家,而仅要求其必须是成员国国民并与东道国具有不同国籍。④ 在这方面,《汉城公约》相较私人海外投资保险公司的创新之处在于:投资者不得与东道国具有相同国籍这一项规定存在例外,即如果东道国国民或在东道国注册的法人以其在国外的资产投资东道国,经 MIGA 理事会以特别多数票通过后,投资者可以向 MIGA 申请投保。⑤ 这种例外情况的存在符合 MIGA 的宗旨,即把投资引向发展中国家,因为发展中国家存在居住在国外并拥有大量海外资金的公民,这将有助于资本流回发展中国家。⑥

最后,《汉城公约》关于合格的东道国的规定是无争议的,即"只

---

① 《汉城公约》第 12 条。
② 《汉城公约》第 15 条。
③ 《汉城公约》第 2 条。
④ 《汉城公约》第 13 条。
⑤ "Article 13(c) provides an exception to the requirement that investors may not be linked to the host country in the case of assets transferred from abroad by nationals of the host country or juridical persons incorporated in the host country or owned by host country nationals, provided that the investor and the host country jointly apply for a guarantee and the Board approves it by special majority." MIGA, "Commentary on the Convention Establishing The Multilateral Investment Guarantee Agency," p. 12, https://www.miga.org/sites/default/files/archive/Documents/commentary_convention_november_2010.pdf. Last visited:2020-1-2.
⑥ "This exception is consistent with the Agency's central objective of channeling the flow of investments to developing countries, some of which now have nationals living abroad with considerable off-shore funds. It would also help in the repatriation of capital to developing countries." MIGA, "Commentary on the Convention Establishing The Multilateral Investment Guarantee Agency," p. 12, https://www.miga.org/sites/default/files/archive/Documents/commentary_convention_november_2010.pdf. Last visited:2020-1-2.

对在发展中国家成员国境内的投资予以担保"①。

3.《汉城公约》规定的承保范围的特点

《汉城公约》中规定的承保范围包括四类风险：货币汇兑、征收和类似措施、政府违约、战争与内乱风险。其特色体现在征收和类似措施险以及政府违约险。

首先，《汉城公约》中的"征收和类似措施险"对政府的合法管制行为与属于政治风险的征收行为作了简单的区分。具体是指东道国采取的效果在于剥夺投保人对其投资的所有权或控制权，或剥夺投资者从投资中获得的合法收益的作为或不作为。② 根据《汉城公约》第11条的规定，MIGA所承保的征收和类似措施险，既包括直接征收，亦包括间接征收，但排除了"政府为管理国内经济活动而通常采取的普遍适用的非歧视性措施"③。

其次，政府违约险由《汉城公约》首创。依据《汉城公约》，政府违约险是指东道国政府不履行或违反与投资者签订的合同，并且导致投资者无法就其遭受的损失求助于司法机关或仲裁机关，或者司法机关或仲裁机关未能在《汉城公约》规定的合理期限内作出裁决，或者虽获得裁决但东道国拒不执行。④

(三)《汉城公约》的修订

2010年，《汉城公约》迎来了生效后的第一次修订，也是截至2020年唯一的一次修订。这次修订的主要目标是《汉城公约》第12条，通过修改"合格投资"，扩大MIGA的承保范围。具体表现在以下几个方面：

首先，扩大了"合格投资"范围。一是将进行融资的贷款或者与特定投资或项目有关的贷款均纳入"合格投资"。⑤ 二是取消了修订

---

① 《汉城公约》第14条。
② 《汉城公约》第11条第1款第2项。
③ 《汉城公约》第11条第1款第2项。
④ 《汉城公约》第11条第1款第3项。
⑤ 《汉城公约》第12条第2款。

前《汉城公约》中"限于要求机构给予担保的申请收到之后才开始执行"这一时间限制。① 三是明确了无论是原来的投资还是追加的投资都属于 MIGA 合格投资的范围。② 将追加的投资纳入 MIGA 的"合格投资",有利于提高现有投资扩大发展的积极性和安全性。③ 四是将投资者对现有投资的并购纳入"合格投资",扩大了 MIGA 的承保范围。④

其次,扩大了 MIGA 董事会决定可承保投资的权限。修订后的《汉城公约》第 12 条第 3 款赋予董事会将合格投资扩大到其他任何中长期形式的投资的权利,只要经特别多数票通过即可,并且删除了修订前《汉城公约》中董事会扩大的投资须与 MIGA 承保或者拟承保的项目有关的关联性要求。⑤

第四节 外交保护理论与海外投资保险法律制度的关联性

基于国际法委员会的定义,外交保护是指一国针对其国民因另一国的国际不法行为而受到损害,以国家名义为该国民采取的外交行动或其他和平解决手段。基于此,论证外交保护理论与海外投资保险法律制度的关联性需要澄清两个问题:一是海外投资保险公司是否"以国家名义"? 二是海外投资保险是否属于"其他和平手段"?

---

① 1985 年《汉城公约》第 12 条第 3 款规定:"担保限于要求机构给予担保的申请收到之后才开始执行的那些投资。这类投资包括:(一)为更新、扩大或发展现有投资所汇入的外汇;(二)现有投资产生的、本可汇出东道国的收益。"
② 参见张庆麟、余海鸥:《评〈MIGA 公约〉的最新修订及其启示》,载《国际经济法学刊》2015 年第 1 期,第 171—172 页。
③ 《汉城公约》第 12 条第 4 款。
④ 《汉城公约》第 12 条第 4 款。
⑤ 1985 年《汉城公约》第 12 条第 2 款规定:"董事会经特别多数票通过,可将合格的投资扩大到其他任何中长期形式的投资,但是,除上述第 1 款中提及的贷款外,其他贷款只有当它们同机构担保或将要担保的具体投资有关时,才算合格。"

一、海外投资保险公司是"以国家名义"

(一)什么是"以国家名义"

下文从外交保护是主权国家的专属权利、可归咎于另一国家的损害、"用尽当地救济"三个维度加以讨论。

1. 外交保护是主权国家的专属权利

外交保护起源于主权国家对于他国对待本国国民态度的回应。外交保护可以通过外交交涉、国际诉讼及其他和平手段进行。国家的外交保护权为许多国际判例所确认,并很早就被确立为习惯法规则。外交保护的构成要素如表1.6所示。

表1.6 外交保护的构成要素

构成要素	具体内容		
行使外交保护的机构	国家	外交或领事代表	以"国家名义"的其他机构
外交保护的客体	财产	财产权利	人身权利
外交保护的条件	公民或本国企业的人身或财产在国外遭受了损害	"用尽当地救济"	"以国家名义"

首先,外交保护是主权国家的专属权利。德国法学家奥本海认为:"虽然外国人进入他国领土后就从属于该国属地管辖权,但不妨碍他们接受本国保护的权利。外交保护是被国际法普遍承认的习惯规则,即如果一个国家的公民的人身或财产在国外遭受了损害,不论这种损害是当地国家所为,还是当地国家的官吏或公民所为,而当地国家不进行干涉以补偿其损害,本国有权行使外交保护权。"[1]"有权行使"的表达揭示了外交保护属于主权国家的专属

---

[1] 〔英〕劳特派特:《奥本海国际法》(上卷第2分册),王铁崖、陈体强译,商务印书馆1989年版,第173页。

权利。

其次,外交保护并非主权国家的义务。有的学者认为,外交保护是一项义务,如瑞士法学家瓦特尔早在其1758年所著的《国际法》一书中提出了外交保护,这是公认的最早提出外交保护的著作,他认为:"谁虐待一个公民亦就间接地伤害了他的国家,而后者必须保护该公民。"①从"必须"的表述可以看出,这是一项义务。但笔者不支持这一观点,而支持这是一项权利的观点,国家既可以行使亦可以放弃。

最后,外交保护是国籍国的权利。此处国籍国的认定分为自然人和法人的国籍国认定。自然人国籍的认定以持续的国籍规则为条件。该规则要求受损害的国民在损害发生之后直到提出求偿之日,始终是行使外交保护的国家的国民。②以"洛温集团公司和雷蒙德·洛温诉美利坚合众国案"(The Loewen Group Inc. and Raymond L. Loewen v. United States of America)为例。该案裁决认定,"从引起求偿的事件发生日期,即所谓起算日期,直至争端解决之日,即所谓截止日期,必须存在连续的同一国籍"③。在事实方面,该案处理的是所要保护的人在提出要求后改为被要求国国籍的情况,在这种情况下,显然不能支持外交保护要求,这也是《外交保护条款草案》中明确规定的。④

那么,外国企业的国籍如何认定呢?应当以外国企业注册地国籍为依据,而非实际控制外国企业的股东的国籍。以"巴塞罗那电

---

① E. de Vattel, *The Law of Nations or the Principles of Natural Law Applied to the Conduct and to the Affairs of Nations and Sovereigns*, Nabu Press, 1758, p. 136.
② 参见联合国:《国际法委员会报告(第五十六届会议)》,载 https://undocs.org/pdf? symbol=zh/A/59/10(SUPP),访问日期:2020年2月5日。
③ The Loewen Group Inc. and Raymond L. Loewen v. United States of America (ICSID Case No. ARB(AF)/98/3), see James Crawford, Karen Lee, *ICSID Reports*(Volume 7), Cambridge University Press, 2005, p. 442. 联合国:《国际法委员会报告(第五十六届会议)》,载 https://undocs.org/pdf? symbol=zh/A/59/10(SUPP),访问日期:2020年2月5日。
④ 《外交保护条款草案》第5条第3款规定:"一人受损害时为其原国籍国而不是现国籍国的国民,则现国籍国不得针对原国籍国就该人所受到的损害行使外交保护权。"参见联合国:《国际法委员会报告(第五十六届会议)》,载 https://undocs.org/pdf? symbol=zh/A/59/10(SUPP),访问日期:2020年2月5日。

力公司案"(Barcelona Traction Co. Case)为例。巴塞罗那电力公司于1911年成立于加拿大,是西班牙几个电力企业持有股份的控股公司。该公司发行的股票在第二次世界大战前已大部分为比利时人所持有。1948年,西班牙法院根据几名西班牙股票持有人以该公司未能支付股票利息为由宣布该公司破产,宣布其股票无效,由其财产管理人发行新股票。该公司的国籍国加拿大曾行使外交保护权,但到1955年被迫停止行使。英国、加拿大、美国、比利时等国政府曾代表该公司向西班牙政府提出抗议,均未能解决。1958年9月15日,比利时政府根据1927年《比利时—西班牙和解条约》向国际法院提出申请,指控西班牙侵犯巴塞罗那电力公司权利,要求给予比利时股东赔偿。后来,由于比利时政府请求庭外解决,国际法院于1961年4月10日命令终止诉讼。但庭外解决未能成功,比利时又于1962年6月提出新的申请。西班牙对此提出了四点初步反对主张,其中与外交保护直接相关的一点是"比利时政府无权代表其国民行使外交保护权,因为他们是加拿大公司的股东而不是比利时公司的股东"①,这一点得到了国际法院的支持。国际法院在1970年2月5日的判决中判称:"对一个公司的外交保护只能由该公司的国籍国行使。巴塞罗那电力公司具有加拿大国籍,与加拿大保持密切的联系,加拿大政府一直为该公司所受损失与西班牙交涉,虽然交涉业已停止,加拿大仍保有行使外交保护权的能力。比利时是为其国民因该公司的损失而行使外交保护权的,这些股东所受的损失,是对一个外国公司采取措施的结果而不是这些股东'直接权利'受到损害的结果。公司国籍国的权利是第一位的,股东国籍国的权利是第二位的,当第一位的权利仍然存在时,第二位的权利就不得行使。因此,法院认为比利时行使外交保护权是不适当的。"②

---

① Case Concerning the Barcelona Traction, Light and Power Company, Limited., Preliminary Objections submitted by the Spanish Government, 15 March 1963, https://www.icj-cij.org/en/case/50/preliminary-objections. Last visited:2010-4-5.

② Case Concerning the Barcelona Traction, Light and Power Company, Limited., International Court of Justice, 5 February 1970, https://www.icj-cij.org/en/case/50/judgments. Last visited:2020-4-5.

2. 可归咎于另一国家的损害

虽然外交保护是主权国家应有的权利,但这并不意味着国家可以随意行使外交保护权,其重要前提是必须存在损害,且这一损害可以归咎于另一主权国家。在这一点上,海外投资保险当然符合该标准,即它们肇因于东道国政府的政治风险。英国学者马尔科姆关于外交保护的界定亦反馈了可归咎于另一国家的损害这一要件:"外交保护是指一国对于另一国的国际不法行为给属于本国国民的自然人或法人造成损害,通过外交行动或其他和平解决手段援引另一国的责任,以期使该国责任得到履行。"①

3. 必须先"用尽当地救济"

根据国际习惯法,通过域外法律救济机制请求国家赔偿之前,当地国家所能提供的救济须已用尽。国际法委员会《关于国家对国际不法行为的责任的条款草案》第 44 条规定,如果求偿要求"用尽当地救济",而尚未用尽任何可利用的和有效的当地救济,那么就不得援引一国的责任。② 由此及彼,外交保护同样强调这一原则。国际法委员会《外交保护条款草案》第 14 条亦强调在受害人"用尽当地救济"之前,不得提出国际求偿。③ 美国学者卡特、韦纳认为:"外交保护就是当一国对某外国人造成损害时,该外国人的国籍国提出的国际求偿,用尽依当地法可资利用的所有救济。"④

---

① 〔英〕马尔科姆·N. 肖:《国际法》,白桂梅等译,北京大学出版社 2011 年版,第 639—640 页。
② 《关于国家对国际不法行为的责任的条款草案》第 44 条规定:"在下列情况下不得援引另一国的责任:(a)不是按照涉及国籍的任何可适用的规则提出要求;(b)该项要求适用用尽当地补救办法规则,却未用尽可利用的有效当地补救办法。"联合国:《国际法委员会第五十三届会议的工作报告》,载 https://www.un.org/chinese/ga/56/doc/a56_589.pdf,访问日期:2020 年 2 月 5 日。
③ 《外交保护条款草案》第 14 条规定:"1. 除非有第 16 条草案规定的情形,一国对于其国民或第 8 条草案所指的其他人所受的损害,在该受害人用尽一切当地救济之前,不得提出国际求偿。2. '当地救济'指受害人可以在所指应对损害负责的国家,通过普通的或特别的司法或行政法院或机构获得法律上的救济。"联合国:《国际法委员会报告(第五十六届会议)》,载 https://undocs.org/pdf?symbol=zh/A/59/10(SUPP),访问日期:2020 年 2 月 5 日。
④ 〔美〕巴里·E. 卡特、〔美〕艾伦·S. 韦纳:《国际法》(下),冯洁菡译,商务印书馆 2015 年版,第 986—990 页。

当地救济被界定为:"受害人可以在被指应对损害负责的国家,通过普通的或特别的司法或行政法院或机构获得法律上的救济。"①也就是说,救济包括法律救济和行政救济。以"瑞士诉美利坚合众国案"(Switzerland v. United States of America)为例。② 美国于1942年没收了瑞士英特亨德尔公司位于美国的资产,这些资产被怀疑受控于一家德国企业。1958年,为收回瑞士英特亨德尔公司位于美国的资产,当事国在美国法院打了9年官司未果后,瑞士政府诉诸国际法院。但就在国际法院作出判决之前,美国最高法院又重新允许英特亨德尔公司进入司法程序,从而使瑞士关于该公司的求偿已被最终驳回的主张站不住脚了。国际法院驳回了瑞士政府的请求,因为当地所能提供的救济尚未被用尽。笔者支持国际法院的裁定,即使经过了这么长时间,在美国运行的司法系统为瑞士公司提供的救济仍然是未用尽的。

(二)海外投资保险公司是否"以国家名义"

如前所述,行使外交保护权的条件之一是"以国家名义",那么,作为国有企业的海外投资保险公司承保海外投资保险的行为是否可以看作"以国家名义"?要澄清这一问题,需要分为两个维度。首先,国有企业本身并不当然意味着其能够"以国家名义";其次,海外投资保险公司是承载政府职能的特殊国有企业,即政策性保险公司,以国家财政为运行保障。两者相加,遂符合"以国家名义"的特征。

1. 国有企业本身并不当然意味着能够"以国家名义"

根据传统学说,国家豁免分为绝对豁免和相对豁免。③ 近代的

---

① 《外交保护条款草案》第14条第2款。联合国:《国际法委员会报告(第五十六届会议)》,载 https://undocs.org/pdf?symbol=zh/A/59/10(SUPP),访问日期:2020年2月5日。
② See "International Court of Justice Reports," 1959, International Court of Justice Reports: https://www.icj-cij.org/en/case/34. Last visited:2020-10-20.
③ 参见何志鹏:《主权豁免的中国立场》,载《政法论坛》2015年第3期,第64—80页;Joan E. Donoghue, "The Public Face of Private International Law: Prospects for a Convention on Foreign State Immunity," 57 *Law and Contemporary Problems* 305, 305-322(1994)。

主权豁免立场流行绝对豁免。① 商事活动的跨国性是这一立场转变的根本原因,越来越多的国家接受相对豁免立场。② 最早专门界定不得援引国家豁免事项的是国际法学会于 1891 年通过的《关于对外国国家、外国君主或元首的法院管辖权的国际规则草案》,该草案第 2 条列举了诸如有关财产所有权、继承或赠与财产、商业工业、合同行为以及侵权行为等为不得援引国家豁免的事项。③ 最早以正式法律条款的形式规定不得援引国家豁免事项的是 1972 年《欧洲国家豁免公约》,该公约第 4 条至第 12 条规定,国家在有关债务、雇佣合同、专利及其他知识产权、不动产的占有与使用、人身伤害或财产损害以及仲裁协议等诉讼中不得援引国家豁免。④ 在此之后,联合国大会 2004 年 12 月 2 日通过的《联合国国家及其财产管辖豁免公约》借鉴了《欧洲国家豁免公约》,该公约第三部分"不得

---

① 主要是针对战舰和公务船舶,以及主权者的其他财产,在英美法上称为对物诉讼(proceedings/actio in rem),进而延伸到基于侵权和合同对于君主个人的诉讼(proceedings /actio in personam)。根据英美法的一般原则,对物诉讼以被诉物在其境内为管辖基础;对人诉讼以被诉者在境内出现(无论是临时还是永久)为管辖基础。参见 Felix R. L. , Whitten R. U. , *American Conflicts Law*: *Cases and Materials*, LexisNexis, 2015, pp. 774-776;更加细致的管辖权区分与新发展,参见 Peter Hay, Patrick J. Borchers, and Symeon C. Symeonides. , *Conflict of Laws*, West Press, 2010, pp. 349-374。当时采取绝对豁免原则的具体方式是凡涉及君主的财产、行为的诉讼,法院一概尊重被诉者的主张,驳回诉讼请求,不予审理。关于国家豁免的历史起源和国家豁免原则的形成,参见龚刃韧:《国家豁免问题的比较研究——当代国际公法、国际私法和国际经济法的一个共同课题》,北京大学出版社 2005 年版,第 1—20 页,转引自何志鹏:《主权豁免的中国立场》,载《政法论坛》2015 年第 3 期,第 66 页。
② 限制豁免区分为管理行为(Acta jure imperii)和商业行为(Acta jure gestionis),前者属于公共职权的实施,仍旧享受豁免;后者属于商业性的私法行为,不享受豁免。比利时法院和意大利法院在 19 世纪末 20 世纪初转向限制豁免。参见 Xiaodong Yang, *State Immunity in International Law*, Cambridge University Press, 2012, pp. 19-22。1918 年瑞士联邦法院在德雷菲斯案件中采用限制豁免;奥地利最高法院在 20 世纪 20 年代转向限制豁免;第一次世界大战之后,法国、希腊、爱尔兰高级法院以及埃及混合仲裁法庭都相继发展了有限豁免的实践。1951 年,联邦德国地方法院和高等法院也开始采用限制豁免的方式,并在此后的判决中一直坚持。参见何志鹏:《主权豁免的中国立场》,载《政法论坛》2015 年第 3 期,第 66 页。
③ 参见王铁崖、田如萱编:《国家及其财产的管辖豁免条款草案》,载《国际法资料选编》(续编),法律出版社 1993 年版,第 79 页。
④ See European Convention on State Immunity 1972, article 4-article12, https://www.coe. int/en/web/conventions/full - list/-/conventions/rms/09000016800730b1. Last visited: 2020-10-20.

援引国家豁免的诉讼"中规定,商业交易、雇佣合同、人身伤害和财产损害、财产的所有与占有和使用、知识产权和工业产权、参加公司或其他集体机构、国家拥有或经营的船舶以及仲裁协定的诉讼不得援引国家豁免。① 综上,国有企业从事商业活动时无法享受国家豁免。

在某些案例中,从事商业活动的国有企业不能"以国家名义"。例如,在"恰尔尼科夫糖业有限公司诉绿带公司案"(Czarnikow Ltd. v. Rolimpex)中,上议院支持仲裁员作出的裁决称:"尽管绿带公司是由波兰政府设立的,并且亦受到波兰政府的控制,但它与该政府的联系并非像该国的机构或部门那样紧密。它具有独立的法律人格,并且在日常的商业行为方面有相当大的自由。"②

某些国家的国内立法不支持国有企业可以"以国家名义"。根据1978年《英国国家豁免法》第14条第1款的规定,"国家"包括君主或其他以其公共身份出现的国家元首、政府和该政府的任何部门,但不包括"独立于该国政府行政机构并且能够起诉和被诉的"任何实体。③ 国有企业应当属于这些实体。

综上,仅从海外投资保险公司系国有企业这一身份来看,尚不足以支持其可以"以国家名义"。

2. 海外投资保险公司是"以国家名义"

笔者之所以主张这种观点,根本原因在于海外投资保险公司自身的特殊性。海外投资保险公司并非普通的国有企业,其本质具有国家属性,以国家财政为其资金支持,并在国家授权下承保海外投资保险,海外投资保险属于政策性保险。

(1)政策性保险的意涵

所谓政策性保险,是指政府为了某种政策上的目的,运用商业

---

① 《联合国国家及其财产管辖豁免公约》第10条至第17条。
② Czarnikow Ltd. v. Rolimpex, [1979] A.C. 351, pp. 364-367.
③ 1978年《英国国家豁免法》第14条第1款。

保险的原理并给予扶持政策而开办的保险。① 此处的商业保险原理主要是保险合同的基本框架,如保费、险别等基本常理。政策性保险分为社会政策保险和经济政策保险两大类。前者是指国家为了稳定社会秩序、贯彻社会公平原则而开办的保险;后者指国家从宏观经济利益出发,对某些关系国计民生的行业实施保护政策而开办的保险。政策性保险的基础特性首先反映在其服务对象上,通常是"强位弱势群体"②。联想到海外投资保险法律制度,这里所称的"强位"是指在投资者母国,被保险人所在产业、领域和群体关系国计民生而需要政策性保险扶植,且符合国家的经济政策或政治意图,具有战略性地位;所谓"弱势",是指在政治风险频发的东道国,被保险人处于相对劣势的地位。由于政策性保险承保的项目普遍具有风险大、费率高和非营利性的特点,因此,必须以国家财政为后盾方能维持下去,这亦是将政策性保险与商业保险分离的主要原因之一。

(2)海外投资保险是政策性保险

由上可知,政策性保险的特点包括:迎合国家政治和经济上的大政方针;非营利性且以国家财政为补贴。海外投资保险具备上述特点:首先,海外投资保险是各国政府出于促进本国资本的全球流动,为海外企业保驾护航的手段。其服务对象是处于"强位弱势"的海外投资企业。这些企业在面对东道国复杂多变的政治环境时需要母国的保护。其次,海外投资保险承保的政治风险一旦发生,造成的损失可以达到毁灭级,一般的商业保险不愿亦不具备实力承保,需要以国家财政为后盾。以"中信保"为例,其不仅是国有企

---

① 参见申建英、王亚芬主编:《保险理论与实务》,经济科学出版社2007年版,第10页。

② 所谓"强位",是指符合政府特定的社会经济政策或政治意图,关系到国计民生而需要政策性保险扶植的产业、领域和群体,在世界各国或地区的经济和社会发展中具有特殊战略性的重要地位;所谓"弱势",是指保险需求主体或对象由于自身的、历史的和自然的等特殊原因,造成其在一定的经济环境条件下,在激烈的市场竞争中处于参保投保方面相对劣势或特别弱势的状态。参见王伟、杨甜甜、刘磊、岳琮等:《论政策性保险的内涵与外延》,载《金融理论与实践》2013年第8期,第2页。

业,而且保额超过 3 亿美元的保单审批权直接归属财政部。① 基于此,海外投资保险公司作为政策性保险公司,属于特殊的国有独资或控股企业,作为国家的代言人承保政策性的政治风险,应当视为"以国家名义"。

二、海外投资保险是"其他和平手段"

"其他和平手段"的内涵是比较清晰的,即以"非武力"方式。但其外延却无统一结论。从广义上来说,其他和平手段包括谈判、调停、司法和仲裁程序、报复、反报、断绝外交关系以及从经济上施压。有学者亦主张涵盖多元化的纠纷解决方式。② 国际社会处理争端的和平手段是多种多样的,凡是避免战争或无其他敌视暴力行为,实现纠纷的化解和冲突的解决方法,均可纳入此类外延。由此及彼,海外投资保险当然属于"其他和平手段"。保险公司依据保单予以赔付,之后获得并行使代位求偿权,此种权利行使亦遵循法律,一旦产生纠纷,多元化的纠纷解决机制即是和平化解纠纷的手段。

第五节　全球治理理论与 MIGA 的关联性

外交保护强调的是单一的投资者母国对投资者的保护,"全球治理"强调的是多方力量的合作,但不等于"去国家化",国家的作用

---

① 资料系笔者调研取得,"中信保"未对外公开。中资银行对企业海外投资项目贷款一般要求借款方投保"中信保"海外投资(债权)保险,以保证贷款资金安全。保额超过 3 亿美元的保单审批权限在 2015 年 10 月之后从"中信保"调整到财政部,且不论是中长期出口信用险还是海外投资险,经财政部审批后,还需再报国务院办公室征求外交部、商务部意见后批准。财政部审批过程中,首先核实上一年在项目所在国是否有理赔发生,如有,则要求理赔项目要实现关闭,即向项目出险所在国政府索回理赔款,理赔金额很小的可放弃追索。

② 殷敏认为,"和平手段"当然包括仲裁或司法程序等法律手段。参见殷敏:《外交保护法律制度及其发展势态》,华东政法大学 2007 年博士学位论文,第 123 页。

尤其是来自投资者母国的力量显然不可忽视。"全球治理"并不是要求投资者母国改弦易辙，完全放弃"外交保护"，而是不提倡单一地依靠"外交保护"理论。那么，MIGA 与全球治理的关联性如何？全球治理是公共组织、私人机构和个人共同管理事务的总和，在这个过程中必然产生利益的摩擦，因此全球治理需要一个稳定的机制来实现权力的分配。由此及彼，全球治理下的投资保险法律制度是以多边机构——MIGA 为载体的：一是符合全球治理下多元化主体参与的特征；二是以解决多元化主体之间的摩擦为主旨；三是 MIGA 建立一个稳定的多边权利分配机制。

一、符合全球治理下多元化主体参与的特征

MIGA 的主体是多元化的，包括多个成员国（投资者母国、东道国），以及 MIGA 自身。

(一) 全球治理强调多元化主体的参与

全球治理之所以强调多元化主体的参与，原因在于：首先，全球治理解决具有国际化因素的问题。单一依靠一个国家难以实现。其次，全球治理以追求相同的愿景或解决共同困扰的问题为目标。

1. 全球治理解决具有国际化因素的问题

冷战后，国际政治经济秩序新发展面临全球化趋势。"全球化时代"已经成为我们这个时代的普遍称谓。全球化在改变经济关系、经济活动运行机制的同时，亦极大地影响着社会和政治关系、运行机制的发展和变化。全球化对传统的国家、政治体制与结构、政策制定过程都提出了严峻的挑战，普遍而深刻地影响着人类的生活，并且产生了诸多具有国际化因素的问题。日本学者认为，"全球治理既不能理解为全球政府或世界政府，亦不能看作民族国家行为体的简单组合，它是国家与非国家行为体之间的合作，以及从地区

到全球层次解决共同问题的方式"①。

2. 全球治理主体间存在共同的愿景

1992年,28位国际知名人士发起成立了"全球治理委员会"(Commission on Global Governance)。在全球治理委员会看来,全球治理是利益冲突的调和者,是"社会成员管理其共同事务的诸多方式的总和,它是使相互冲突的或不同的利益得以调和,并且采取联合行动的持续过程"②。中国学者对此表示赞同,并认为"所谓全球治理,指的是通过具有约束力的国际规则解决全球性的冲突、生态、人权、移民、毒品、走私、传染病等问题,以维持正常的国际政治经济秩序"③。全球治理可以被看作全球化时代人类管理全球性公共事务的方式,其重点是应对全球性问题,其目标是实现全球的公共利益。

(二) MIGA 需要多元化主体的参与

MIGA 需要多元化主体的参与,取决于 MIGA 承保的业务自身具有国际化因素、MIGA 是保护多主体利益的工具两个维度的考量。

1. MIGA 承保的业务自身具有国际化因素

首先,MIGA 的承保标的是投资者在东道国境内的财产或财产性权利。由于承保标的与保险机构不在一国范围内,因此保险机构难以实时了解承保对象在境外的实际情况。一旦发生保险契约约定的赔偿事宜,MIGA 取得代位求偿权后,需要向投资者东道国行使代位求偿权,此时离不开东道国的帮助。为此,MIGA 成员国必须履行配合行使代位求偿权的义务。

其次,MIGA 承保的是发生在投资者东道国境内的政治风险。

---

① 〔日〕星野昭吉:《全球政治学——全球化进程中的变动、冲突、治理与和平》,刘小林、张胜军译,新华出版社2000年版,第227—278页。
② 〔瑞典〕英瓦尔·卡尔松、〔圭亚那〕什里达特·兰法尔主编:《天涯成比邻——全球治理委员会的报告》,赵仲强、李正凌译,中外翻译出版公司1995年版,第3页。
③ 〔美〕马丁·休伊森、〔美〕蒂莫西·辛克莱:《全球治理理论的兴起》,张胜军译,载《马克思主义与现实》2002年第1期,第43—50页。

投资者东道国境内的政治风险往往是难以预测的。此时,投资者遵守东道国的法律就显得尤为重要。

2. MIGA 是保护多主体利益的工具

MIGA 虽然是保护外国投资的手段之一,看似仅与投资者母国和投资者的利益有关,但东道国的利益亦被考虑在内。MIGA 在审核投资能否被承保时,通常亦考虑满足东道国的有关条件,如投保的投资是否符合东道国的法律,该投资是否有利于东道国的发展等,甚至对投资的环境和社会影响进行筛选,要求投资应对东道国产生预期的积极影响。

二、全球治理下的 MIGA 是解决多元化主体间摩擦的路径

在 MIGA 业务中,主体间存在利益摩擦。在国际法方面,需要解决的是投资者母国和东道国之间的摩擦。之所以需要用全球治理机制解决这一摩擦,源于前文所述外交保护手段的局限性。全球治理理论可以规避或打破外交保护的藩篱。

(一) 突破外交保护所依据的管辖原则的局限

外交保护遵循的是属人管辖原则。属人管辖原则是指一国对拥有本国国籍的人的行为予以管辖,而不问上述行为发生在该国境内还是境外①,这难免受到国际法属地管辖原则优先的羁绊。属地管辖权,即一国对其领土范围内的所有人、事物或行为拥有管辖权,但享有国际法上的豁免权者除外。② 布莱尔利将本国国民在外国遭受的损害无差别地视为国家遭受损害的观点过于主观,尽管在

---

① See Shaunnagh Dorsett, Shaun Mcveigh, *Jurisdiction*, London: Routledge, 2012, pp. 39-96.
② See Shaunnagh Dorsett, Shaun Mcveigh, *Jurisdiction*, London: Routledge, 2012, pp. 39-96.

大多数情况下这一问题反映了国家利益性,但是在实践中,根据属地管辖原则,通常自愿进入他国领土的人必须遵守其所了解到的该国的各项制度①,其无权要求在所有方面都享有与该国公民平等的待遇。例如,其几乎不享有作为该国公民的政治权利;通常亦不允许其从事沿海贸易,或在领水内捕鱼;有时亦不允许其持有土地。这些以及其他一些对外国国民的差别待遇并不为国际法所禁止。② 如果一国给予本国国民的公平标准较低,那么外国人在某种意义上就处于特权地位,因为国际法赋予他的待遇标准是客观的,即使该国国民必须屈从于不公正的待遇,外国人也不必屈从。

除此之外,外交保护亦与保护管辖相关。保护管辖,即一国出于保护其国家安全、独立和利益以及公民的重大利益之考虑,对外国人在该国境外针对其国家与国民的侵犯法益的严重行为具有管辖权。③ 例如,一国针对外国投资者实施了诸如恐怖、暴乱等犯罪行为,构成恐怖主义风险或暴乱风险,亦可通过海外投资保险的方式行使外交保护权。但保护管辖亦不例外地让位于属地管辖。

(二)外交保护权存在被放弃的可能性

外交保护权是一项权利,有随时被放弃的可能。波查德指出,依照国际法,国家没有义务保护国民。④ 国家何时、在什么限度内给予本国国民保护,依从其本国法律规定,国际法并无规定。至于外交保护的结果,即使未能达到国民预期的目标亦只能接受。有学者将行使外交保护权的效果归结为四点⑤:第一,国家可随时停止

---

① See Brierly J. L., "The Theory of Implied State Complicity in International Claims," 33 *oncology times* 14, 41-42(2011).
② See Brierly J. L., "The Theory of Implied State Complicity in International Claims",33 *oncology times* 14, 41-42(2011).
③ See James R Crawford, *Brownlie's Principles of Public International Law*, Oxford University Press, 2013, p.462.
④ See Borchard E. M, "Basic Elements of Diplomatic Protection of Citizens Abroad," 7 *American Journal of International Law* 497, 497-520(1913).
⑤ 参见殷敏:《外交保护法律制度及其发展势态》,华东政法大学2007年博士学位论文,第118页。

行使保护权而放弃索赔;第二,国家可自由决定索赔的方式和时间;第三,国家可对争议作适当妥协;第四,国家因行使外交保护权得到赔偿时可自由处分。这虽然不能涵盖外交保护所产生的一切法律后果,却恰恰说明:外交保护的程度由国家把控,而非取决于国民的意志。

反观全球治理理论,其终极目标在于,运用国际规范、标准、政策、协议、程序等,治理国际社会各类关系,实现正义、公平的人类秩序。在全球治理进程中,多元化的主体加入并协作,共享权利,共担义务。

(三)全球治理下 MIGA 解决多边矛盾的优势

相较于投资者母国海外投资保险公司,MIGA 在处理主体间摩擦的问题上别具优势。

1. MIGA 的多边性弥补了国内保险机制的缺陷

MIGA 的多边性主要表现在:一是成员国多达 182 个国家。其中,发展中国家占绝大多数,共有 157 个;发达国家只有 25 个。① 发展中国家往往不具备提供政治风险保险的能力和实力。二是成员国具有双重身份,既是股东,相当于集体保险人,又是东道国,在支付了赔偿之后面临其他股东的追偿。三是多个成员国的投资者就一项投资共同投保。这些投资者如果选择一个并未设立海外投资保险公司的国家注册,一旦遭遇政治风险,将难以承保、维权无门。

2. MIGA 与投资者母国海外投资保险公司合作

在优势互补的基础上,MIGA 积极展开与投资者母国海外投资保险公司的业务合作,并且"卓有成效"。MIGA 已与诸多投资者母国海外投资保险公司发展了分保(包括合约分保和临时分保)、共保等关系。② 例如,2000 年 11 月,MIGA 和中国人民保险公司在北京

---

① ABOUT Member Countries: https://www.miga.org/member-countries, Last visited: 2021-12-01.

② 参见徐崇利:《多边投资担保机构的比较优势及新世纪的发展战略》,载《华东政法大学学报》2002 年第 3 期,第 51 页。

签订了共保协议,共同为中国企业在其他发展中国家的投资提供政治风险担保。这类合作,一则可以促进更多的投资流向发展中国家;二则将 MIGA 的风险分散,减少 MIGA 承保容量。

三、MIGA 建立一个稳定的多边权利分配机制

一方面,MIGA 是多元化主体共享利益的载体,另一方面,它极大地激发了发展中国家的参与热情。

(一) MIGA 是多元化主体追求共同利益的产物

MIGA 是世界银行集团的一部分,是目前规模最大和最重要的公共投资保险机构,成立于 1988 年,旨在协助东道国的经济发展,弥补 OPIC 国内机制的不足,在世界银行的多边体制下发挥重要作用。虽然 MIGA 的形式、预期功能和操作方法均与 OPIC 类似,但其有私人海外投资保险公司所不具备的优势,这亦是全球治理的最直接体现。

1. 兼顾多方利益——母国的投资利益和东道国的发展利益

MIGA 担保的投资必须有一个发展方向。这不仅是因为投资必须设在一个发展中国家成员国领土内,亦是因为提议的投资必须得到东道国的批准并有助于东道国的发展目标。MIGA 支持的项目有广泛的效益:创造当地就业岗位、创造税收、转让技能和技术专长等。当地社区往往通过改善基础设施,包括道路、电力、医院、学校和清洁用水,获得大量的间接收益。[①] MIGA 支持的外国直接投资鼓励了当地投资,推动了当地提供相关商品和服务的企业数量的增长。如果没有 MIGA 的参与,许多投资者、贷款者和其他保险公司根本就不会支持贫困国家的项目。

---

① See Paul E Comeaux, Stephan Kinsella, "Reducing Political Risk in Developing Countries: Bilateral Investment Treaties, Stabilization Clauses, and MIGA & (and) OPIC Investment Insurance," 15 *New York Law School Journal of International and Comparative Law* 2, 40-45(1994).

2. 作为成员国的发达国家和发展中国家彼此尊重

首先,MIGA 促使发达国家成员国更加尊重发展中国家。MIGA 成员国中的发达国家被要求尊重发展中国家的主权权利。这种尊重表现在:一是发达国家向 MIGA 投保的投资须获得作为东道国的发展中国家同意;二是须遵守东道国的法律;三是投保的投资须对东道国经济发展有利;四是不干涉东道国国家内政。

其次,MIGA 敦促作为东道国的发展中国家履行自己的义务。表现在两个方面:一是发展中国家同时兼具东道国和 MIGA 股东的"双重身份"。[①] 作为 MIGA 股东的东道国,在 MIGA 取得代位求偿权时就间接地向投资者提供了赔偿。二是东道国在 MIGA 制度下不得不考虑其国际形象,受到来自 MIGA 其他成员国股东们的集体压力。[②] MIGA 集体对作为东道国的成员国的限制体现在 MIGA 承保后,其通常不敢贸然采取征收、国有化等主权行为,在某种程度上降低了政治风险[③];MIGA 取得代位求偿权后,其不敢怠于赔偿投资的损失[④]。

(二) MIGA 提高了发展中国家的参与度

MIGA 的出现使得国际投资不再是"富人决定的游戏",大大提高了发展中国家在国际投资问题上的参与程度。

1. MIGA 提高了发展中国家的话语权

MIGA 具有充分的法人资格,在法律和财务上与世界银行分开。与其他国际金融机构一样,MIGA 有一个理事会,由每个成员国选出的一名代表(及其候补成员)、理事会选出的董事会成员和一名由理

---

① 参见陈安:《中国特色话语:陈安论国际经济法学》(第二卷),北京大学出版社 2018 年版,第 1314 页。
② 参见陈仲询:《多边投资担保机构与美国在华投资》,载《中国国际法年刊(1992)》,中国对外翻译出版公司 1993 年版,第 198—204 页;陈安:《中国特色话语:陈安论国际经济法学》(第二卷),北京大学出版社 2018 年版,第 1314 页。
③ 参见黄顺武、熊小奇:《韩国海外投资保障制度的研究及对我国的启示》,载《亚太经济》2004 年 4 期,第 36—39 页。
④ 参见陈安主编:《国际经济法学》,北京大学出版社 2017 年版,第 293—300 页。

事会选出并负责处理普通商业事务的首席执行官组成。MIGA 的会员国资格向国际复兴开发银行所有会员国和瑞士开放。① 每个国家都可以自由加入,并且不影响其在世界银行或任何其他组织中的地位。世界银行管理层最初提议,母国和东道国作为两个集团在平等基础上分享表决权,各国可选择加入其中一个集团,但须经 MIGA 理事会批准。这一提议受到质疑,理由是无法预测这两个集团的规模,在不了解实际成员结构之前将同样的投票权分配给它们是不公平的。② 不过这一提议的基本原则却被普遍接受,即当世界银行所有成员成为 MIGA 成员时,这两个集团应获得平等的投票权。在 MIGA 运作的前三年中,少数群体尚可获得总票数的 40%(通过补充投票)。③

2. MIGA 刺激资源向发展中国家流动

MIGA 旨在通过以下方式刺激资源流向其发展中国家成员国:其一,为针对非商业风险的投资提供担保;其二,开展广泛的宣传活动。虽然关于 MIGA 的构想始于 20 世纪 50 年代,并在 20 世纪 60 年代和 70 年代在世界银行和其他国际机构中进行了一定的讨论④,但有五项基本创新将 MIGA 与早先的计划区别开来⑤:一是以前的设想只侧重于担保业务,而 MIGA 为资本进口国、资本输出国和外国投资者之间的国际政策合作提供了一个更广阔的平台。在这方面,它有权提供技术和咨询服务。二是早些时候提出的建议侧重

---

① 《汉城公约》第 61 条第 1 款。

② See MIGA Convention, at art. 39(a) and sched. A.; Kevin W. Lu, Gero Verheyen, and Srilal M. Perera: *Investing with Confidence Understanding Political Risk Management in the 21st Century*, the Staff of the International Bank for Reconstruction and Development, 2009, p. 15.

③ 参见 Kevin W. Lu, Gero Verheyen, and Srilal M. Perera, *Investing with Confidence Understanding Political Risk Management in the 21st Century*, the staff of the International Bank for Reconstruction and Development, 2009, p. 12;王贵国:《评多边投资担保机构》,载《北京大学学报(哲学社会科学版)》1989 年第 3 期,第 72 页。

④ See Shihata I. F. I., "Arab Investment Guarantee Corporation," 6 *Journal of World Trade* 185, 185-202(1972).

⑤ See Shihata I. F. I., "Arab Investment Guarantee Corporation," 6 *Journal of World Trade* 185, 185-202(1972).

于发达国家之间的投资流动,而 MIGA 亦参与促进发展中国家之间的投资流动。① 三是与以前的计划不同,以前的计划是设立一个与世界银行密切联系的机构,而 MIGA 旨在成为一个自主机构,有自己账户,在自己的职责范围内运作,同时与世界银行保持重要的联系。根据《汉城公约》第 32 条第 2 款,世界银行行长是 MIGA 董事会的当然主席。他还被董事会选为 MIGA 的主席。四是 MIGA 的政治监督和财务责任由投资者母国和东道国共同承担,后者有可能最终认购 40% 的股权,并获得一半的选票。相比之下,先前的提案是设立一个机构,由投资者母国控制和提供资金。② 五是《汉城公约》设有若干保障措施,确保东道国政府控制其领土内的投资活动,同时要求 MIGA 与这些国家政府商定,努力改善投资条件和标准。

本 章 小 结

海外投资保险法律制度的国内法规范包括两个部分:一是投资者母国的海外投资保险法律规范;二是海外投资需要遵守的东道国法律规范。

发达国家率先建立海外投资保险法律制度,给予本国海外投资者保护和救济的经验日趋成熟,研究它们的有益经验和最新发展,对于完善中国海外投资保险法律制度具有参考价值。海外投资并不是"零和"游戏,一个国家不应为了满足本国投资者的海外利益最大化而损害东道国的利益,否则不仅不利于国家间的友好合作,而且对全球投资市场都将产生不利后果。因此,投资者母国的海外投资保险法律制度要求投资者必须遵守东道国的法律规范,否则将无法得到海外投资保险的保护。对东道国与海外投资保险相

---

① See Kevin W. Lu, Gero Verheyen, and Srilal M. Perera, *Investing with Confidence Understanding Political Risk Management in the 21st Century*, the staff of the International Bank for Reconstruction and Development, 2009, p. 14; MIGA Convention, at art. 23(c).

② See Kevin W. Lu, Gero Verheyen, and Srilal M. Perera, *Investing with Confidence Understanding Political Risk Management in the 21st Century*, the staff of the International Bank for Reconstruction and Development, 2009, p. 15.

关的法律进行研究,既可以避免盲目投资,实现预估风险,从而尽量减少海外投资纠纷的产生;同时一旦纠纷不可避免地发生,亦可以在双方相互了解的基础上,互相谅解、平等协商、公平合理地解决问题。

海外投资保险法律制度的另一重要组成部分是国际法。在海外投资保险法律制度的国际法体系中,无论是 BIT 还是区域性协定,其最新发展趋势均以国民待遇为目标。违反国民待遇将可能构成征收、禁兑和战争、内乱或恐怖主义风险。

此外,虽然有大量 BIT 和部分区域性投资协定的存在,但仍不能满足发达国家投资者的需要。这些以发达国家为主导的国际条约通常不受发展中国家欢迎。因此,国际社会迫切需要一个南北两大阵营国家均能接受的世界性机制,借以缓解或消除发达国家投资者对发展中国家政治风险的忧虑,促进更多外国直接投资流向发展中国家。为了满足这一需求,《汉城公约》应运而生。

继美国之后,其他发达国家陆续建立海外投资保险制度,外交保护理论逐渐成为被普遍认可的海外投资保险法律制度的理论依据。但若仅以外交保护理论作为海外投资保险法律制度的理论依据,未免以偏概全,仍有遗漏之处,包括海外投资保险公司不可直接行使外交保护的障碍以及外交保护自身存在的主体、管辖权限制等缺陷。但这并不意味着需要全面舍弃外交保护理论,在保留外交保护理论的同时引入一个新的理论,指导海外投资保险制度的发展即可。这一新的理论,即全球治理理论。在将全球治理理论用于指导 MIGA 时,需要确保全球治理标准和手段的合法化。

第二章 "一带一路"沿线投资者母国海外投资保险立法模式考察

归根结底,海外投资保险法律制度是通过投资者母国的立法予以实施的,故此,何种立法模式更加科学,直接关系到这项制度的发展轨迹。下文针对"一带一路"沿线投资者母国海外投资保险立法模式的定义、分类及合并式、混合式和分立式立法模式的利弊进行解析。

第一节 "一带一路"沿线投资者母国海外投资保险立法模式的定义、分类与各国实践

下文聚焦"一带一路"沿线投资者母国海外投资保险立法模式的定义、分类,以及选取26个国家(包括发达国家和部分发展中国家)的立法实践加以讨论。

一、"一带一路"沿线投资者母国海外投资保险立法模式的定义

首先,立法模式究竟是什么?这一问题学界尚未形成统一的定义。有的学者从政治学的角度考察以立法权力的真实格局及其实际运行为核心的立法模式。[①] 另有学者认为,立法模式是指创制法律的基本模式,即享有立法权限的主体依照相关立法程序,采用

---

① 参见瞿郑龙:《当代中国的国家立法模式及其原则重塑——实证政治视野的分析》,载《法制与社会发展》2016年第6期,第6页。

一定法体形式进行法律制定的样式。① 上述学者的定义均有道理。笔者认为,立法模式可以被视为一种立法体例,即一个国家或地区在立法中所采纳的方法、结构、体例等。其分为三类:混合式立法模式、合并式立法模式和分立式立法模式。由此及彼,"一带一路"沿线投资者母国立法模式的内涵是:"一带一路"沿线投资者母国在海外投资保险立法中所采纳的方法、结构、体例等。

二、"一带一路"沿线投资者母国海外投资保险立法模式的分类

"一带一路"沿线投资者母国海外投资保险立法模式主要分为三类:一是分立式立法模式,二是合并式立法模式,三是混合式立法模式。

(一)三种立法模式的划分

分立式立法模式是指将海外投资保险法从金融法,或保险法,或担保法,或投资法等法律法规中分离出来,专门制定单行法加以规制的体例。② 换言之,投资者母国制定一部专门的"海外投资保险法",用以规制海外投资保险。目前,鲜有采用分立式立法模式的国家。

合并式立法模式,又称为集中式立法模式或综合立法模式,即将海外投资保险法与金融法,或保险法,或担保法,或投资法等多部法律规范合并在一起,制定一部综合性的法典。③ 例如美国的《对外援助法》《Build 法》,以及日本的《贸易保险法》等,均属于此类模式。

---

① 参见王树义、周迪:《论法国环境立法模式的新发展——以法国〈综合环境政策与协商法〉的制定为例》,载《法制与社会发展》2015 年第 2 期,第 137 页。
② 参见王淑敏、李银澄:《自由贸易港区的立法模式:台湾地区的实践及其对海南自贸港的借鉴意义》,载《国际商务研究》2020 年第 1 期,第 75 页。
③ 参见王淑敏、李银澄:《自由贸易港区的立法模式:台湾地区的实践及其对海南自贸港的借鉴意义》,载《国际商务研究》2020 年第 1 期,第 75 页。

混合式立法模式,又称笼统式立法模式。这种立法模式缺乏专门立法,散见于不同位阶的法律规范之中,通常呈碎片化的状态,无益于立法的科学性和体系化。① 有学者认为,中国的海外投资保险立法完全处于空白状态。② 对此,笔者并不完全支持。事实上,中国并不是没有海外投资保险立法,而是散见于《保险法》和系列规范性文件之中。由此推断,将中国的海外投资保险立法模式称为"无立法模式"并不妥当,称为混合式立法模式则更为准确。

(二) 三种立法模式的比较

上述三种立法模式既有共性,又有差异。

首先,三种立法模式的共性为:均是以成文法形式表现出来的。换言之,它们均是成文法的立法模式。成文法是大陆法系国家的立法特征,但是英美法系国家在海外投资保险这一问题上亦采用了成文法形式,如美国针对海外投资保险先后制定了《对外援助法》和《Build法》,英国则制定了《出口和投资保证法》。

其次,三种立法模式的差异。其中,分立式立法模式是针对一个事物进行专门立法,具体问题具体分析。合并式立法模式是将同一事物的几个问题合并立法,一部法律并不仅针对一个问题。混合式立法模式通常表现为碎片化立法,即散见于不同的法律或规范性文件之中。

考察这三种立法模式,虽然分立式立法模式在实践中的成本最高,但其有明确的对象,内容最具针对性,可操作性亦相对较高。从理论层面来看,较之另外两种立法模式更为理想。

---

① 参见王淑敏、李银澄:《自由贸易港区的立法模式:台湾地区的实践及其对海南自贸港的借鉴意义》,载《国际商务研究》2020年第1期,第75页。
② 参见曾华群、余劲松主编:《促进与保护我国海外投资的法制》,北京大学出版社2017年版,第32页。

三、"一带一路"沿线投资者母国海外投资保险立法模式的域外实践

选取26个国家的立法实践作为样本,其中包括发达国家和部分发展中国家,这些国家分别采用了合并式立法模式或混合式立法模式(参见表2.1)。

表2.1 26个国家海外投资保险的承保机构及立法名称和模式[①]

国家	承保机构	立法名称和模式
澳大利亚	出口融资与保险公司	《出口融资保险公司法》(合并式)
奥地利	监督银行公司	《出口担保法》(合并式)
加拿大	出口发展公司	《出口发展法》(合并式)
捷克	出口担保和保险公司	《出口信用保险法》(第58/1995号法案)(合并式)
丹麦	出口信用委员会	《出口信用保险法案》(合并式)
芬兰	担保委员会	《金融融资监管法案》(合并式)
法国	海外贸易保险公司	1973年《法兰西银行独立法》(71-102号法令)(合并式)
德国	普华永道德国审计股份公司、裕利安宜信用保险公司	1993年《对外投资担保条例》(合并式)
希腊	出口信用保险组织	《建立出口信用保险组织和其他条款》(第1796/1988号法律)(合并式)
匈牙利	出口信用保险公司	1994年《关于匈牙利进出口银行和匈牙利出口信用保险公司》(第XLII号法令)(合并式)
意大利	外贸保险服务公司	《促进出口信贷》(第143/98号法令)(合并式)
日本	出口投资保险公司	《贸易保险法》(合并式)

[①] 参见曾华群、余劲松主编:《促进与保护我国海外投资的法制》,北京大学出版社2017年版,第55—59页。

(续表)

国家	承保机构	立法名称和模式
韩国	出口保险公司	《出口保险法》《海外投资促进法》（合并式）
卢森堡	信用保险融资支持公司	《信用保险融资支持公司与卢森堡政府合作协议》（合并式）
荷兰	安卓信用保险公司	《关于执行出口信用保险和投资担保的法令》（合并式）
挪威	出口信用担保局	《出口信用担保规则》（合并式）
波兰	出口保险公司	《国家担保出口保险法令》《保险法案》（合并式）
葡萄牙	信用保险公司	《信用保险公司法》（合并式）
斯洛伐克	进出口银行	《斯洛伐克共和国进出口银行法》（合并式）
瑞典	出口信贷担保委员会	《出口信贷担保条例》（合并式）
土耳其	进出口银行	《土耳其进出口银行法令》（第87/1119号法令）（合并式）
英国	出口信用担保局	《出口和投资保证法》（合并式）
美国	海外私人投资公司	《对外援助法》《更好地利用投资促进发展法》（合并式）
印度	出口信贷担保有限公司	《公司法》（合并式）
南非	出口信贷保险有限公司	《出口信贷和外国投资保险法案》（合并式）
中国	中国出口信用保险公司	《中华人民共和国保险法》《最高人民法院关于审理出口信用保险合同纠纷案件适用相关法律问题的批复》（混合式）

结合前文立法模式的分类，不难看出，在上述国家中，鲜有采用分立式立法模式的国家，即专门出台一部"海外投资保险法"的国家尚未出现。采用混合式立法模式的国家亦不多见，只有中国采用了此种模式。采用合并式立法模式的国家最多，有25个国家选择此种

模式。这些国家的立法可以从不同角度加以合并：一是将"对外援助"或发展政策与海外投资保险法进行合并，例如美国和加拿大；二是将担保法甚至银行法与海外投资保险法进行合并，例如德国、法国、芬兰、瑞典、奥地利、挪威、斯洛伐克和土耳其；三是将公司法与海外投资保险法予以合并，例如印度；四是将出口信用保险与海外投资保险合并立法，例如日本、澳大利亚、捷克、丹麦、希腊、匈牙利、卢森堡、荷兰、意大利、葡萄牙、韩国、波兰、英国、南非。

可以看出，上述合并式立法模式中，第二种将担保法甚至银行法与海外投资保险法进行合并的模式不是最佳选择，原因在于：担保法或银行法与海外投资保险的关联性较弱。尽管如前所述，部分学者主张海外投资保险合同在本质上无异于保证合同，但基于前者承担政策性的风险，无法将其归入保证合同。由此及彼，在第三种将公司法与海外投资保险法予以合并的模式中，公司法与海外投资保险的关联性更弱。

由是观之，以美国为代表的第一种合并式立法模式、以日本为代表的第四种合并式立法模式对于中国的立法模式选择具有参考价值。

第二节 "一带一路"沿线投资者母国海外投资保险合并式立法模式

本节主要从两个方面展开研究：首先，美国等国为何选择基于对外援助或发展政策的合并式立法模式；其次，日本等国为何选择基于出口信用保险与海外投资保险的合并式立法模式。

一、以美国为例：基于"对外援助"或发展政策的合并式立法模式

美国采用了基于"对外援助"或发展政策的合并式立法模式，选择这一合并式立法模式的原因很复杂，无论是《对外援助法》还是

《Build 法》均是将海外投资保险作为"或援助""或发展"的附加产品,体现的是政治目的。

(一) 美国《对外援助法》体现的是带有政治色彩的"对外援助"目的

《对外援助法》的立法目的是"对外援助"。在"对外援助"的过程中,美国企业纷纷投资第二次世界大战后遭受破坏的欧洲,由此催生了美国国内的海外投资保险法律制度。

(二) 美国《Build 法》体现广泛意义的发展融资目的

2018 年美国国会通过了《Build 法》,其立法目的是:"调动私营部门资本和技能,为欠发达国家以及从非市场经济向市场经济转型的国家提供经济利益,以支持美国的发展融资和其他外交政策目标。"① 具体而言,美国《Build 法》的目的是成立一个新的联邦机构——DFC,以取代 OPIC。原因在于,美国政府认识到发展融资对于促进美国经济发展和实现其外交政策目标的重要作用。② 但是,自 1969 年 OPIC 成立以来,美国政府的发展融资并未取得重大成效,故美国选择设立一个新的机构——DFC,旨在改革和增强美国的发展融资能力,使美国政府的能力现代化,更好地与盟友合作。

总而言之,美国合并式立法模式的成本较低,立法效率较高。海外投资保险本来就属于海外投资保护的范畴,反映了美国总体上的对外投资政策,此类打包式立法,必然能提升海外投资保险法律制度的立法效率,并达到预期效益。

---

① 美国《Build 法》第 1412 条第 2 款。
② See "National Security Strategy of the United States of America 2017", National Security Strategy Archive: http://nssarchive.us/wp-content/uploads/2020/04/2017.pdf. Last visited:2019-5-6.

二、以日本为例：基于出口信用保险与海外投资保险的合并式立法模式

日本、澳大利亚、捷克、丹麦、希腊、匈牙利、卢森堡、荷兰、意大利、葡萄牙、韩国、波兰、英国、南非选择基于出口信用保险与海外投资保险的合并式立法模式。下文以日本为例进行分析。

（一）日本合并式立法模式的现状

日本海外投资保险的国内法律是日本国会于1950年制定颁布的《贸易保险法》（最新修订于2015年），在日本具有最高的效力等级。

（二）日本合并式立法模式的优势

日本选择了基于出口信用保险与海外投资保险的合并式立法模式对海外投资保险进行规制。究其原因，是其能够聚焦海外投资保险法律制度的立法宗旨，以及满足立法成本与立法效率平衡统一的目标。

1. 聚焦海外投资保险法律制度的立法宗旨

日本合并式立法模式凸显海外投资保险与出口信用保险均迥异于商业保险。日本《贸易保险法》第1条规定，针对外汇交易的限制和普通保险无法防范的其他风险，建立对外贸易和其他对外交易保险制度，促进对外贸易和其他对外交易的健康发展。[1] 这充分说明了海外投资保险与出口信用保险均具有政策性保险的属性。

2. 满足立法成本与立法效率平衡统一的目标

借用法经济学中的社会成本理论[2]，当政府以较低的社会成本

---

[1] 日本《贸易保险法》[昭和二十五年（1950年）法律第六十七号]第一章第一节第1条。

[2] 社会成本理论，原本是经济学经典理论，其代表人物为诺贝尔经济学奖得主罗纳德·哈里·科斯。其后，这一理论被法经济学吸收，被法经济学家理查德·艾伦·波斯纳所推崇。

调整社会关系时,若能够为社会公众带来较高的成效,那么此种政府调整社会关系的手段才具有正当性。① 换言之,法律制度必须建立于保障公众权利义务之上,进而实现立法成本最低化与立法效率最高化之间的平衡。② 反观日本的合并式立法模式,选择将两种具有高度共性的保险活动合二为一,并未形成高度的专一性。鉴于专一性越高越接近分立式立法模式,需要投入的立法成本就越高,时间耗费也越多,由此日本的立法模式可以提升立法效率,并在立法成本与立法效率之间达到最佳平衡。

第三节 "一带一路"沿线投资者母国海外投资保险混合式立法模式

目前中国采用混合式立法模式,既未制定关于海外投资保险的专门性立法,又未出台与出口信用保险合并的立法,而是散见于《民法典》《保险法》等法律和规范性文件之中。这直接暴露了混合式立法模式的两大致命缺陷:一是立法体系呈碎片化。如第一章所述,中国海外投资保险虽脱胎于商业保险,但又迥异于商业保险,并不完全适用《民法典》《保险法》等这类法律的原则性规定。二是过度倚重那些效力并不高的规范性文件。这些文件往往缺乏法律效力。

一、以中国为代表的混合式立法模式的立法体系呈碎片化

除了《民法典》的一些原则性规定,最高人民法院的司法解释规定在适当情况下允许参照适用的《保险法》的相关规定,以及保监会按照《保险法》处罚保险公司的规范性文件之外,在中国混合式立法

---

① 参见〔美〕理查德·A.波斯纳:《法律的经济分析》,蒋兆康译,中国大百科全书出版社1997年版,第17页。
② 参见〔美〕理查德·A.波斯纳:《法律的经济分析》,蒋兆康译,中国大百科全书出版社1997年版,第21页。

模式之下,海外投资保险规范主要散见于效力并不高的国务院、部门和地方的规范性文件中。

首先,国务院规范性文件仅规定被授权承保机构的承保职责。国务院2001年颁布了《国务院关于组建中国出口信用保险公司的通知》,其中包含两部分内容,分别是《中国出口信用保险公司组建方案》和《中国出口信用保险公司章程》。它们的效力等级相对较低,连部门规章都算不上,加上内容有限,仅授权"中信保"承保海外投资保险,对其他内容未作规定。

其次,地方规范性文件"各自为政"。由于缺乏统一的专门性立法,地方政府出台了各自的地方规范性文件,并且根据地方发展的需求相应对承保保费和承保条件等作出了不同的调整。①

二、以中国为代表的混合式立法模式过度倚重规范性文件

前已述及,中国海外投资保险法律制度的立法体系呈碎片化,相关规定散见于规范性文件之中。长此以往,在混合式立法模式之下,必然导致海外投资保险法律制度愈加倚重规范性文件。这种偏重于规范性文件的模式,看似"因地制宜",调动了各地参与的积极性、能动性与灵活性,但总体而言,过度倚重地方立法的模式,其弊远大于其利。

一是专门性立法缺位。在混合式立法模式下,若继续沿用规范性文件,专门立法长时间"空位",终将导致海外投资保险法律制度建设止步不前,并且这种立法上的滞后亦将反作用于司法实践,成为海外投资保险法律制度发展路途上的"绊脚石"。

二是立法权威性受损。法律制度的权威性通常由多种因素决

---

① 例如,2018年9月11日,北京市商务委员会、北京市财政局《关于印发〈北京市外经贸发展资金支持北京市企业高风险国别投资项目海外投资保险统保平台实施方案〉的通知》中规定,申请投保企业条件为:"(一)在本市依法登记注册,具有独立法人资格的企业(不含以金融股权投资为主营业务的企业);(二)依法开展对外投资合作业务,财务制度健全,近三年无违法违规行为,未拖欠应缴还的财政性资金。"

定,其中最重要的因素是立法机关的法律地位,立法机关的地位越高,其制定的法律规范就越具权威性。

三是立法资源浪费。立法作为一项艰巨而复杂的技术性工作,需要耗费立法资源,应当本着节约资源的理念进行立法。中国海外投资保险法律制度以规范性文件为主,相互雷同、重复立法的现象在所难免。这种立法资源的无谓浪费,显然不符合法经济学理论,难以实现成本与效率均衡统一之宗旨。

概而言之,混合式立法模式百弊丛生,与科学合理的立法模式相去甚远,中国海外投资保险制度不宜继续沿用这种立法模式。

本章小结

美国合并式立法模式的成本较低,立法效率较高。海外投资保险本来就属于海外投资保护的范畴,反映了一个国家总体上的对外投资政策,此类打包式立法必然提升海外投资保险法律制度的立法效率。

日本合并式立法模式较为科学,根据海外投资保险与出口信用保险均系政策性保险的共同特性,选择将两种高度契合的保险类别合二为一,而非采用割裂两者的分立式立法模式,如此一来,需要投入的立法成本相对较低,时间耗费较少,立法效率提高,并在立法成本与立法效率之间达到最佳平衡。

中国混合式立法模式百弊丛生,与科学合理的立法模式相去甚远,不宜继续沿用这种立法模式。

第三章　海外投资保险合同及"中信保"海外投资保单的存疑及厘清

关于海外投资保险合同的研究尚无定论,亦无关于"中信保"海外投资保单的研究。但这不是因为海外投资保险合同不具有研究价值,恰恰相反,由于海外投资保险区别于一般商业保险,且合同本身具有涉外因素,因此海外投资保险合同更具复杂性。目前,"中信保"海外投资保单尚不公开,这无疑增加了研究的难度。笔者迎难而上,揭示"中信保"海外投资保单的存疑之处。

第一节　海外投资保险合同属于何种有名合同

按照合同的标的不同,保险合同分为财产保险合同、人身保险合同、责任保险合同、信用或保证保险合同四种。国内学者通常将海外投资保险合同归入信用或保证保险合同,但是笔者认为这样归类是存疑的,并不是所有的海外投资保险合同均属于信用或保证保险合同。

一、对海外投资保险合同是信用或保证保险合同的质疑

海外投资保险合同通常被纳入信用或保证保险合同,这是因为合并式立法模式将这两种保险统一纳入一部法律之中,如前述日本的《贸易保险法》。但这种归类是否合理,还需要从如下几方面进行分析。

(一) 信用保险合同和保证保险合同

信用或保证保险合同是指信用保险合同和保证保险合同,它们在名称上之所以可以混用,是因为它们都反映出合同的标的是履行债务的信用。也就是说,这类保险合同以一个主合同(如借款合同或承包合同等)作为前提条件,保险合同是从合同,承保的是主合同下债务人履行债务的信用。但在英国,二者却有细微的差别,表现在:信用保险合同是主合同项下的债权人作为投保人或被保险人进行投保的一种保险合同;保证保险合同则是由主合同项下的债务人作为投保人或被保险人进行投保的一种保险合同。其他国家的立法并未作此区分。①

(二) 被保险人和东道国之间存在债权债务关系的论证

如前所述,信用或保证保险合同以存在一个主合同作为前提条件。对应海外投资保险合同,如何判定其主合同呢？笔者认为,如果外国投资者与东道国之间签订特许协议,则可认定该协议是主合同:债务人是东道国,债权人是外国投资者(投保人或被保险人)。一旦东道国出现基于政治风险的违约行为,对被保险人的投资财产造成损失,由海外投资保险公司予以赔偿。

这类特许协议适用于与东道国国计民生息息相关的资源类项目,如电力,或是东道国政府出面招标的基础建设类项目,但在各国海外投资实践中并不多见。如果并未订立上述协议,便不能将

---

① 信用保险和保证保险在英国并没有本质的差别,统称为保证。信用保险合同,与担保合同极为相似。与普通担保合同所不同的是,保险人在这两种保险合同中充当保证人,担负给付保险赔偿金的责任,目的在于填补被保证人由于作为或不作为给被保险人造成的损失。诚然,保证保险合同通常有三个当事人,即被保证人(投保人)、权利人(被保险人)和保证人(保险公司),由债务人自己投保。但信用保险合同只有两个当事人,即权利人(投保人也是被保险人)和保证人(保险公司),由保险人对债权人在信用借贷或商业赊销中,因债务人不能履行合同义务而受到的损失给予保险赔偿。参见王淑敏:《船舶抵押权人保险保障之我见》,载中国海商法协会主办:《中国海商法年刊》(总第9卷),大连海事大学出版社1999年版,第289页。

海外投资保险合同视为信用或保证保险合同。那么,此时海外投资保险合同的性质又为何呢?

二、应当将无特许协议下的海外投资保险合同界定为财产保险合同

在实践中,投保人通常包含两类:一是母公司;二是子公司。如前所述,如果由子公司投保,而且子公司与东道国之间存在特许协议,海外投资保险合同才能归入信用或保证保险合同范畴;如果由母公司投保,其与东道国之间并不存在特许协议,海外投资保险合同则不能被视为信用或保证保险合同,只能作为财产保险合同对待。

财产保险合同有广义和狭义之分,广义的财产保险合同的保险标的既包括有形财产亦包括无形财产,不过后者需要转化为股权才能投保。由此,母公司既可以以股权亦可以以债权投保。

第二节 海外投资保险合同对于境外子公司的效力

海外投资保险合同需要遵循合同相对性原则。海外投资保险合同的当事人一方是海外投资保险公司,另一方既可以是投资者母国境内的母公司亦可以是境外子公司,这必然致使海外投资保险合同存在无法约束境外子公司的情形。

一、海外投资保险合同无权约束境外子公司的情形

在这种情形下,海外投资保险合同通常包含一个约束项目企业即境外子公司的责任条款。通常包括两方面的内容:一是项目企业不得危害投资者母国国家利益、公共利益以及东道国法律;二是无论海外投资保险合同或保险责任是否终止,项目企业均有义务给予

保险人一切必要的协助，根据保险人的指示和要求配合保险人追偿。如保险人指示，被保险人应当确保项目企业以自身名义向东道国政府或其他相关责任方请求赔偿，包括采取诉讼或仲裁等法律手段追索赔偿。如被保险人或项目企业违反前述配合追偿的义务，保险人有权拒绝承担后续赔偿责任，对于已经支付的赔款，有权要求被保险人全额返还。

若被保险人是处于东道国的子公司，即项目企业，那么海外投资保险合同这一条款不存在问题。但是，如果被保险人是母公司，则该条款无法约束东道国的子公司，根本原因在于保险合同的相对性。

二、海外投资保险合同可以约束境外子公司的路径

海外投资保险合同如何约束境外子公司呢？下文将从被保险人是境外子公司、境外子公司与被保险人母公司之间存在相关协议两个向度予以探究。

(一)海外投资保险合同的被保险人是境外子公司

根据合同相对性原则，合同的效力及于订立双方。因此，当被保险人是境外子公司时，那么作为合同的当事人，海外投资保险合同是合法订立并已生效的合同，即可约束境外子公司。所谓合法订立并已生效，要求境外子公司在与保险人订立合同时，不存在隐瞒事实、虚假投保、不按时缴纳保费等导致海外投资保险合同自始无效的事由。

(二)境外子公司与被保险人母公司之间必须存在相关协议

当被保险人是母公司时，如何达到约束子公司的效果呢？境外子公司只是合同法上的"第三人"，不直接参与订立海外投资保险合同，但可以以自己的名义与母公司订立合同，并承担因此而产生的

权利和义务。这一独立的合同约束母公司和境外子公司,要求境外子公司向母公司作出承诺,承诺遵守母公司与海外投资保险公司之间订立的海外投资保险合同中约束子公司的责任条款。但这一内部协议仍然无法约束海外投资保险公司,从而留下隐患。

第三节 "中信保"海外投资保单的内涵、外延和有名性

作为唯一经营海外投资保险业务的"中信保",其制作的保单即通常意义上的中国海外投资保险合同的书面载体。在厘清"中信保"海外投资保单归入何种有名合同之前,第一步需先阐明"中信保"海外投资保单的内涵及外延。

一、"中信保"海外投资保单的内涵及外延

在述及"中信保"海外投资保单之前,不得不引入两个概念,即通常在海外投资保险实务中反复出现的"保险单"和"投保单",它们与海外投资保险合同之间究竟存在何种联系?

(一)"中信保"海外投资保单的内涵

商业保险合同一般将保险单证或凭证作为合同存在的证明,其主要有以下几种形式:保险单(保单)、投保单、保险凭证、联合保单、承保条、暂保条等。在"中信保"实务中,主要由投保单和海外投资保单来证明保险合同的存在,其中,海外投资保单是保险合同的正式凭证。

首先,投保单是被保险人申请投保的书面形式。通常由保险人事先统一印制,投保人依其所列项目逐一据实填写后交付保险人。基于海外投资保险的政策性,"中信保"的格式投保单通常是保

密的。

其次,保险单是正式的保险合同。作为"中信保"与投保人之间订立的海外投资保险合同的正式书面凭证,"中信保"的格式保险单是合同约定的赔偿事由发生后,被保险人向"中信保"索赔的主要凭证。"中信保"保险单记载的内容与投保单有重叠部分,但较投保单更为详细,包括保险人和被保险人的名称、保险标的、保险金额、保险费、保险期限以及责任范围等具体事项。基于海外投资保险的政策性,"中信保"的格式保险单亦不对外公开。

(二)"中信保"海外投资保单的外延

"中信保"海外投资保单是狭义的保险合同,因为其载有规定海外投资保险的具体条款。之所以仅就"中信保"海外投资保单中的条款作具体研究,原因在于:

首先,"中信保"海外投资保单是正式的合同。由于目前中国采用混合式立法模式,存在《保险法》不适用于政策性保险以及规范性文件"各自为政"的缺陷,退一步说,即使立法已经成熟,但当事人的诸多具体权利义务关系仍然依赖保单加以调整,包括承保险别、承保条件、赔偿责任以及代位求偿权的行使等。

其次,"中信保"海外投资保单条款属于格式条款,存在的问题较为突出。这里的格式条款是"中信保"为反复使用,在未与被保险人事先协商的前提下单独拟定的。[①] 由于被保险人与"中信保"的立场不同,看待问题的角度亦有所不同,因此在实践中,"中信保"单方面拟定的海外投资保单条款极易引起被保险人的不满。这一点在司法实践中已现端倪,后文将具体展开论述。

[①] 《民法典》第496条规定:"格式条款是当事人为了重复使用而预先拟定,并在订立合同时未与对方协商的条款。采用格式条款订立合同的,提供格式条款的一方应当遵循公平原则确定当事人之间的权利和义务,并采取合理的方式提示对方注意免除或者减轻其责任等与对方有重大利害关系的条款,按照对方的要求,对该条款予以说明。提供格式条款的一方未履行提示或者说明义务,致使对方没有注意或者理解与其有重大利害关系的条款的,对方可以主张该条款不成为合同的内容。"

二、"中信保"海外投资保单属于何种有名合同

关于海外投资保险合同,一方面,如果由子公司投保,而且子公司与东道国之间存在特许协议,这种海外投资保险合同才能归入信用或保证保险合同范畴。另一方面,如果由母公司投保,其与东道国之间并不存在特许协议,则海外投资保险合同不能被视为信用或保证保险合同,只能作为财产保险合同对待。鉴于目前的中国海外投资集中在并购类投资和针对第三产业的投资[①],这些热门境外投资项目并未与东道国政府签订协议,由此及彼,"中信保"海外投资保单不能一概而论地归入信用或保证保险合同。

(一)"中信保"海外投资保单属于信用或保证保险合同的判断

依前所述,如果中国投资者与东道国之间签订特许协议,则债务人是东道国,债权人是中国投资者(被保险人)。一旦东道国基于政治风险出现违约行为,给被保险人的投资财产造成损失,由"中信保"先对被保险人予以赔偿。在此情形下的"中信保"海外投资保单属于信用或保证保险合同。

但是,依照"中信保"《海外投资保险简介及操作流程》,被保险人总共分为三类[②]:一是在中国境内(不含港澳台地区)注册的法人,即母公司;二是在中国境内(不含港澳台地区)以外地区注册的法人,但其实际控制权是在中国境内(不含港澳台地区)注册的法人,即境外子公司;三是境内外金融机构。只有当被保险人是境外子公司,且与东道国签有协议时,也就是说,如果中国投资者(被保险人)与东道国之间存在一个主债权债务关系,投资于与国计民生

---

① 参见中国建银投资有限公司投资研究院:《中国投资发展报告(2020)》,社会科学文献出版社2020年版,第203—222页。
② 参见中国出口信用保险公司:《海外投资保险简介及操作流程》,载中华人民共和国商务部(http://wms.mofcom.gov.cn/article/zt_fxff/subjectkt/200907/20090706422315.shtml),访问日期:2020年2月12日。

相关的领域,如电力等行业,东道国与中国投资者(被保险人)订立特许协议的,此种"中信保"海外投资保单才是信用或保证保险合同。

(二)"中信保"海外投资保单是财产保险合同的推定

依前所述,如果母公司,包括在中国境内(不含港澳台地区)注册的法人是被保险人,因其并未与东道国订有任何协议,那么此时的"中信保"海外投资保单是财产保险合同,在诸多方面依然受到《保险法》的约束,但其与一般商业保险合同有着显著差异。

(三)"中信保"海外投资保单下非被保险人和保险人的重要义务

"中信保"海外投资保单具有两大重要义务:一是对子公司(非被保险人)的义务,前提是子公司与被保险人母公司之间须有协议。二是对保险人的义务——在合同成立时必须符合投资者母国和东道国双重的法律。

1. 对子公司(非被保险人)的约束力

就"中信保"海外投资保单而言,当被保险人是母公司时,代位求偿权条款依旧可以约束项目子公司。"中信保"海外投资保单的代位求偿权条款规定,子公司有义务配合保险人行使代位求偿权,即"项目企业应积极向东道国政府或其他相关责任方请求赔偿,并根据保险人的指示和要求配合保险人追偿,在收到追偿款后根据保险人的指示及时将属于保险人的权益部分转付给保险人。如项目企业违反前述义务,保险人将依据被保险人向保险人转让的对项目企业的债权,向项目企业主张合法权益"。由此断定,这项约定属于"中信保"海外投资保单对子公司(无论其是否被保险人)的约束。尽管如此,如何行之有效地约束子公司配合保险公司行使代位求偿权,目前的保单并无规定,留下隐患。关于这方面内容,后文将另行阐述。

2. 合同成立适用的法律

"中信保"海外投资保单约定的赔偿事由是发生在东道国的政治风险。这就要求投资项目除符合本国国内法律外,还需要遵守东道国的法律,包括外国投资法、负面清单、国家安全审查、反垄断法等。

本 章 小 结

海外投资保险合同这一有名合同的归类是一个理论上的盲点。产生这一现象的原因有两点:一是对海外投资保险合同的认识不足。长期以来,各大保险公司的保单属于商业秘密,并不对外公布。二是缺乏学界的重视。由于忽略了被保险人既可以是母公司亦可以是境外子公司这一事实,以及海外投资保险合同归类存疑的影响,直接导致母公司作为投保人或被保险人的海外投资保险合同无法直接约束境外子公司这一后果。

本章基于实地调研,获取"中信保"海外投资保单,由此得出结论:第一,海外投资保险合同分为信用或保证保险合同、财产保险合同两种情形。第二,鉴于合同相对性原则,当被保险人是母公司时,合同无法约束境外子公司。母公司与子公司单独签署的协议在其两者之间有效,但无法对抗保险公司。

第四章 "一带一路"沿线国家签署的条约中的代位求偿权

尽管海外投资保险合同的格式条款中均包含代位求偿权条款,但由于海外投资保险法律制度中代位求偿权的行使是在另一国家主权领土内,且行使对象是主权国家,因此这一代位求偿权若想在东道国境内行使,必须事先得到东道国承认,即签订双边条约或区域性条约或多边条约予以承认。下文将结合美式 BIT、区域性条约和多边条约分析保险人代位求偿权行使的瓶颈及其突破。

第一节 美式 BIT 极少签订代位求偿权条款的分析

尽管《美国 BIT 2012 年范本》设有代位求偿权条款,但在实践中却很少运用。

一、美式 BIT 极少签订代位求偿权条款的现状

《欧盟—新加坡贸易与投资保护协定》(2018 年 10 月 19 日签署,欧洲议会于 2019 年 2 月 13 日批准,2019 年 11 月 21 日生效)[1]明确规定了代位求偿权条款,"一缔约国海外投资保险公司依海外投资保险合同给予投资者赔偿后取得代位求偿权,那么另一缔

---

[1] See European Union-Singapore Trade and Investment Agreement, https://ec.europa.eu/trade/policy/in-focus/eu-singapore-agreement/. Last visited: 2020-1-7.

约国应当承认由此产生的权利转让"①。换言之,一旦条约赋予保险公司代位求偿权,那么,东道国必须予以承认与执行。对比之下,美国的做法就值得推敲了。《美国 BIT 2012 年范本》和美国早期签署的 BIT 是有代位求偿权的。② 但这类协议却是不对等的,仅单方面给予美国投资者保护。而之后的美式 BIT 的范本中并未规定此条款。仅 1990 年《突尼斯—美国 BIT》和 1996 年《克罗地亚—美国 BIT》中有代位求偿权条款。③ 前者第 6 条规定,如果突尼斯政府(或其任何主管机构)向其国民或公司支付其在美国境内的投资或其任何部分所给予的补偿或担保,因此已代位行使其国民或公司在这类投资方面的任何权利,美国应承认突尼斯政府(或其主管机构)的这类权利,并承认突尼斯政府(或其主管机构)有权代位行使这类权利。④ 后者第 5 条第 1 款规定,如果缔约一方根据针对涵盖投资的赔偿、保证或保险合同进行了支付,则缔约另一方应当承认已经获得补偿的国民或公司所拥有的任何诉求或权利已经转让给缔约一方。⑤ 因此,缔约一方有权根据代位求偿权主张被转让的诉求,或者行使被转让的权利。除这二者之外,美国签署的 BIT 都没有规定代位求偿权条款。⑥

---

① 2018 年《欧盟—新加坡贸易与投资保护协定》第 2.8 条。
② 如《中华人民共和国政府和美利坚合众国政府关于投资保险和投资保证的鼓励投资的协议及有关问题的换文》第 3 条规定:"一、如果承保者根据承保范围向投资者支付赔款,除了本协议第四条的规定外,中华人民共和国政府应承认因上述支付而转移给承保者的任何货币、债权、资产或投资,并承认承保者继承的任何现有或可能产生的权利、所有权、权利要求或诉讼权,但承保者应受投资者尚存法律义务的约束。二、对根据本条规定而转移或继承的任何利益,承保者不应要求比作出转移的投资者可享有的更大权利。但美利坚合众国政府保留以其主权地位按照国际法提出某项要求的权利。"
③ 参见〔美〕肯尼斯·J. 范德威尔德:《美国国际投资协定》,蔡从燕、朱明新等译,法律出版社 2017 年版,第 830—831 页。
④ 1990 年《突尼斯—美国 BIT》第 6 条。
⑤ 1996 年《克罗地亚—美国 BIT》第 5 条第 1 款。
⑥ 参见〔美〕肯尼斯·J. 范德威尔德:《美国国际投资协定》,蔡从燕、朱明新等译,法律出版社 2017 年版,第 830 页。

二、美式 BIT 极少签订代位求偿权条款的原因及弊端

美国作为海外投资保险法律制度的发起国,不可能不知道代位求偿权条款的重要性,那么缘何其极少在 BIT 中规定代位求偿权条款呢? 这一做法又对其有何影响?

(一) 美式 BIT 极少签订代位求偿权条款的原因

美国之所以极少签订代位求偿权条款,原因在于,美国的海外投资保险公司与东道国早已签有其他协议。历史上,美国的海外投资保险最初是"对外援助"计划的一部分,在 OPIC 承保项目中受益的国家,均需与 OPIC 签订单独的协议[①],允许 OPIC 承保项目在该国的运营,并承认 OPIC 在该项目中享有代位求偿权。在 OPIC 被 DFC 取代之后,这一模式仍在延续。在存有另外协议的前提下,美式 BIT 极少签订代位求偿权条款也就不足为奇了。

(二) 美式 BIT 极少签订代位求偿权条款的弊端

尽管美国仅有个别 BIT 规定了代位求偿权条款,转而通过 DFC 与东道国另签协议保证这一权利的行使,但此种模式毕竟是有风险的。首先,DFC 与东道国地位不对等,难以签署合作共赢的协议;其次,即使签署了这类协议,其地位无法与条约相比,东道国的违约责任亦无法上升为国际法中的国家责任。

突破这一瓶颈的方法是将代位求偿权条款引入 BIT 之中。可以推广《克罗地亚—美国 BIT》的范式,即如果缔约一方根据针对涵盖投资的赔偿、保证或保险合同进行了支付,则缔约另一方应当承认已经获得补偿的国民或公司所拥有的任何诉求或权利已经转让给

[①] See Lauge N. Skovgaard Poulsen, "The Importance of BITs for Foreign Direct Investment and Political Risk Insurance: Revisiting the Evidence," in Karl P. Sauvant, ed., *Yearbook on International Investment Law and Policy 2009-2010*, Oxford University Press, 2010, pp. 554-556.

缔约一方。

第二节 "一带一路"沿线区域性条约中的代位求偿权条款

海外投资保险在区域性条约中的表现形式分为两种：一是包含海外投资保险相关条款的区域性条约；二是专门调整区域性海外投资保险法律关系的区域性条约。这两种区域性条约中代位求偿权条款的表现并不相同。前者如 ACIA，对缔约国国内海外投资保险公司代位求偿权的行使规定了具体要求；后者则规定由依《设立阿拉伯国家间投资担保公司公约》成立的 IAIGC 为缔约国承保海外投资保险并行使代位求偿权。

一、对代位求偿权的行使施加了严格条件的 ACIA 式区域性条约

ACIA 式区域性条约中的代位求偿权条款规定了代位求偿权行使的具体内容。ACIA 的缔约国均是发展中国家，这些缔约国的共同点是国内海外投资保险立法并不完备。因此，确定海外投资保险的国际法依据是 ACIA 缔约国共同的意愿。具体而言，根据 ACIA 第 15 条的规定，代位求偿权的行使条件如下：

首先，投资者母国的海外投资保险公司与被保险人之间订立海外投资保险合同，其中包含代位求偿权条款。[1] 其次，海外投资保险公司取得代位求偿权后，除非另有授权，否则该投资者不得再向东道国主张相同权利。[2] 最后，ACIA 在代位求偿权条款中规定了信息披露。[3] 这一规定要求一缔约国（投资者母国）的海外投资保险公司取得代位求偿权后，应当向另一缔约国（东道国）披露其与投资者约

---

[1] 《东盟全面投资协定》第 15 条第 1 款。
[2] 《东盟全面投资协定》第 15 条第 2 款。
[3] 《东盟全面投资协定》第 15 条第 3 款。

定的承保内容,这一要求亦体现了 ACIA 缔约国间投资信息公开透明化的特点。

二、《设立阿拉伯国家间投资担保公司公约》的代位求偿权条款

《设立阿拉伯国家间投资担保公司公约》中关于代位求偿权的条款规定了三方面的内容:首先,IAIGC 作为一个统一机构行使代位求偿权。其次,IAIGC 的代位求偿权行使并非毫无限制。IAIGC 在支付或同意就任何保险损失向被保险人支付赔偿后,就获得了代位求偿权,这项权利源于被保险人受到保护的投资可能享有的权利,或者因发生损失而有权享有的权利,并且代位的限度不可以超过被保险人的实际损失。① 最后,如果保险人要求东道国提供一切适当便利,东道国应尽快履行其相应的义务。否则,保险人自代位求偿之日起,有权要求东道国偿付基于代位求偿数额的利息。此种利息应根据东道国银行发放的商业贷款的现行利率计算。② 由此可知,IAIGC 的代位求偿权行使与《汉城公约》下 MIGA 的代位求偿权行使有着异曲同工之妙。

综上,较之 ACIA 的代位求偿权条款,《设立阿拉伯国家间投资担保公司公约》的代位求偿权规定更适合区域性条约的选择。原因在于,ACIA 的缔约国国内的海外投资保险法律制度并不完善,甚至有的国家尚未构建海外投资保险法律制度。在这一现实背景下,ACIA 未如《设立阿拉伯国家间投资担保公司公约》一样规定设立一个专门承保海外投资保险的组织机构,而是选择沿用 BIT 的规定承认彼此缔约国国内海外投资保险公司的代位求偿权。

---

① 《设立阿拉伯国家间投资担保公司公约》第 21 条第 1 款、第 2 款。
② 《设立阿拉伯国家间投资担保公司公约》第 21 条第 3 款。

第三节 "一带一路"沿线多边条约——《汉城公约》下的代位求偿权行使、困境及其出路

众所周知,诸如《汉城公约》之类的多边条约普遍规定了代位求偿权条款,但是由于《汉城公约》的缔约国对待主权豁免的态度千差万别,因此,其代位求偿权行使尚存困境。

一、MIGA 行使代位求偿权

《汉城公约》规定 MIGA 享有代位求偿权。MIGA 一经向投保人支付或同意支付赔偿,即代位取得被保险人对东道国或其他债务人所拥有的有关承保投资的各种权利或索赔权。[①] 由此看来,代位求偿权分为两种:一是针对东道国取得的代位求偿权;二是针对与东道国承担连带责任的其他债务人取得的代位求偿权。实践中,东道国的法人、自然人等主体均可成为这类债务人。他们可能对于东道国的政治风险起了推波助澜的作用。

二、MIGA 行使代位求偿权的困境及其出路

在国家豁免权方面,《汉城公约》的缔约国的立法差距很大。有的国家奉行绝对豁免主义,有的国家则倾向于相对豁免主义。不过,诚如某些学者所言:"绝对豁免已日薄西山,相对豁免成为大势所趋。"[②]尽管如此,在解决了相对豁免这个问题之后,仍有很多细

[①] 《汉城公约》第 18 条第 1 款、第 2 款。
[②] 何志鹏指出:"然而,随着国家越来越多地参与国际商事交易,绝对豁免的做法越来越多地受到质疑。19 世纪以来的实践证明,限制豁免(或称职能豁免、资格豁免)越来越成为各国立法或者法院在审判时接受的豁免原则。"何志鹏:《主权豁免的中国立场》,载《政法论坛》2015 年第 3 期,第 66 页。

节要处理。① 多边条约的缔约国的法律千差万别,加剧了处理这些细节的难度。因此,在现实中,绝大多数代位求偿权争议通过协商、磋商、调解或和解等政治手段进行解决,很难通过诉讼或仲裁的路径予以解决。此外,虽然《汉城公约》赋予 MIGA 代位求偿权,但是否意味着东道国同时放弃管辖豁免和执行豁免尚不清晰。根据联合国大会于 2004 年通过的《联合国国家及其财产管辖豁免公约》,国家在外国法院放弃管辖豁免,并不意味着也放弃执行豁免,执行豁免必须另作明确表示。②

由此可见,解决上述问题的关键出路在于:仅有公约的代位求偿权约定是不够的,MIGA 与东道国之间仍须订立书面协议,在协议中必须列明对两种国家豁免权的放弃——管辖豁免和执行豁免。

---

① 针对案例事实的研究,揭示出大多数国家对于限制豁免的倾向性。参见 August Reinisch, "European Court Practice Concerning State Immunity from Enforcement Measures," 17 *The European Journal of International Law* 803, 803 (2006)。经过一个多世纪的发展,当前多数西方国家对于商业行为不再享受豁免已经基本达成一致。人们更多讨论的是,如何区分管理行为和商业行为,See Sienho Yee, "Foreign Sovereign Immunities, Acta Jure Imperii and Acta Jure Gestionis: A Recent Exposition from the Canadian Supreme Court," 2 *Chinese Journal of International Law* 649, 649-654 (2003)。针对哪些行为属于商业行为,詹宁斯曾经尝试提出一个标准,即如果一项活动私人也可以从事,则国家为此种行为属于商业行为。Robert Jennings, "The Place of the Jurisdictional Immunity of States in International and Municipal Law," Vorträge, Reden und Berichte aus dem, vol. 108, Europa-Institut der Universität des Saarlandes, 1988, p. 8。中文学界对这一问题的详细分析,参见黄进、曾涛、宋晓、刘益灯:《国家及其财产管辖豁免的几个悬而未决的问题》,载《中国法学》2001 年第 4 期,第 141 页。此外,仲裁协议是否意味着放弃豁免,豁免规范适用于契约与侵权是否一致,国有企业是否属于国家,雇佣契约是否也适用豁免,中央银行与其他银行在豁免上有何差异,管辖豁免与执行豁免的区别与联系,等等,参见 Michael W., Gordon, *Foreign State Immunity in Commercial Transactions*, Butterworth Legal Publishers, 1991; Rosalyn Higgins, *Problems and Process: International Law and How We Use It*, Oxford University Press, 1994, p. 85,转引自何志鹏:《主权豁免的中国立场》,载《政法论坛》2015 年第 3 期,第 67 页。

② 参见《国际公法学》编写组编:《国际公法学》(第二版),高等教育出版社 2018 年版,第 130 页。

第四节　通过 ICSID 行使代位求偿权的难点及路径

海外投资保险公司通过诉诸 ICSID 解决代位求偿权问题,在理论上似乎是行得通的,但有一个问题需要讨论,就是海外投资保险公司以保险人的名义通过 ICSID 行使代位求偿权可能遭遇主体不适格的问题,而以被保险人的名义通过 ICSID 行使代位求偿权较为妥当。

一、以保险人的名义通过 ICSID 行使代位求偿权的难点

海外投资保险公司以保险人的名义行使代位求偿权缘于此种权利的法律属性。首先,保险人的代位求偿权是一种法定债权转让,被保险人转让债权后,就不再具有债权人身份,无权请求第三人赔偿损失。保险人取得代位求偿权后可以自己的名义行使。其次,保险人的代位求偿权取得方式是"当然代位主义",不以被保险人移转赔偿请求权的行为为要件,只要具备代位求偿权的行使条件,即可以自己的名义行使。但是,《华盛顿公约》第 25 条对适格的投资主体施加了限制性条件:一是"直接因投资而产生";二是"经双方书面同意";三是"另一缔约国的自然人或法人"。① 虽然海外投

---

① 《华盛顿公约》第 25 条规定:"一、中心的管辖适用于缔约国(或缔约国向中心指定的该国的任何组成部分或机构)和另一缔约国国民之间直接因投资而产生并经双方书面同意提交给中心的任何法律争端。当双方表示同意后,任何一方不得单方面撤销其同意。二、'另一缔约国国民'系指:(一)在双方同意将争端交付调解或仲裁之日以及根据第二十八条第三款或第三十六条第三款登记请求之日,具有作为争端一方的国家以外的某一缔约国国籍的任何自然人,但不包括在上述任一日期也具有作为争端一方的缔约国国籍的任何人;(二)在争端双方同意将争端交付调解或仲裁之日,具有作为争端一方的国家以外的某一缔约国国籍的任何法人,以及在上述日期具有作为争端一方缔约国国籍的任何法人,而该法人因受外国控制,双方同意为了本公约的目的,应看作是另一缔约国国民……"

资保险公司满足"另一缔约国的自然人或法人"这一条件,但是其与作为东道国的缔约国之间的纠纷并非"直接因投资而产生",也未有将争议交由 ICSID 行使代位求偿权的"书面同意"。由此推断,如果海外投资保险公司以自己的名义行使代位求偿权,将遭遇主体不适格的问题。

二、以被保险人的名义通过 ICSID 行使代位求偿权

基于海外投资保险公司不能以保险人的名义通过 ICSID 行使代位求偿权,建议多边、区域性条约或 BIT 改变这一做法,即以被保险人的名义在 ICSID 提起仲裁。如果被保险人不予配合,则在海外投资保险合同中约定拒绝赔偿。具体条款可以设计为:因东道国对保险标的的政治风险而造成保险事故的,保险人自向被保险人赔偿之日起,以被保险人名义,在赔偿金额范围内代位行使被保险人对东道国请求赔偿的权利。保险人向东道国行使代位请求赔偿的权利时,被保险人应当向保险人提供必要的信息和证据。保险事故发生后,保险人未赔偿保险金之前,被保险人放弃对东道国请求赔偿的权利的,保险人不承担赔偿保险金的责任。

本 章 小 结

海外投资保险法律制度中的代位求偿权是东道国对主权豁免的让渡。这一权利的行使既需要投资者母国的国内法确认,又需要投资者母国与东道国签订的 BIT 追认,二者缺一不可。因此,在 BIT 中明确代位求偿权条款至关重要。代位求偿权是海外投资保险公司的一项权利,既然是权利,就可以放弃。在代位求偿权行使的实践中,承保机构因赔偿被保险人而取得代位求偿权后,基于国家间的复杂政治关系和友好状态,有时并未行使代位求偿权,而是在向被保险人赔偿后即宣告结束。典型如中国,迄今为止尚无实际追偿的案例。

BIT的代位求偿权主要依赖东道国的政治环境和法律环境,但多边条约的情形则复杂得多,有的国家奉行绝对豁免主义,有的国家则倾向于相对豁免主义。此外仍有很多细节需要处理,多边条约的缔约国的法律千差万别,加剧了这些细节的难度。这就是为何代位求偿权的行使很难通过诉讼或仲裁的路径实现,而现实中绝大多数案件通过协商、磋商、调解或和解等政治手段解决。

ACIA对缔约国国内海外投资保险公司代位求偿权的行使规定了具体要求。依照《设立阿拉伯国家间投资担保公司公约》成立的IAIGC,统一为缔约国承保海外投资保险并行使代位求偿权。

解决MIGA代位权问题的关键出路在于:仅有《汉城公约》的代位求偿权约定是不够的,MIGA与东道国之间仍须订立书面协议;此外,必须列明对两种国家豁免权的放弃。

海外投资保险公司以保险人的名义在ICSID提起仲裁会遇到主体不适格的问题,只有合格的投资者才能将纠纷提交ICSID加以解决,建议以被保险人的名义在ICSID提起仲裁。如果被保险人不予配合,则应在海外投资保险合同中约定拒绝赔偿。

第五章 "中信保"在"一带一路"沿线国家承保海外投资保险实证研究

前文考察各国海外投资保险法律制度的利与弊的最终目的在于,为中国海外投资保险法律制度的完善提供借鉴。中国目前不容回避的现实是海外投资屡遭折戟,面对越来越多的政治风险,海外投资保险法律制度的重要性不容小觑。但是,相较于发达国家,中国的海外投资保险法律制度尚处于不成熟时期。本章以中国在"一带一路"沿线国家的海外投资为研究对象,聚焦于"中信保"在"一带一路"沿线国家承保海外投资保险实证研究的必要性、"中信保"承保"一带一路"沿线国家投资的各类政治风险定性分析,以及"中信保"承保"一带一路"沿线国家投资的各类政治风险定量分析。

第一节 "中信保"在"一带一路"沿线国家承保海外投资保险实证研究的必要性

研究方法通常分为两种:定性分析研究与定量分析研究。前者是指通过逻辑推理、哲学思辨、历史求证、法规判断等思维方式,着重从质的方面分析和研究某一事物的属性[①];后者是相对于前者而言的,是指运用观察、实验、调查、统计等方法研究现象,对研究的严

---

① 参见张晖明、邓霆:《企业估值中的定性分析方法》,载《复旦学报(社会科学版)》2010年第3期,第77—85页。

密性、客观性、价值中立提出严格的要求,以求得到客观事实。① 简而言之,定性分析是用文字来描述现象;而定量分析是用数据来描述事物。

对"中信保"承保的"一带一路"沿线国家投资的各类政治风险进行研究,需要结合运用定性与定量两种分析方法。首先,对"中信保"承保"一带一路"沿线国家投资的各类政治风险进行定性分析,通过逻辑推理、哲学思辨、历史求证、法规判断等思维方式,着重从质的方面分析和研究"中信保"承保"一带一路"沿线国家投资的各类政治风险的属性;其次,运用观察、实验、调查、统计等方法研究现象,量化"中信保"承保"一带一路"沿线国家投资的各类政治风险,以求得到客观事实,进而得到更为直观的评价结果。

之所以选择以"一带一路"沿线国家为研究区域,原因在于:其一,"一带一路"沿线国家是中国企业投资的重点领域;其二,"一带一路"沿线国家风险波谲云诡;其三,中国企业尚未重视"一带一路"沿线国家的政治风险。下文逐一述之。

一、"一带一路"沿线国家是中国企业投资的重点区域

自"一带一路"倡议被提出后,沿线国家成为中国企业投资的重点区域,其"重点性"体现在:其一,中国企业在"一带一路"沿线国家的投资额迅速增加;其二,"一带一路"沿线东南亚区域是中国企业当下和计划的主要投资地;其三,"一带一路"沿线区域内部分国家矿产、石油、天然气等自然资源丰富,对于中国投资者而言,具有较大的吸引力。

(一)"一带一路"沿线的境外经贸合作区迅速增加

境外经济贸易合作区是指在中国境内(不含港澳台地区)注册、

---

① 参见谭跃进主编:《定量分析方法》(第三版),中国人民大学出版社 2012 年版,第 3—12 页。

具有独立法人资格的中资控股企业,通过在境外设立的中资控股的独立法人机构,投资建设的基础设施完备、主导产业明确、公共服务功能健全、具有集聚和辐射效应的产业园区。通过确认考核的境外经贸合作区如表5.1所示。①

表5.1 通过确认考核的境外经贸合作区名录

序号	合作区名称	境内实施企业名称
1	柬埔寨西哈努克港经济特区	江苏太湖柬埔寨国际经济合作区投资有限公司
2	泰国泰中罗勇工业园	华立产业集团有限公司
3	越南龙江工业园	前江投资管理有限责任公司
4	巴基斯坦海尔-鲁巴经济区	海尔集团电器产业有限公司
5	赞比亚中国经济贸易合作区	中国有色矿业集团有限公司
6	埃及苏伊士经贸合作区	中非泰达投资股份有限公司
7	尼日利亚莱基自由贸易区(中尼经贸合作区)	中非莱基投资有限公司
8	俄罗斯乌苏里斯克经贸合作区	康吉国际投资有限公司
9	俄罗斯中俄托木斯克木材工贸合作区	中航林业有限公司
10	埃塞俄比亚东方工业园	江苏永元投资有限公司
11	中俄(滨海边疆区)农业产业合作区	黑龙江东宁华信经济贸易有限责任公司
12	俄罗斯龙跃林业经贸合作区	黑龙江省牡丹江龙跃经贸有限公司
13	匈牙利中欧商贸物流园	山东帝豪国际投资有限公司
14	吉尔吉斯斯坦亚洲之星农业产业合作区	河南贵友实业集团有限公司
15	老挝万象赛色塔综合开发区	云南省海外投资有限公司

---

① 材料来源:中华人民共和国商务部"走出去"公共服务平台(http://fec.mofcom.gov.cn/article/jwjmhzq/article01.shtml),最后访问日期:2021年12月1日。

(续表)

序号	合作区名称	境内实施企业名称
16	乌兹别克斯坦"鹏盛"工业园	温州市金盛贸易有限公司
17	中匈宝思德经贸合作区	烟台新益投资有限公司
18	中国·印尼经贸合作区	广西农垦集团有限责任公司
19	中国印尼综合产业园区青山园区	上海鼎信投资(集团)有限公司
20	中国·印度尼西亚聚龙农业产业合作区	天津聚龙集团

(二)CCG对中国企业海外投资的主要区域和行业的实证研究

2019年,全球化智库(Center for China and Globaliza-tion,以下简称CCG)公布了《中国企业全球化报告(2018)》。在报告的调查篇,CCG通过整理回收的213份企业调查问卷,对中国企业海外投资的基本情况进行统计。下文主要根据《中国企业全球化报告(2018)》关于中国海外投资的区域和行业的调查结果,分析其对于"中信保"承保"一带一路"沿线国家投资的意义。

1. 投资集中于"一带一路"沿线国家

根据《中国企业全球化报告(2018)》(如图5.1、图5.2所示),中国企业当下投资目的国(地区)以及未来2~3年的计划投资区域以东南亚为主,占比16%;其次是北非,占比9%;排在第三的是欧盟和中亚,均占比8%;拉美、西亚、南亚、东欧及北非以外地区均占比7%;澳大利亚、中欧、加拿大和开曼群岛等自由港均占比不高。[①] "一带一路"沿线国家恰好涵盖在图5.1和图5.2所显示的重点投资区域中,排名靠前的东南亚、北非、西亚地区的国家以发展中国家为主,均是"一带一路"倡议的参与国。"一带一路"沿线国家之所以成为中国企业投资的首选区域,原因如下:

[①] 参见王辉耀、苗绿主编,全球化智库(CCG)、西南财经大学发展研究院编:《中国企业全球化报告(2018)》,社会科学文献出版社2019年版,第81—106页。

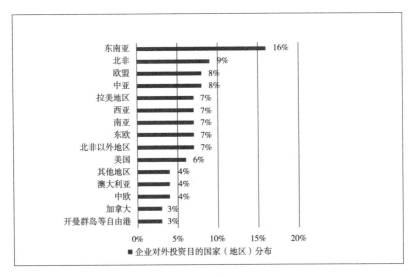

图 5.1 《中国企业全球化报告(2018)》显示的企业对外投资目的国家(地区)分布

一是这些区域内的国家基础建设投资市场庞大。东南亚、北非、西亚、拉美地区的发展中国家在基础设施建设方面有较大需求,但缺乏必要的资金和技术支持,这对于中国企业来说是巨大的机遇。

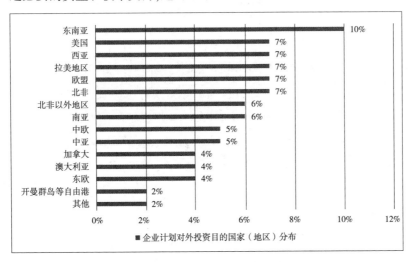

图 5.2 《中国企业全球化报告(2018)》显示的企业计划对外投资目的国家(地区)分布

二是这些区域内的矿产、石油、天然气等自然资源丰富。亚洲、非洲地区的矿产、天然气资源储备丰富;西亚地区的石油储量更是稳居世界第一。①

2. 投资行业的调查结果

《中国企业全球化报告(2018)》关于投资行业的调查结果显示,中国在"一带一路"沿线国家投资的行业分布集中在基础建设(包括水利和交通基础设施)和资源(石油、天然气、矿产)领域。如图5.3所示,中国企业在这些区域内的投资集中在建筑业②和采矿业,占比34%;其次是制造业、农/林/牧/渔业,各占比10%;电力、热力、燃气及给排水,占比7%;软件和信息技术类产业,占比6%。对其他行业的投资并不集中,且占比在5%及以下。③

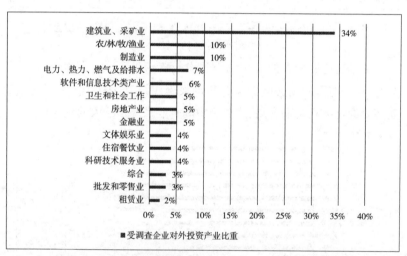

图5.3 《中国企业全球化报告(2018)》显示的受调查企业对外投资产业比重

---

① 2019年世界石油储量排名前十的地处西亚的国家包括阿拉伯联合酋长国、科威特、伊拉克、伊朗、沙特阿拉伯。
② 此处的建筑业包括一般建筑、基础设施建筑和公共设施建筑。
③ 参见王辉耀、苗绿主编,全球化智库(CCG)、西南财经大学发展研究院编:《中国企业全球化报告(2018)》,社会科学文献出版社2019年版,第81—106页。

3.《中国企业全球化报告(2018)》的权威性

CCG致力于以全球视野为中国建言,是中共中央对外联络部"一带一路"智库联盟理事单位,被评为中国社会智库第一。"中信保"曾多次参加国务院与CCG联合承办的中国企业"走出去"论坛,有利于其了解中国企业海外投资真实的现状和存在的问题,有针对性地推广海外投资保险。

针对《中国企业全球化报告(2018)》中显示的中国企业主要投资区域,"中信保"理应加强政治风险的监测和评估,向在这些区域投资的企业进行海外投资保险的宣传普及。根据报告分析,其中,资源类产业通常与国家安全密不可分,极易遭遇东道国以"国家安全"为理由的直接或间接征收;而基础建设具有期间长、回报晚和不动产属性,导致这类行业的投资一旦遭遇战争、暴乱或恐怖主义等政治风险,将很难获得收益。因此,"中信保"的主要承保险别应集中在征收、战争、暴乱和恐怖主义风险上。

二、"一带一路"沿线国家风险的复杂性

"一带一路"沿线国家风险的复杂性体现在两个方面:一是"一带一路"沿线国家多重风险的交织,导致国家综合风险等级普遍较高;二是"一带一路"沿线国家大多是发展中国家和新兴经济体,国家主权信用风险格外严峻。下文研究材料来源于"中信保"发布的《国家风险分析报告2019:全球投资风险分析、行业风险分析和企业破产风险分析》(以下简称《国家风险分析报告2019》),其研究结果对于中国海外投资企业而言,最具真实性、相关性和有效性。

(一)"一带一路"沿线国家的国家风险等级普遍为中高风险

国家风险是指东道国特定的国家层面事件通过直接或间接的

方式,导致国际经济活动偏离预期结果造成损失的可能性。① 在这一意涵中,国家风险的核心是国家层面的危害事件,外延包括一国政治、经济、社会发展、营商环境等多个方面的因素导致的风险。

1.《国家风险分析报告 2019》划分国家风险的标准

《国家风险分析报告 2019》对"一带一路"沿线国家进行了国家风险等级评估:划分为 1—9 级(共 9 级),风险水平依次升高(如表 5.2)。②

表 5.2 《国家风险分析报告 2019》中的国家风险等级

级别	含义
1	政治和经济形势非常好,商业环境优异,国家风险水平最低
2	政治和经济形势很好,商业环境稳定高效,国家风险水平很低
3	政治和经济形势良好,商业环境稳定,国家风险水平较低
4	政治和经济形势较好,商业环境稳定,国家风险水平中等偏低
5	政治和经济形势中等,商业环境不太稳定,国家风险水平中等
6	政治和经济前景稍有动荡,商业环境有待改善,国家风险水平中等偏高
7	政治和经济形势不稳定,商业环境不太好,国家风险水平较高
8	政治和经济形势非常不稳定,商业环境较差,国家风险水平很高
9	政治和经济形势面临极高风险,商业环境差,国家风险水平最高

2.《国家风险分析报告 2019》关于国家风险的展望

《国家风险分析报告 2019》还评估了国家风险展望这一指标,分为"正面""稳定"和"负面"三个层次:"正面"表示未来一年内一国国家风险水平可能相对下降;"稳定"表示未来一年内一国国家风险水平可能保持稳定;"负面"表示未来一年内一国国家风险水平可能相对上升。表 5.3 是包含"一带一路"沿线 61 个国家(巴勒斯坦缺乏评价)的风险等级和展望。之所以巴勒斯坦缺乏评价,原因在

---

① 参见中国出口信用保险公司编著:《国家风险分析报告 2019:全球投资风险分析、行业风险分析和企业破产风险分析》,中国金融出版社 2019 年版,第 3 页。

② 参见中国出口信用保险公司编著:《国家风险分析报告 2019:全球投资风险分析、行业风险分析和企业破产风险分析》,中国金融出版社 2019 年版,第 3 页。

于,巴勒斯坦的国家主体资格在国际社会尚未获得统一认可。虽然巴勒斯坦于 1988 年 11 月 15 日正式宣布建国,中国政府予以承认①,但其目前仍是联合国观察员国,由于美国、以色列的阻挠,尚未争取到正式会员国席位。根据商务部、国家统计局和国家外汇管理局公布的《2020 年度中国对外直接投资统计公报》的统计数据,中国对巴勒斯坦的海外投资额为零。②

表 5.3 《国家风险分析报告 2019》中的国家风险展望

区域	国家	等级	展望
东亚	蒙古国	6	负面
东南亚	文莱	3	稳定
	印度尼西亚	5	稳定
	老挝	6	稳定
	马来西亚	4	稳定
	缅甸	8	稳定
	菲律宾	5	稳定
	新加坡	1	稳定
	泰国	4	稳定
	越南	6	稳定
西亚	巴林	5	稳定
	伊朗	7	稳定
	伊拉克	7	稳定
	以色列	4	稳定
	约旦	6	负面

---

① 1988 年 11 月 15 日在阿尔及尔召开的巴勒斯坦全国委员会第 19 次特别会议宣告成立巴勒斯坦国。中国政府充分尊重巴勒斯坦人民所作出的选择,决定承认巴勒斯坦国。参见《中华人民共和国外交部关于中国承认巴勒斯坦国的声明》,载《中华人民共和国国务院公报》1988 年第 24 期。

② 参见商务部、国家统计局和国家外汇管理局:《2020 年度中国对外直接投资统计公报》,中国商务出版社 2021 年版,第 165 页。

(续表)

区域	国家	等级	展望
西亚	科威特	4	稳定
	黎巴嫩	8	稳定
	阿曼	4	稳定
	巴勒斯坦	—	—
	卡塔尔	4	负面
	沙特阿拉伯	4	稳定
	叙利亚	9	稳定
	土耳其	6	负面
	阿拉伯联合酋长国	3	稳定
	也门	9	稳定
	塞浦路斯	5	正面
	阿富汗	9	稳定
北非	埃及	5	稳定
南亚	孟加拉国	7	正面
	不丹	6	稳定
	印度	5	稳定
	马尔代夫	6	稳定
	尼泊尔	8	稳定
	巴基斯坦	6	稳定
	斯里兰卡	6	稳定
中亚	哈萨克斯坦	5	负面
	吉尔吉斯斯坦	8	稳定
	塔吉克斯坦	7	稳定
	土库曼斯坦	6	稳定
	乌兹别克斯坦	6	稳定

(续表)

区域	国家	等级	展望
独联体	亚美尼亚	6	稳定
	阿塞拜疆	5	稳定
	白俄罗斯	6	稳定
	格鲁吉亚（2008年8月12日已宣布退出独联体）	5	负面
	摩尔多瓦	7	稳定
	俄罗斯	5	稳定
	乌克兰（2018年4月12日已宣布退出独联体）	8	稳定
中东欧	波黑	6	稳定
	保加利亚	5	稳定
	克罗地亚	5	稳定
	捷克	4	稳定
	爱沙尼亚	4	稳定
	匈牙利	5	正面
	拉脱维亚	4	稳定
	立陶宛	4	稳定
	马其顿	5	稳定
	黑山	5	稳定
	波兰	5	稳定
	罗马尼亚	5	稳定
	塞尔维亚	5	稳定
	希腊	5	正面

从表5.3中不难发现,国家风险等级中等以上的国家(>5)绝大

多数集中在亚洲地区,而中国企业在"一带一路"亚洲区域的投资占总投资额的70%以上①,结合前文中国企业的主要投资目的地国亦集中在亚洲区域,那么如何保护中国企业在此区域的国家的投资就成为"中信保"重要的研究方向。

(二)"一带一路"沿线国家主权信用风险等级堪忧

主权信用风险,即一国的主权借款人未能及时、足额偿付其到期债务的风险,是中国企业海外投资面临的重大潜在风险。②"中信保"承保的直接投资不可避免地面临因东道国"不能"或"不愿"履行债务而产生的违约风险,以及由此引发的汇兑限制、征收和国有化风险。因此,前往主权信用风险等级低的国家进行投资更需要海外投资保险的支持。在讨论国家主权信用风险等级之前,先要厘清国家主权信用风险与国家风险以及政治风险的关系。

1. 主权信用风险与国家风险、政治风险的关系

主权信用风险与国家风险和政治风险的关系主要体现在以下两个方面:

首先,主权信用风险和政治风险均属于前述国家风险的范畴。其中,主权信用风险评估的是国家履行债务行为构成违约的可能性;政治风险是指国家主权行为中具有政治性的部分活动所产生的风险,具体是指完全或部分由政府官员行使权力及因政府组织行为而产生的征收、禁兑等风险。

其次,主权信用风险与政治风险的区别在于,前者系作为债务人的主权国家履行债务的能力和主动性的信用风险,这是基于国家与国家之间的贷款行为;后者是东道国针对外国投资者的征收、禁兑等风险。毋庸置疑,主权信用风险极大地诱发政治风险的产生。

---

① 数据来源:中华人民共和国商务部"走出去"服务公共平台(http://fec.mofcom.gov.cn/article/fwydyl/tjsj/),访问日期:2020年2月29日。
② 参见中国出口信用保险公司编著:《国家风险分析报告2019:全球投资风险分析、行业风险分析和企业破产风险分析》,中国金融出版社2019年版,第3页。

试想:一个国家对国家之间的债务都怠于履行,怎么可能对外国投资者守信用呢?

图 5.4 可以更为直观地体现这三者的关系。

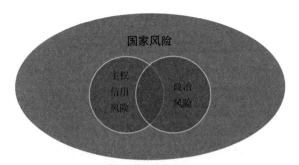

图 5.4 国家风险、主权信用风险与政治风险关系图

鉴于上述主权信用风险与政治风险的关联性,《国家风险分析报告 2019》对主要国家的主权信用风险状况进行了监测和评估。

2.《国家风险分析报告 2019》中的主权信用风险评级标准

《国家风险分析报告 2019》对"一带一路"沿线国家进行了主权信用风险评级和主权信用风险展望两个指标的评估。对于前者,划分为 AAA 至 CE 级,共 10 级(详见表 5.4)[1],风险水平依次升高,CE[2] 则达到最严重状态。

表 5.4 《国家风险分析报告 2019》中的主权信用风险等级

级别	意涵
AAA	主权债务规模最低,主权债务可持续性最好,主权信用风险水平最低

---

[1] 参见中国出口信用保险公司编著:《国家风险分析报告 2019:全球投资风险分析、行业风险分析和企业破产风险分析》,中国金融出版社 2019 年版,第 3 页。

[2] "中信保"将"CE"定义为"正在经历主权信用风险事件",代表主权国家作为债务人的一种特殊状态。发生以下四种情况之一则标注为"CE":(1)主权国家作为债券发行人无法及时支付外币债券的本金或利息,出现债券违约且尚未达成重组协议;(2)主权国家一年内对国际货币基金组织的非优惠贷款新增违约,尚未达成债务还款协议或对还款协议再次发生拖欠;(3)根据现有贷款记录,主权国家一年内对中国企业新增违约且尚未达成债务还款协议或还款协议再次发生拖欠;(4)低收入主权国家被国际货币基金组织判定陷入债务困境,当前的债务存量和债务偿还远超债务可持续的标准,债务处于严重不可持续状态。

(续表)

级别	意涵
AA	主权债务规模很低,主权债务可持续性很好,主权信用风险水平很低
A	主权债务规模较低,主权债务可持续性较好,主权信用风险水平较低
BBB	主权债务规模中等偏低,主权债务可持续性偏好,主权信用风险水平中等偏低
BB	主权债务规模中等,主权债务可持续性一般,主权信用风险水平中等
B	主权债务规模中等偏高,主权债务可持续性偏差,主权信用风险水平中等偏高
CCC	主权债务规模较高,主权债务可持续性较差,主权信用风险水平较高
CC	主权债务规模很高,主权债务可持续性很差,主权信用风险水平很高
C	主权债务规模最高,主权债务可持续性最差,主权信用风险水平最高
CE	出现主权信用风险事件(指一国已经出现债券违约或已知贷款违约的一种特殊状态),处于违约状态

与前述的主权信用风险等级的评级相似,《国家风险分析报告2019》亦进行了主权信用风险展望指标的评估(详见表5.5)。该指标亦分为"正面""稳定"和"负面"三个层次:"正面"表示未来一年内一国主权信用风险水平(所处级别)可能相对下降;"稳定"表示未来一年内一国主权信用风险水平(所处级别)可能保持稳定;"负面"表示未来一年内一国主权信用风险水平(所处级别)可能相对上升。①

首先,"一带一路"沿线新兴和发展中国家的主权信用风险展望指标普遍偏高。在"一带一路"沿线新兴和发展中国家中,等级为BB、B、CCC、CC、C 和 CE 的国家占 55.56%,等级为 BBB、A、AA、

---

① 参见中国出口信用保险公司编著:《国家风险分析报告2019:全球投资风险分析、行业风险分析和企业破产风险分析》,中国金融出版社2019年版,第3页。

AAA 的国家则占 42.86%。①

表 5.5 《国家风险分析报告 2019》中的主权信用风险展望

区域	国家	等级	展望
东亚	蒙古国	CC	正面
东南亚	文莱	BBB	稳定
	印度尼西亚	BBB	稳定
	老挝	CC	负面
	马来西亚	A	稳定
	缅甸	B	稳定
	菲律宾	BBB	稳定
	新加坡	AA	稳定
	泰国	BBB	正面
	越南	BB	稳定
西亚	巴林	BB	正面
	伊朗	BB	稳定
	伊拉克	BB	稳定
	以色列	AA	稳定
	约旦	BB	稳定
	科威特	A	稳定
	黎巴嫩	BB	负面
	阿曼	BB	正面
	巴勒斯坦	—	—
	卡塔尔	A	稳定
	沙特阿拉伯	A	稳定
	叙利亚	C	稳定
	土耳其	BB	稳定
	阿拉伯联合酋长国	A	正面
	也门	C	稳定
	塞浦路斯	BBB	稳定
	阿富汗	CC	稳定

---

① 参见中国出口信用保险公司编著:《国家风险分析报告 2019:全球投资风险分析、行业风险分析和企业破产风险分析》,中国金融出版社 2019 年版,第 663—668 页。

(续表)

区域	国家	等级	展望
北非	埃及	B	稳定
南亚	孟加拉国	BB	稳定
	不丹	CCC	稳定
	印度	BBB	稳定
	马尔代夫	CC	稳定
	尼泊尔	CCC	稳定
	巴基斯坦	B	负面
	斯里兰卡	CC	稳定
中亚	哈萨克斯坦	BBB	稳定
	吉尔吉斯斯坦	CC	稳定
	塔吉克斯坦	CC	负面
	土库曼斯坦	BBB	正面
	乌兹别克斯坦	B	稳定
独联体	亚美尼亚	CCC	正面
	阿塞拜疆	BBB	稳定
	白俄罗斯	BB	稳定
	格鲁吉亚（2008年8月12日已宣布退出独联体）	B	稳定
	摩尔多瓦	B	稳定
	俄罗斯	BBB	稳定
	乌克兰（2018年4月12日已宣布退出独联体）	CCC	稳定

(续表)

区域	国家	等级	展望
中东欧	波黑	CCC	稳定
	保加利亚	BB	正面
	克罗地亚	BBB	稳定
	捷克	AAA	稳定
	爱沙尼亚	A	稳定
	匈牙利	A	正面
	拉脱维亚	BBB	正面
	立陶宛	A	稳定
	马其顿	BB	稳定
	黑山	B	稳定
	波兰	AA	稳定
	罗马尼亚	BBB	稳定
	塞尔维亚	B	稳定
	斯洛伐克	AA	稳定
	斯洛文尼亚	A	稳定
	希腊	BB	稳定

其次,"一带一路"沿线新兴和发展中国家的主权信用风险普遍偏高的原因。这些国家处于社会政治与经济模式转型时期,加之政权交接、政局动荡,内外利益集团激烈博弈,国家本身欠缺抵御外部冲击的能力,因此主权债务负担相对上升,偿债压力相对增加,主权债务清偿能力持续下降。

最后,"一带一路"沿线新兴和发展中国家的主权信用风险偏高的例外。如沙特阿拉伯、卡塔尔、科威特、阿拉伯联合酋长国等"富有"的发展中国家,依靠令人欣羡的石油资源积累了大量财富,其主权信用风险相对较低。但这并不意味着在这些国家或地区投资的中国企业就可以"高枕无忧"了。

三、中国企业未重视"中信保"于"一带一路"沿线国家政治风险保障的作用

总的来看,"一带一路"沿线新兴和发展中国家对于中国投资是欢迎的。但是,各国的态度仍然有区别。"既有与中国政治关系密切,经济依存度较高的巴基斯坦、老挝等国家;也有对中国怀有警惕心理,投资阻力较大,经济依存度较低的国家,如印度等;还有由于国内稳定性和开放度原因,致使投资阻力较大,双方经贸往来难度较高的国家,如伊拉克。"①因此,当政治风险发生时,那些实力较弱又未能做好事先风险防范的企业,既无法及时应对,又缺乏后期保障,导致其直接面临灭顶之灾。那么,企业是否有对海外投资政治风险的高度警惕性和敏感性呢?

(一)政治风险比例较高

《中国企业全球化报告(2018)》显示了企业如何看待在东道国面临的风险(如图5.5所示)。在受调查企业中,15%的企业认为"法律风险"是中国企业在东道国面临的主要风险;26%的企业认为中国企业在东道国面临的主要风险是"政治动乱与战争"和"政策变动";另有20%的企业更关注东道国当地的"宏观经济风险"和东道国政府腐败对中国企业在当地开展经营活动造成的阻碍;还有24%的企业将文化风险、劳动力纠纷、安全审查或政治阻挠亦纳入考量范围。② 由此可见,法律风险和政治风险是中国企业在东道国面临的两大风险诱因。

如图5.5所示,26%的受调查中国企业认为其在东道国面临的主要风险包括政治动乱与战争、合同方不守约以及被当地政府资产国有化,这几类风险属于"中信保"可承保的险别;另有54%的受调

---

① 张明、王碧珺等:《中国海外投资国家风险评级报告(2019)》,中国社会科学出版社2019年版,第56页。

② 参见王辉耀、苗绿主编,全球化智库(CCG)、西南财经大学发展研究院编:《中国企业全球化报告(2018)》,社会科学文献出版社2019年版,第81—106页。

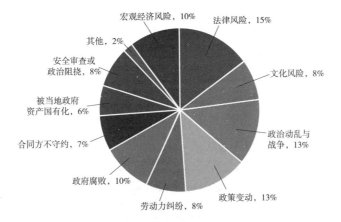

图 5.5 《中国企业全球化报告(2018)》中的中国海外投资
企业遇到的主要风险构成

查中国企业认为,其在东道国面临的主要风险是政府腐败、文化风险、法律风险、政策变动、安全审查或政治阻挠,这些风险虽然未直接体现在"中信保"可承保政治风险险别名单中,但是上述风险亦极有可能触发如合同方不守约、被当地政府资产国有化等政治风险。如此看来,其实 80%的受调查企业所遭遇的东道国风险直接或间接地均可被"中信保"海外投资保险承保。① 那么在实践中,中国企业又是否选择了以向"中信保"投保来降低和规避东道国的风险给投资者带来的影响呢?

(二)"中信保"并非中国企业首选的风险保障工具

《中国企业全球化报告(2018)》显示,仅有 9%的受调查企业选择购买"中信保"海外投资保险作为应对风险的措施。选择事先聘用第三方专业公司评估海外风险的企业仅占 7%。绝大多数企业仍是选择依靠自身来应对风险,占比约 58%,其采取的措施分别是:10%的企业通过"在当地履行企业社会责任"与当地社会、民众增加

---

① 参见王辉耀、苗绿主编,全球化智库(CCG)、西南财经大学发展研究院编:《中国企业全球化报告(2018)》,社会科学文献出版社 2019 年版,第 81—106 页。

信赖关系,以规避潜在风险;9%的企业表示通过"与东道国当地企业合资合作"可以起到降低投资风险的效果;6%的企业认为"短期投资或分阶段投资"是规避风险的好办法;9%的企业选择"加强自卫能力及安保措施";3%的企业选择"分散资产在不同的区域和国家";18%的企业采取"加强与中国使馆、驻外商业机构、华人组织等联系"的方式来应对突如其来的投资风险;3%的企业选择"寻求国际组织的帮助"(如图5.6所示)。①

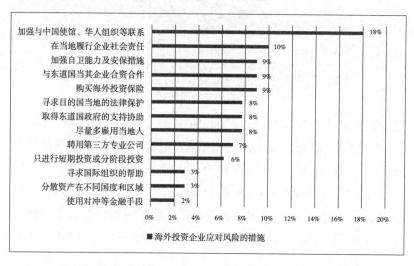

图 5.6 《中国企业全球化报告(2018)》中的中国海外投资企业应对风险的措施

综合图 5.5 和图 5.6 的信息,虽然 80%的受调查企业认为东道国风险可以被"中信保"海外投资保险承保,但仅有 9%的企业选择了"中信保"。② 换言之,《中国企业全球化报告(2018)》显示,中国企业对"中信保"的信任度和依赖度不高。即使中国企业在海外投资实践中多数遭受过政治风险的侵害,但是只有少数选择在"中信保"投保。针对"中信保"海外投资保险政策与服务满意度的调查显

---

① 参见王辉耀、苗绿主编,全球化智库(CCG)、西南财经大学发展研究院编:《中国企业全球化报告(2018)》,社会科学文献出版社 2019 年版,第 81—106 页。
② 参见王辉耀、苗绿主编,全球化智库(CCG)、西南财经大学发展研究院编:《中国企业全球化报告(2018)》,社会科学文献出版社 2019 年版,第 81—106 页。

示(图5.7),仅有8%的企业表示满意,54%的企业表示比较满意,还有38%的企业表示不满意。①

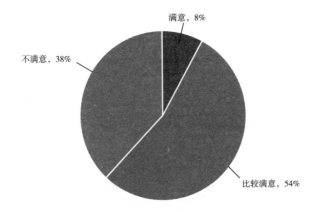

图5.7 《中国企业全球化报告(2018)》中的中国海外投资企业对"中信保"海外投资保险政策与服务的满意度

第二节 "中信保"承保"一带一路"沿线国家投资的各类政治风险定性分析

前已述及,对"中信保"承保"一带一路"沿线国家投资的各类政治风险定性分析要解决的问题是:中国企业在"一带一路"沿线国家投资遭遇的政治风险究竟有哪些? 它的判断标准又是什么?

政治风险是中国企业在"一带一路"沿线国家投资过程中遇到的最大、最无法预期的风险,亦是最难把握的风险。它包含的风险类型有很多种,并且不是一成不变的,随着时代的更迭,一些曾经并未被考虑的风险亦逐渐呈现出"政治性"的特点。在21世纪,政治风险可以分为传统政治风险与非传统政治风险。

---

① 参见王辉耀、苗绿主编,全球化智库(CCG)、西南财经大学发展研究院编:《中国企业全球化报告(2018)》,社会科学文献出版社2019年版,第81—106页。

一、"中信保"承保"一带一路"沿线国家投资的传统政治风险定性

传统政治风险是指由于东道国国内的政治环境或政策出现变化而造成跨国公司损失的风险。[①] 结合"中信保"北京总公司以及地方分公司公布的承保项目名单(详见表5.6),"中信保"承保的"一带一路"沿线国家投资的传统政治风险有征收、汇兑限制、战争和暴乱、违约等。

(一)"中信保"承保项目主要地缘分布区域

表5.6 "中信保"承保项目示例

承保项目名称	项目所在东道国	承保种类	承保风险
柬埔寨制糖产业园项目	柬埔寨(东南亚)	海外投资(股权)保险	征收、汇兑限制、战争和暴乱、营业中断和违约等
柬埔寨西哈努克港经济特区项目	柬埔寨(东南亚)	海外投资(债权)保险	征收、汇兑限制、战争和暴乱、违约
2×600MW 燃煤电厂BOT项目	越南(东南亚)	海外投资(股权)保险和海外投资(债权)保险	战争和暴乱、征收、汇兑限制和违约
广东E公司投资俄罗斯电信E公司	俄罗斯(欧洲)	海外投资(股权)保险	汇兑限制、征收、战争、违约、经营中断
广东投资印度尼西亚油气勘探与开发石油公司	印度尼西亚(东南亚)	海外投资(股权)保险	汇兑限制、征收、战争、违约、经营中断
柬埔寨桑河二级水电站项目	柬埔寨(东南亚)	海外投资(债权)保险	征收、汇兑限制、战争和暴乱、违约

---

① 参见黄河:《中国企业跨国经营的政治风险:基于案例与对策的分析》,载《国际展望》2014年第3期,第77—78页。

(续表)

承保项目名称	项目所在东道国	承保种类	承保风险
柬埔寨金边—菩萨—马德望输变电项目	柬埔寨（东南亚）	海外投资（股权）保险	征收、汇兑限制、战争和暴乱、违约
柬埔寨斯登沃代水电站项目	柬埔寨（东南亚）	海外投资（股权）保险	征收、汇兑限制、战争和暴乱、违约
缅甸瑞丽江水电站项目	缅甸（东南亚）	海外投资（股权）保险和海外投资（债权）保险	征收、汇兑限制、战争和暴乱、违约
老挝万象国际商业项目	老挝（东南亚）	海外投资（债权）保险	征收、汇兑限制、战争和暴乱、违约
玻利维亚扬帆矿业项目	玻利维亚（南美）	海外投资（股权）保险和海外投资（债权）保险	征收、汇兑限制、战争和暴乱、违约
老挝万荣水泥厂项目	老挝（东南亚）	海外投资（债权）保险	征收、汇兑限制、战争和暴乱、违约
马耳他发电公司股权收购项目	马耳他（欧洲）	海外投资（股权）保险	征收、汇兑限制、战争和暴乱、违约
加蓬林业项目	加蓬（中非）	海外投资（股权）保险和海外投资（债权）保险	征收、汇兑限制、战争和暴乱、违约
毛里塔尼亚远洋渔业基地投资项目	毛里塔尼亚（北非）	海外投资（股权）保险和海外投资（债权）保险	征收、汇兑限制、战争和暴乱、违约
印度尼西亚棕榈园种植项目	印度尼西亚（东南亚）	海外投资（股权）保险和海外投资（债权）保险	征收、汇兑限制、战争和暴乱、违约
马来西亚关丹产业园钢铁厂项目	马来西亚（东南亚）	海外投资（债权）保险	征收、汇兑限制、战争和暴乱、违约
圭亚那铝矾土海外投资项目	圭亚那（南美）	海外投资（债权）保险	征收、汇兑限制、战争和暴乱、违约

(续表)

承保项目名称	项目所在东道国	承保种类	承保风险
中亚天然气管道项目	哈萨克斯坦、土库曼斯坦、乌兹别克斯坦(中亚)	海外投资(债权)保险	征收、汇兑限制、战争和暴乱、违约
巴西圣保罗圣诺伦索供水系统项目	巴西(南美)	海外投资(股权)保险	征收、汇兑限制、战争和暴乱、违约

从表5.6所示可知,"中信保"主要承保类型是海外投资(股权)保险和海外投资(债权)保险[1],涵盖由征收、汇兑限制、战争和暴乱、违约等政治风险造成的经济损失。其中,违约包括东道国政府非法或不合理地取消、违反、不履行或者拒绝承认其出具、签订的与投资相关的特定担保、保证或特许权协议等。上述政治风险亦在"中信保"发布的《海外投资保险简介及操作流程》中得到了印证。"中信保"的这份官方文件虽然并未直接提及恐怖主义风险这一险别,但其并未忽视这一险别,而是涵盖在战争和暴乱险中予以承保。

(二)"中信保"应当承保项目的地缘分布

"中信保"承保项目的地缘分布主要集中于东南亚地区,其次是南亚、中非等地区,这亦与《中国企业全球化报告(2018)》中的结论相互印证。那么上述"中信保"的承保区域缘何呈此种分布态势? 具体分析如下:

1. 东南亚地区的风险较高

东南亚地区是中国企业投资的主要目的地。从地理位置来

---

[1] 海外投资(股权)保险是"中信保"为鼓励中国企业的对外投资而提供的、承担投资项下股东权益损失的保险产品;海外投资(债权)保险是"中信保"为鼓励中国企业为其海外投资项目提供股东贷款、金融机构为中国企业海外投资项目提供贷款,以及"中信保"认可的其他投融资形式,向企业或金融机构提供的、承担其债权损失的保险产品。参见《海外投资保险简介》,载中国出口信用保险公司(http://www.sinosure.com.cn/ywjs/xmxcp/hwtzbx/hwtz_gq_bx/index.shtml),访问日期:2020年2月3日。

看,东南亚地区陆海兼备,拥有海上丝绸之路的多个节点。但东南亚国家基础设施普遍落后,如铁路设施陈旧,运行中事故频发。更值得关注的是这一地区存在的政治风险,表现在以下两个方面:

首先,政局不稳,项目面临被征收或搁浅的风险。例如缅甸密松水电站的失败,原因在于:一是缅甸当地军方与民选政府的关系微妙,相互妥协;二是少数民族武装势力与中央政府的利益冲突,导致当地政府迫于各大势力团体的压力叫停中国投资项目。东南亚国家国内政局的不稳定是政府违约风险发生的最直接诱因。

其次,恐怖主义、暴乱风险亦不可小觑。例如,印度尼西亚、马来西亚及泰国的恐怖主义一直十分猖獗。印度尼西亚一直存在组织严密的宗教极端主义和恐怖主义分子,当地媒体对中国投资曾冠以"新殖民主义""中国式经济霸权"等负面评价①,这为当地极端恐怖分子袭击中国企业提供了借口。

2. 西亚地区的风险亦较高

首先,西亚地区是能源投资的必争之地。西亚地区能源、矿产资源丰富。2019年,石油探明可采储量前五强依然由委内瑞拉、沙特、加拿大、伊朗和伊拉克牢牢占据,总储量为1422.4亿吨,占全球储量的61.7%,真正主导着世界石油开发的基本格局。其中,前五强中沙特、伊朗、伊拉克均位于西亚地区,总占比达33.7%。②

其次,丰富的能源亦导致西亚地区政治持续动荡。西亚地区长期存在错综复杂的宗教和民族矛盾。国家政权不稳,极易引发政策环境恶化、不确定性增加,增加东道国违约的风险。此外,西亚部分地区恐怖袭击和冲突不断,亦致使中国在该地区投资需要抵御的政治风险有加无瘳。根据世界银行于2019年发布的"世界治理指

---

① See Andrew Edwards, Fabian Steininger, and Andrea Giorgio Tosato, "The Era of Chinese Global Hegemony: Denaturalizing Money in the Early Modern World," L' Atelier du Centre de recherches historiques: https://journals.openedition.org/acrh/8076? lang=en#quotation. Last visited:2020-5-13.

② 参见《全球还有多少石油可开采?2019最新权威数据出炉了》,载腾讯网(https://new.qq.com/omn/20200104/20200104A0IYFL00.html),访问日期:2021年12月29日。

数",按照其中的"政治稳定与无暴力程度"指标①,伊朗、伊拉克、沙特阿拉伯等国面临着战争、恐怖主义或基于政治动机的暴力事件等较高的风险。②

3. 非洲地区的风险不容忽视

非洲地区国家的政治风险主要包括恐怖主义、武装冲突引起的风险以及政府违约风险。"北非大变局"之后,埃及、利比亚等多国政局不稳,特别是利比亚卡扎菲政权倒台后无政府状态加剧,有沦为"第二个索马里"之危险,大量武器外流直接助长非洲分离主义和恐怖主义势力。中国在非洲的投资不得不面对该地区已沦为国际恐怖活动"新中心"的严峻事实。虽然近年来该地区的安全形势有所改善,但是对恐怖分子的集中军事打击尚不能完全遏制恐怖袭击活动,恐怖袭击化整为零,仍威胁着当地外资企业,加之本土的激进势力和外部的暴恐势力,该地区的恐怖主义、暴乱风险仍是最大风险。例如,2011年2月,利比亚硝烟弥漫,愈演愈烈的武装冲突致使在其境内的本国国民和他国国民苦不堪言。中国的国有企业在利比亚亦遭遇了重大损失。受损害的企业或个人不在少数,动荡的局势和人员的撤离使多家国有企业在利比亚的项目被迫暂停,这些投资主要集中在基建、电信领域。中国铁建股份有限公司、中国葛洲坝集团股份有限公司、中国冶金科工集团有限公司、中国建筑集团有限公司四家大型上市国有企业公告显示,四家公司被迫停工的合同总金额达上百亿元。③ 只有极少部分在利比亚投资的项目向"中信保"申请了风险保障,其中13家受损失国有企业的投保率仅为

---

① "政治稳定与无暴力程度"指标的衡量数值区间从0到100,分值越低就表明一个国家越有可能出现政治动荡或者是基于政治动机的暴力事件。

② See "Worldwide Governance Indicators 2019," WGI: https://info.worldbank.org/governance/wgi/. Last visited:2020-5-13.

③ 参见王淑敏:《恶债在国际法中的沉淀与反思——以中国的海外投资风险为视阈》,载《政法论坛》2012年第1期,第88—89页。

5.68%①,这意味着有很大一部分企业在利比亚动乱中惨遭巨额损失而无处索赔。

4. 美欧等发达国家的风险亦显而易见

"中信保"的承保区域已突破发展中国家的界限,有两个原因:一是美欧国家的恐怖主义风险态势并不乐观;二是美欧国家日趋严格的国家安全审查制度产生了政治风险的效果。自2017年美国特朗普政府执政以来,在"美国优先"的理念下,美国公然抛弃相互尊重、平等协商等国际交往基本准则,实行单边主义、保护主义和经济霸权主义,对许多国家和地区特别是中国提出一系列不实指责,并借此不断严格国家安全审查制度,打压中国在美国的投资活动。加之2020年10月11日全面施行的《欧盟外国直接投资安全审查条例》②,美欧发达国家的风险愈发明显。

5. 东北亚将成为新的重点投资区域

受新冠肺炎疫情影响,全球产业链发生了"东移"。根本原因在于:全球笼罩在新冠肺炎疫情的阴影下,东北亚地区(包括中国)较欧美恢复快。主要表现在以下四个方面③:一是高端产业"东移"。疫情过后,东北亚地区恢复较快,包括云计算、机器人、大数据、智能制造、新材料等高端产业将向东北亚聚集。二是技术资本东移。全球产业链向东北亚经济圈聚集,同时吸引全球领先的技术和大量国际资本入驻。三是高端服务业东移。疫情下,对高端消费品、高端医疗的需求率先在东北亚地区复苏。四是高端人才东移。全球产业转移必然带来高端人才的东移,恢复经济的东北亚地区出于对高端人才和紧缺人才的需求,不吝出台补贴政策,而疫情也导致人员

---

① 参见《13家央企利比亚投保率5.68% 险企"走出去"仍乏力》,载中国经济网(http://finance.ce.cn/rolling/201106/20/t20110620_16592790.shtml),访问日期:2020年6月17日。
② See EU Foreign Investment Screening Mechanism Becomes Fully Operational, https://ec.europa.eu/commission/presscorner/detail/en/IP_20_1867. Last visited:2020-6-17.
③ 参见魏建国:《疫情后,全球供应链将发生"四个东移"》,载中国国际经济交流中心(http://www.cciee.org.cn/thinktank4en/detail.aspx? newsid=17720&tid=685),访问日期:2020年10月8日。

向相对安全的区域转移。

二、"中信保"尚未承保"一带一路"沿线国家投资遭遇的非传统政治风险的定性

非传统政治风险是与传统政治风险相对的概念,主要是指未被已有的征收险、禁兑险、战争和暴乱险、恐怖主义风险所包含的政治风险[1],典型的如国家安全审查、次级制裁以及超过必要限度的疫情管控行为带来的政治风险。

(一)国家安全审查是非传统政治风险

于中国投资者而言,国家安全审查是非传统政治风险。这一问题主要聚焦于以下四个方面:以"国家安全审查"为由的投资限制行为是海外投资面临的新型政治风险;中国企业是美国滥用国家安全审查的主要受害者之一;发展中国家对中国在当地投资审查范围日益扩大;国家安全审查行为本身属于外国投资者的准入风险。

1. 以"国家安全审查"为由的投资限制行为是海外投资面临的新型政治风险

首先,国家安全审查尤其针对以海外并购方式进行投资的行为。例如,2018年4月,澳大利亚宣布针对关键能源基础设施和优质农田领域的外国投资并购加大审查力度,赋予该国交易审查机构——澳大利亚外国投资审查委员会基于国家安全考量评估交易的新权限。当时的澳大利亚财政部长主张"将赋予澳大利亚外国投资审查委员会审查所有涉及能源资产出售交易的权限,以限制外国公司对澳大利亚输电网络的掌控"[2],他的这番言论意味着,今后所

---

[1] 参见黄河:《中国企业跨国经营的政治风险:基于案例与对策的分析》,载《国际展望》2014年第3期,第77—78页。
[2] 参见《澳大利亚政府将加大能源等领域外国投资审查力度》,载金融界(https://usstock.jrj.com.cn/2018/02/02003124048185.shtml),访问日期:2020年6月7日。

有向外国买家出售输配电资产和某些发电资产的申请,都将受到所有权方面的限制或其他条件的约束。

其次,美国的国家安全审查"剑指"中国投资者。美国前总统特朗普执政后,不断加大国家安全审查力度。2020年4月4日,特朗普签发第13913号行政命令,要求成立美国通信服务业外国参与审查委员会,并呼吁以"国家安全"为由对在美运营的中国电信企业实施更严格的审查①,从而进一步升级中美数字技术摩擦。特朗普政府一再泛化"国家安全"的定义,滥用国家力量,打压特定的中国企业。② 例如,2020年11月12日,特朗普政府发布行政命令禁止美国投资者对中国军方拥有或控制的企业进行投资。③

最后,欧盟亦逐步加大国家安全审查力度。值得关注的是2020年10月11日全面施行的《欧盟外国直接投资安全审查条例》。目前,已有14个成员国根据《欧盟外国直接投资安全审查条例》通过了各自的外商审查法规。④ 这些国家的立法,加之其他虽未立法,但统一适用《欧盟外国直接投资安全审查条例》的成员国的审查措施,给中国企业在欧盟的投资带来极大挑战。

2. 中国企业是美国滥用国家安全审查的主要受害者之一

2013—2015年,CFIUS共审查39个经济体的387起交易,被审查的中国企业投资交易共74起,占19%⑤,连续三年位居被审查数量国别榜首。中国企业海外并购遭遇美国"国家安全审查"的负面

---

① See Establishing the Committee for the Assessment of Foreign Participation in the United States Telecommunications Services Sector (Executive Order 13913 of April 4, 2020), Article 3.

② 参见张茉楠:《美国升级外资安全审查制度加剧中美脱钩》,载中美聚焦(http://cn.chinausfocus.com/m/41897.html),访问日期:2020年11月14日。

③ 参见《突发!特朗普政府公布行政命令:禁止美国投资者投资与中国军方有关联的企业》,载环球网(https://world.huanqiu.com/article/40g6tvBdupv),访问日期:2020年11月15日。

④ 这14个国家包括奥地利、丹麦、芬兰、法国、德国、匈牙利、意大利、拉脱维亚、立陶宛、荷兰、波兰、葡萄牙、罗马尼亚和西班牙。See Foreign Investment Screening: New European Framework to Enter into Force in April 2019, https://ec.europa.eu/commission/presscorner/detail/en/IP_19_1532. Last visited: 2020-11-15.

⑤ 参见2018年国务院新闻办公室公布的《关于中美经贸摩擦的事实与中方立场》白皮书。

影响包括并购前的否决和并购后的撤销。1990—2018年,共发生4起美国以中国企业威胁美国国家安全为由否决中国企业海外并购交易的案件(如表5.7所示)。① 这些案件属于并购前的否决情形。

表5.7 1990—2018年被美国否决的中资海外并购交易

年份	买方	投资并购项目	行业
1990	中国航空技术进出口公司	美国西雅图飞机零部件制造商MAMCO	制造
2012	三一重工关联企业美国罗尔斯公司	美国俄勒冈州风电场	能源
2016	福建宏芯投资基金	德国芯片设备制造商爱思强公司(美国分公司)	半导体
2017	峡谷桥1号基金	美国俄勒冈州莱迪思半导体公司	半导体

2005—2018年,因CFIUS审查而被撤销的部分中资海外并购交易如表5.8所示。② 这些交易属于并购后,即中国企业已在美国境内展开业务后被撤销。之所以并购后的撤销案件数量远远高于并购前的否决案件,是因为美国日益严格的"国家安全审查"主要是针对在美国市场已显现出与本土企业竞争优势的中国企业。

表5.8 2005—2018年因CFIUS审查而被撤销的部分中资海外并购交易

年份	买方	投资并购项目	行业
2005	中国海洋石油有限公司	美国优尼科公司	能源
2008	中国华为技术有限公司联合贝恩资本	美国电信设备制造商	通信
2009	中国西色国际投资有限公司	美国优金采矿公司	能源

---

① 参见2018年国务院新闻办公室公布的《关于中美经贸摩擦的事实与中方立场》白皮书。

② 参见2018年国务院新闻办公室公布的《关于中美经贸摩擦的事实与中方立场》白皮书。

(续表)

年份	买方	投资并购项目	行业
2010	中国唐山曹妃甸投资公司	美国安科光纤制造商	通信
2010	中国鞍山钢铁集团	美国钢铁发展公司	制造
2010	中国华为技术有限公司	美国服务器技术公司	通信
2016	中国金沙江创投财团	荷兰皇家飞利浦旗下 Lumileds 公司（含美国业务）	制造
2017	中国 TCL 集团	美国 Novatel Wireless 旗下 MIFI	通信
2017	中国四维图新联合腾讯新加坡政府投资基金	荷兰数字地图供应商 HERE（含美国业务）	地图
2017	中国海航集团	美国全球鹰娱乐有限公司	娱乐
2017	中国忠旺集团	美国爱励铝业	制造
2018	中国蚂蚁金服集团	美国速汇金公司	金融
2018	中国大北农科技集团	美国种猪销售公司	农业
2018	中国蓝色光标	美国大数据营销公司	互联网
2018	中国重型汽车集团	美国 UQM 科技股份有限公司	制造
2018	中国海航资本	美对冲基金公司天桥资本	金融

3. 发展中国家对华在当地投资审查范围日益扩大

受美国的影响，一些发展中国家对中国投资持怀疑态度，也加强了安全审查，这自然加大了中国企业在这些国家投资的风险。例如，华为技术有限公司在印度的投资遭遇过且此时依旧面临以"危害国家安全"为由的审查，经历着艰辛而曲折的对外投资之路。中国对印投资不仅在电信行业遭遇重重阻碍,基础设施领域也同样如此。① 深圳中集天达空港设备公司是中国国际海运集装箱股份有限公司(CIMC)的子公司,该公司在印度承担了许多桥梁建设项目,但是 2006 年 6 月,同样由于国家安全方面的原因,该公司未能拿到印度几家机场安装登机桥的合同。②

4. 国家安全审查行为本身属于外国投资者的准入风险

目前,准入前的国家安全审查不在海外投资保险承保范畴之列。尽管企业尚未成立,但是已经投入了物力、人力,基于东道国国家安全审查行为造成损失,如果不加以赔偿,对于企业而言是不公平的。如果要改变这一点,需要修改"中信保"的保单。

(二)次级制裁逐渐成为威胁中国海外投资企业的新型政治风险

对于中国海外投资企业而言,美国次级制裁就是悬在头顶的达摩克利斯之剑,使其时刻处于即使不在美国经营亦被制裁的危险境地。

1. 处于伊朗的中国海外投资企业最易遭遇次级制裁

2020 年,随着美伊冲突升级,美国再次加紧了对伊朗的经济制裁。③ 在伊朗投资的中国企业项目,即使属于中伊双边正常商业往来,仍然面临来自美国的次级制裁风险。制裁的影响不限于能源产业,提供公共产品服务的基础设施项目亦不能幸免。随着"一带一路"倡议的推行,中国已经在伊朗全境参与建设了轻轨、高速公路、地铁、水坝、桥梁和隧道等项目。但在美国看来,这些项目变相

---

① 参见邢政君、陈波:《印度外国投资国家安全审查制度及其影响》,载《亚太经济》2019 第 4 期,第 77 页。
② 参见邢政君、陈波:《印度外国投资国家安全审查制度及其影响》,载《亚太经济》2019 第 4 期,第 77 页。
③ See Pan Yuanyuan, "The Looming Threat of Sanctions for Chinese Companies in Iran," The Diplomat: https://thediplomat.com/2020/02/the-looming-threat-of-sanctions-for-chinese-companies-in-iran/. Last visited: 2020-11-11.

地资助了伊朗,减弱了美国对伊朗直接制裁的效果,等于间接威胁了美国国家安全。

2. 美国次级制裁具有政治风险的特征

从表面上看,被制裁的中资企业面临一系列商业损失:一是资产和账户被冻结;二是在制裁下无法使用美元结算,企业难以维持运营;三是受制裁的资产无法处置;四是受制裁的公司负债可能由母公司担保。但透过现象看本质,美国次级制裁具有政治风险的特征,表现在:其一,无论是资产被冻结,还是无法使用美元结算,与征收和禁兑的效应几乎同出一辙;其二,次级制裁以"国家安全"为理由,显然具有"政治性";其三,次级制裁往往导致投资无疾而终。总之,"次级制裁"是中国企业面临的新政治风险,但目前亦不在海外投资保险承保范畴之列,如果要改变这一点,需要修改"中信保"的保单。

(三)超过必要限度的疫情管控行为具备政治风险特征

2020年1月30日世界卫生组织将新冠肺炎疫情列为国际关注的突发公共卫生事件(Public Health Emergency of International Concern),并于2月28日将新冠肺炎疫情全球风险评估定为最高级。随着新冠肺炎疫情在全球的蔓延,很多国家都采取了限制或禁止来往疫区的人员、物资流通等临时边境措施,以及国内的防疫措施。那么这对中国的海外投资有何影响?又该如何定性因疫情引发的风险呢?

1. 增加了中国海外投资的政治风险

首先,东道国国内防疫措施过当引发间接征收风险。由于美国等国污蔑新冠病毒是"中国病毒"的不利影响,疫情严重的东道国对"国际关注的突发公共卫生事件"作出扩大化解释或曲解,采取的限制措施超过必要、合理的范围。世界卫生组织曾建议"没有理由采取非必要的对国际旅行和国际贸易加以介入的措施"①,但却被部分国家所曲解,并对来自中国的船舶和货物采取不同程度的入境管制和隔离措施,甚至中断交通、提高检验检疫等级等更为严格的管控措施。媒体的负面夸张渲染,直接引起投资东道国的恐慌,导致中国在其境内的投资项目,尤其是中国海外的矿业投资项目受阻。② 上述管控措施不仅导致海外投资隐性成本增加,而且使企业遭遇封锁和禁运,从而构成间接征收。

其次,疫情加重了武装抢劫、极端恐怖主义等政治风险。多个国家疫情蔓延加剧了经济衰退的严重程度,极易激化矛盾,引发群体性排斥事件。受医疗水平限制,这些国家对新冠肺炎疫情的控制颇显无力,使得国内武装组织或其他政党借机发难,使原本就动荡的政治局势雪上加霜。

最后,新冠肺炎疫情加大了政府违约风险。一是新冠肺炎疫情引发金融危机导致政府违约。受新冠肺炎疫情影响,世界各国政府大多会增加抗疫支出,造成财政吃紧、政府债务水平升高,降低政府的付款能力,诱发政府违约。如果新冠肺炎疫情发展不受控制,依然有可能触发新一轮的债务危机。对于新兴市场,其经济基础相对脆弱,国家的融资能力有限,应对新冠肺炎疫情冲击的能力不足,政府债务问题可能更加突出,政府违约现象恐更加明显。二是新冠肺炎疫情导致政府的意识形态或政治倾向发生变化,增加了政府违约行为发生的可能性。具有民族主义色彩或左翼色彩的政府,通常对外国企业在本国的投资活动采取相对谨慎、保守的态度,从而使外国企业面临准入限制和不公平竞争等挑战。目前国际关系在疫情蔓延的背景下变得更加复杂,民粹主义有抬头趋势,部分政客或将

---

① "WHO Director-General's Statement on IHR Emergency Committee on Novel Coronavirus (2019-nCov)," World Health Organization: https://www.who.int/director-general/speeches/detail/who-director-general-s-statement-on-ihr-emergency-committee-on-novel-coronavirus-(2019-ncov). Last visited: 2020-11-11.

② 参见张福良、常泽光:《挑战与机遇并存! 新冠肺炎疫情对我国矿产勘查的影响浅析》,载中国智库网(https://www.chinathinktanks.org.cn/content/detail/id/c3gyfq38),访问日期:2020年9月28日。

矛盾引向外国资本,在这种情况下,政府违约事件会相应增加。

总而言之,过分的约束和限制行为是"应当被承保"的政治风险。从上述可知,东道国的新冠肺炎疫情管控措施已经对中国企业的海外投资项目造成了影响,虽暂无具体索赔案例,但是若任其继续发酵,中国海外投资企业面临的不仅是投资项目被迫中断的风险,甚至可能是灭顶之灾。此政治风险因其偶发性、非传统性,尚未被海外投资保险所覆盖,但我们不可否认其"政治性"特征。超过必要限度的疫情管控行为属于政府行为,亦难以获得商业风险的承保,使得海外投资在面临此种风险时处于无保可寻的窘境。

2. 新冠肺炎疫情中东道国过分的约束和限制行为属于对公共政策的滥用

新冠肺炎疫情发生之初,一些国家以所谓卫生紧急情况为由对中国的海外投资活动进行过分的约束与限制属于对公共政策的滥用。公共政策通常被比喻成"一匹脱缰的马"[1],其难以驾驭程度可见一斑。正如英国大法官凯奇威奇法官在"戴维斯诉戴维斯案"(Davies v. Davies)判决书中曾写的那样:"公共政策既难以定义,同时又不容易被解释。它的数量和内容是多变的,常伴随公众的习惯、能力和机遇的变化而变化。"[2]虽然"公共政策"的概念难以界定,但并不妨碍国际法和各国国内法将维护一国"公共政策"视为基石。[3] 然而,新冠肺炎疫情之后,部分国家对中国在其国内的投资实施了超过必要限度的约束行为,这些行为的目的并不是维护其国内的公共秩序,而是为了干涉中国企业正常的投资活动。

三、传统政治风险与非传统政治风险的关联性

传统政治风险与非传统政治风险并不是互相孤立存在的,二者

---

[1] Richardson v. Mellish (1824), 2 Bing. 229 at 252.
[2] Davies v. Davies (1887), L. R. 36 C. D. 364.
[3] See Zena Prodromou, *The Public Order Exception in International Trade, Investment, Human Rights and Commercial Disputes*, Wolters Kluwer, 2020, pp. 7-10.

之间存在必然的关联性。其关联性表现在以下三个方面：

首先，二者的共同点在于行为的"政治性"。无论是传统政治风险还是非传统政治风险，导致其产生的行为均是出于"政治性"目的，即指完全或部分由政府部门和官员行使权力的行为而产生的不确定性，包括作为和不作为。

其次，二者的差异性在于行为发生的时间不同。在传统政治风险中，征收，恐怖主义、战争和暴乱，禁兑，东道国政府违约，延迟支付等风险均发生于企业准入后，而关于非传统政治风险，包括国家安全审查、次级制裁和超过必要限度的疫情管控风险，它们既可以发生于准入前，又可以发生于准入后，前者的风险尚无险别可以覆盖。

最后，二者在一定情况下可以相互转化。准入后的非传统政治风险可能转化为征收、政府违约和禁兑等传统政治风险。

四、MIGA 给予中国企业在"一带一路"沿线国家投资的政治风险救济

MIGA 关于中国企业在"一带一路"沿线国家投资的作用体现在三个方面：一是 MIGA 的地位决定了"一带一路"沿线国家是其重点承保投资的目的国；二是中国作为 MIGA 的成员国，是 MIGA 可承保的投资来源国；三是 MIGA 和"中信保"一直致力于加强彼此间的合作。

(一) 中国是 MIGA 可承保的海外投资项目来源国

中国是 MIGA 创始会员国，并长期担任理事国。中国在 MIGA 认缴的股份在所有成员国中位居第六，仅次于美国、日本、德国、法国、英国五个发达国家。中国加入 MIGA 并与之合作具有双重意义：一方面中国必须承认 MIGA 的代位求偿权，接受该机制对中国的制约；另一方面，中国亦可以利用 MIGA 机制，在一定程度上实现稳定自身投资环境，吸引外国投资和保护本国海外投资利益的根本

目的。

首先,MIGA审核承保的条件与"中信保"相似,均要求投资项目有利于东道国的发展,符合东道国的法律。早在2001年,MIGA前执行副总裁井川纪道就明确表示:"如果中国投资者要去国外投资而选择向MIGA申请投保,我们首先要看这一投资项目是否能运作下去,否则我们提供担保后亦会带来问题;我们要看东道国的国家法律框架是否能够保护外国投资者。对这些情况彻底了解后,我们才能决定是否接受这个申请。"[①]其次,MIGA是对"中信保"海外投资保险的补充。"中信保"承保的被保险人是中国企业,且东道国与中国签有BIT,便于代位求偿权的行使。MIGA承保的被保险人是所有成员国的企业,分三种情形:一是三个以上的股东国内都未设立海外投资保险公司;二是三个以上的股东没有多数收益所有人,不能在符合多数收益所有人的国内海外投资保险条件下承保;三是三个以上股东有一个多数收益所有人,但这个多数收益所有人的国内却没有承保机构。故此,MIGA遵照《汉城公约》承认代位求偿权的行使。

(二)MIGA承保的中国企业"一带一路"沿线海外投资项目较少的原因

截至2021年,MIGA承保的中国企业"一带一路"沿线海外投资项目十分有限,仅有7例(如表5.9所示),而且类别均属于海外投资(债权)保险,被保险人为中国境内的银行。MIGA与"中信保"海外投资保险承保企业的投资分布与"一带一路"沿线国家的投资分布相趋同。出于地理位置考虑,中国企业多倾向于到东南亚地区、非洲地区和西亚地区投资,然而这些地区的国家政治风险普遍偏高,因此在此区域投资的企业亦较多选择以投保海外投资保险的方式规避风险,与此同时,这些区域内的发展中国家亦是MIGA可承保

---

① 路阳:《担保有路——MIGA与PICC签订合作担保备忘录》,载《国际融资》2001年第2期,第6—9页。

项目的主要东道国。①

表 5.9 MIGA 承保项目示范

项目名称	时间	国家
肯尼亚道路(32号地块)项目	2020年10月	肯尼亚
泰国光纤电缆网络项目(第一期至第三期项目建设)	2017年11月(第一期) 2018年6月(第二期) 2019年4月(第三期)	缅甸
埃及阿斯旺省本班太阳能发电厂建设项目	2017年12月	埃及
高盛公司越南水电站项目	2017年12月	越南
Float玻璃制造工厂项目	2017年3月	尼日利亚
ACWA扎尔卡热电厂投资项目	2016年8月	约旦
肯尼亚重质燃料油工厂项目	2012年1月	肯尼亚

由此可见,MIGA 承保的中国海外投资项目有限。原因在于:一是 MIGA 承保中国海外投资的容量有限。考虑到各国间的平衡,MIGA 的承保容量是依据各成员国在 MIGA 中所占的股份分配的,中国仅拥有 MIGA 2.85%的股份,因此可获得的 MIGA 承保份额有限。二是 MIGA 本身对承保投资的审核严格。MIGA 以促进发展中国家的经济和降低风险为主要任务,因此对申请投保的项目在技术、环境、劳动力是否对东道国有利等方面有较高的要求,但是中国企业在这些方面尚未达到较高标准,这亦使得大部分中国企业对 MIGA 望而却步。三是 MIGA 的投保流程相较国内投资保险机构更为复杂。由于 MIGA 的官方语言非中文、机构所在地远离中国、申请费用较高等因素,使得在中国企业观念中,MIGA 远没有国内的"中信保"便捷。

基于 MIGA 拾遗补阙的作用,中国投资者在寻求 MIGA 承保的

---

① MIGA Projects: https://www.miga.org/projects?project_status=All&env_category=All&project_type=All&board_date%5Bmin%5D=&board_date%5Bmax%5D=&title=&investor_country%5B0%5D=357&investor_country%5B1%5D=402&project_id=&page=2. Last visited: 2021-12-4.

同时,应当注重利用"中信保"与MIGA的合作互补关系,寻求对投资的最佳保障。

(三) MIGA 与"中信保"之间的合作

MIGA与"中信保"的合作方式主要有两种:一是MIGA与"中信保"就同一个海外投资项目按照约定的比例联合承保,即共保。在这种方式下,一旦承保的投资项目产生损失,将由MIGA和"中信保"按照各自承保的比例共同分担损失赔偿责任,在这种情形下,"中信保"与MIGA都是保险人。二是"中信保"与MIGA以分保的形式进行合作。"中信保"将其承担的保险业务以承保形式部分转移给MIGA,进行再保险,反之亦然。在此情形下,先接受投保的机构作为被保险人,再向后一个保险机构进行投保,而后承保的机构是最终保险人。这一方式有利于分散"中信保"与MIGA单独承保的风险。

第三节 "中信保"承保"一带一路"沿线国家投资的各类政治风险定量分析

笔者结合前文所述政治风险定性分析结果,采取调研、统计等方式聚焦于"中信保"关于"一带一路"沿线国家政治风险保险的定量、"中信保"调研结果分析以及建模分析政治风险对中国对"一带一路"沿线国家投资的影响。

一、"中信保"关于"一带一路"沿线国家政治风险保险的定量

在调研和统计之前,有必要对"中信保"的资质予以阐述,揭示"中信保"于"一带一路"沿线国家政治风险防控中的地位。

(一)"中信保"的性质

1998年,国务院委托中国人民保险公司下属的财产保险有限公司开办海外投资保险业务。[①] 这一阶段的海外投资保险只是中国人民保险公司经营的众多保险业务的一部分,未被列为一个单独的险种。直至2001年,"中信保"成立后,原来由中国人民保险公司经营的海外投资保险业务移交给"中信保"负责承办。"中信保"的出现,使得海外投资保险作为一个单独的险种服务于对外投资。

首先,"中信保"是国有独资保险公司,按商业化方式运作,独立核算,保本经营。尤其值得注意的是,公司的业务主管部门是财政部,接受中国银行保险监督管理委员会(以下简称"银保监会")的监管。[②] 由此看来,"中信保"的法律地位是国有企业,以国家财政为其强有力的保障;同时又属于商业公司而非政府部门,方便海外投资企业的参与。

其次,"中信保"是国家政策性海外投资保险工具。"中信保"作为全球最大的官方海外投资保险承保机构,是中国唯一的国有政策性保险公司,其重要性多次在中央经济工作会议、国务院常务会议等政府工作会议及政府工作报告等文件中被提及,多方均强调海外投资企业应充分利用"中信保"助力中国企业"走出去",其因承保海外投资保险业务,被称为"政策中的政策"。

(二)"中信保"承保的风险和保险的种类

"中信保"承保的海外投资保险种类主要有海外投资(股权)保险和海外投资(债权)保险两类,承保的风险包括征收、汇兑限制、战争和暴乱和违约。两种保险区别在于:海外投资(股权)保险承保的是股权投资;而海外投资(债权)保险承保的则是债权投资。

[①] 参见曾华群、余劲松主编:《促进与保护我国海外投资的法制》,北京大学出版社2017年版,第23页。

[②] 《中国出口信用保险公司章程》第6条。

1. "中信保"承保的风险

"中信保"为投资者及金融机构因投资东道国发生的征收、汇兑限制、战争和暴乱、违约等政治风险造成的直接经济损失提供风险保障,承保业务的保险期限不超过20年。[①] 具体如表5.10所示:

表 5.10 "中信保"承保的风险

承保风险	征收	东道国采取国有化、没收、征用等方式,剥夺投资项目的所有权和经营权,或投资项目资金、资产的使用权和控制权
	汇兑限制	东道国阻碍、限制投资者换汇自由,或抬高换汇成本,以及阻止货币汇出该国
	战争和暴乱	东道国发生革命、骚乱、政变、内战、叛乱、恐怖活动以及其他类似战争的行为,导致投资企业资产损失或永久无法经营
	违约	东道国政府或经保险人认可的其他主体违反或不履行与投资项目有关的协议,且拒绝赔偿
损失赔偿比例		赔偿比例最高不超过95%

2. "中信保"海外投资保险的种类

下文将对"中信保"海外投资保险的海外投资(股权)保险和海外投资(债权)保险加以详细解释。

(1) 海外投资(股权)保险

海外投资(股权)保险是"中信保"为鼓励中国企业的对外投资而提供的、承担投资项下股东权益损失的保险产品(见图5.8)。

前述表5.6中的巴西圣保罗圣诺伦索供水系统项目就是"中信保"承保的典型的海外投资(股权)保险:中国葛洲坝集团海外投资有限公司通过其巴西子公司收购了巴西卡马戈·科雷亚集团和安德雷德·古铁雷斯集团持有的圣保罗圣诺伦索供水系统公司100%的股权,并取得了与巴西圣保罗圣诺伦索供水项目相关的特许经营权。该

[①] 参见《海外投资保险简介》,载中国出口信用保险公司(http://www.sinosure.com.cn/ywjs/xmxcp/hwtzbx/hwtz_gq_bx/index.shtml),访问日期:2020年2月3日。

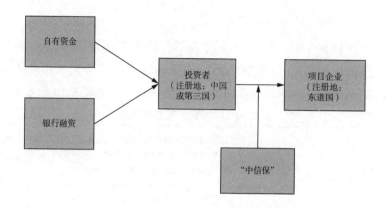

图 5.8　海外投资(股权)保险关系图

项目总投资金额为 29.7 亿雷亚尔(折合约 10.1 亿美元),建成后将有效缓解巴西圣保罗地区供水严重短缺的状况。为规避来自南美的政治风险,中国葛洲坝集团海外投资有限公司向"中信保"申请海外投资(股权)保险,由"中信保"为该项目承保汇兑限制、征收、战争和暴乱、违约风险,最高承保金额 2.1 亿美元。①

(2)海外投资(债权)保险

海外投资(债权)保险是"中信保"为鼓励中国企业为其海外投资项目提供股东贷款、金融机构为中国企业海外投资项目提供贷款,以及"中信保"认可的其他投融资形式向企业或金融机构提供的、承担其债权损失的保险险种(见图 5.9 和图 5.10)。

表 5.6 中的毛里塔尼亚远洋渔业基地投资项目②,"中信保"既为其承保了海外投资(股权)保险,又为其承保了海外投资(债权)保险。该项目是我国远洋渔业龙头企业——宏东渔业股份有限公司(以下简称"宏东渔业")自 2013 年起在海外投资保险项下开展的非

---

① 参见《中国出口信用保险公司 2018 年度报告》,载中国出口信用保险公司(http://www.sinosure.com.cn/images/xwzx/ndbd/2019/08/27/57A3F560967E4067210EB4BAA2AD33D6.pdf),访问日期:2020 年 2 月 10 日。

② 参见《中非渔业合作:有信保,更远行》,载广东省商务厅走出去公众服务平台(http://go.gdcom.gov.cn/article.php?typeid=38&contentId=13431),访问日期:2020 年 2 月 20 日。

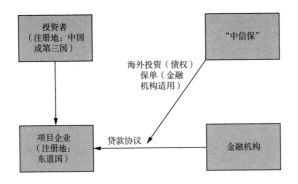

图 5.9　海外投资(债权)保险(金融机构适用)各方合同关系

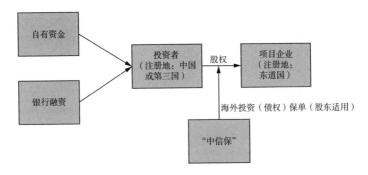

图 5.10　海外投资(债权)保险(股东适用)各方合同关系

洲毛里塔尼亚远洋渔业基地投资项目,总投资约 1 亿美元,项目建设期限共 6 年(2011—2017 年)。① 因为毛里塔尼亚既是最不发达国家之一,又是非洲外债负担最为沉重的国家之一,2013 年宏东渔业采纳"中信保"福建分公司的建议,主动投保了"中信保"海外投资(股权)保险,保险金额为 3500 万美元。② 为进一步扩大该项目产能及完善相应生产配套设施,2016 年,宏东渔业向中国进出口银行福建省分行贷款 4 亿元人民币或等值外币,用于渔业基地项目(二

---

① 参见《中非渔业合作:有信保,更远行》,载广东省商务厅走出去公众服务平台(http://go.gdcom.gov.cn/article.php?typeid=38&contentId=13431),访问日期:2020 年 2 月 20 日。

② 参见《中非渔业合作:有信保,更远行》,载广东省商务厅走出去公众服务平台(http://go.gdcom.gov.cn/article.php?typeid=38&contentId=13431),访问日期:2020 年 2 月 20 日。

期)的进一步建设。① 在一期顺利合作的基础上,为了支持宏东渔业,帮助其解决投资资金需求,"中信保"福建分公司为该二期项目提供了海外投资(债权)保险,全面覆盖了企业在非洲地区的投资风险,保险金额 6000 万美元。②

海外投资(债权)保险出现的主要原因是解决中国企业在"一带一路"沿线国家投资的资金需求。一般情形下,境内外的金融机构在承接海外项目融资的时候,"中信保"是否愿意承保是至关重要的。一旦项目出现政治风险导致东道国无法兑付,"中信保"赔付被保险人——境内外的金融机构。

3. 海外投资(股权)保险与海外投资(债权)保险比较

首先,二者承保的政治风险相同,所承保的政治风险均包含以下四种:征收、汇兑限制、战争和暴乱以及违约。

其次,二者的被保险人不同。海外投资(股权)保险的被保险人是项目投资者;海外投资(债权)保险的被保险人是项目投资者或境内外的金融机构。

最后,二者的保险标的不同。海外投资(股权)保险的标的是股权;海外投资(债权)保险的标的是贷款项下的本金和利息或金融机构贷款项下的本金和利息。

4. 海外投资(债权)保险与担保业务的区别

海外投资(债权)保险与担保业务是"中信保"推出的两个完全不同的产品。二者的区别是:首先,合同标的不同。前者属于债权,后者属于担保。前者的主体是保险人和投保人,后者的主体是担保人和被担保人(债务人)。其次,合同目的不同。前者是为了减轻投资者在海外因东道国政治风险而遭遇的损失;后者则是为了使投资者可以实现海外融资。因此后者的受益人并不是投资者,而是

---

① 参见《中非渔业合作:有信保,更远行》,载广东省商务厅走出去公众服务平台(http://go.gdcom.gov.cn/article.php? typeid=38&contentId=13431),访问日期:2020 年 2 月 20 日。

② 参见《中非渔业合作:有信保,更远行》,载广东省商务厅走出去公众服务平台(http://go.gdcom.gov.cn/article.php? typeid=38&contentId=13431),访问日期:2020 年 2 月 20 日。

债权人,即境外银行。

二、"中信保"调研结果分析

通过对"中信保"北京总公司和大连"中信保"分公司的调研结果进行分析,对未来的海外投资保险发展趋势进行预测,为中国企业应对政治风险提供参考路径。

(一)调研目的及方法

收集中国企业在"一带一路"沿线国家投资的各类政治风险定性和定量分析数据;掌握中国在"一带一路"沿线投资主要目的国的风险等级;分析 MIGA 与"中信保"承保的险别实证;研究中国企业在"一带一路"沿线国家的投资保险纠纷。

调研采取实地调查与访谈调查的方法;前往"中信保"北京总公司和大连分公司实地考察,与"中信保"理赔追偿业务部以及国别风险研究部的业务人员进行访谈。

(二)调研统计结果

统计是指通过对研究对象的规模、速度、范围、程度等数量关系的分析研究,认识和揭示事物间的相互关系、变化规律和发展趋势,借以达到对事物的正确解释和预测的一种研究方法。下文主要对调研过程中获取的与海外投资面临政治风险这一现象有关的数据进行收集、整理、计算、分析、解释、表述等。与前文提及的《中国企业全球化报告(2018)》相比,"中信保"的调查更具针对性,调研对象是已经由"中信保"承保海外投资保险的企业或有意向的企业。下文分别对"中信保"海外投资保险市场发展、"中信保"承保项目的区域分布、"中信保"新承保项目的规模和行业分布、"中信保"海外投资保险主要承保风险的赔付,以及中国企业投保"中信保"海外投资保险的分析加以阐述。

1. "中信保"海外投资保险市场发展

首先,中国海外投资保险的发展呈整体上涨趋势。2018年,中国对外投资与上年基本持平,但是海外投资保险金额却大幅上涨。2018年"中信保"的海外投资保险项目共有663个,承保总额581.3亿美元,与2017年同期相比增长了18.9%,其中新投保项目188个,涉及承保金额148.3亿美元,增幅高达78%。2014年至2018年中国海外投资保险承保金额变化如图5.11所示。① 观察"中信保"提供的中国海外投资保险数据可以发现:一方面,中国海外投资保险市场是逐渐向上发展的。自2014年起,"中信保"的海外投资保险金额逐年递增,即使在2017年中国非金融类对外直接投资较2016年大幅下跌的情况下,海外投资保险亦呈逆增长态势,大幅上升至72.9%。② 这说明中国投资者对海外投资风险的认识更为明确,风险认知水平有所提高。

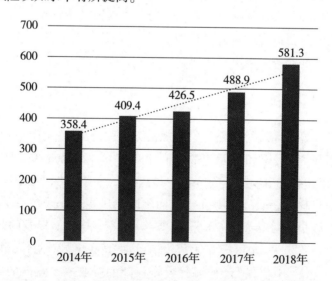

图5.11　2014—2018年中国海外投资保险承保金额(亿美元)

---

① 参见中国出口信用保险公司编著:《国家风险分析报告2019:全球投资风险分析、行业风险分析和企业破产风险分析》,中国金融出版社2019年版,第63页。
② 参见中国出口信用保险公司编著:《国家风险分析报告2019:全球投资风险分析、行业风险分析和企业破产风险分析》,中国金融出版社2019年版,第62页。

其次,中国海外投资保险的发展速度远不及短期出口贸易保险的发展速度。2014年"中信保"承保的短期出口信用保险就已超3000万美元,2018年更是接近5000万美元。① 相比之下,海外投资保险的发展就显得有些微不足道了,虽有增长,但速度不及贸易保险。

2."中信保"承保项目的区域分布

从图5.12可知,"中信保"在亚洲区域的承保项目占比最大。并且,2018年"中信保"新承保的188个海外投资保险项目分布在全球51个国家和地区,其中亚洲就有90个新项目,占比将近50%。② 这亦与前文所述亚洲是中国海外投资的主要区域相印证。

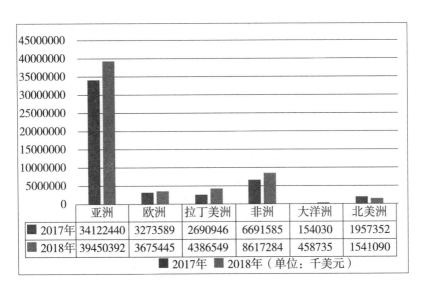

图5.12　2017—2018年"中信保"海外投资保险分洲别承保额

---

① 参见中国出口信用保险公司编著:《国家风险分析报告2019:全球投资风险分析、行业风险分析和企业破产风险分析》,中国金融出版社2019年版,第56页。

② 参见中国出口信用保险公司编著:《国家风险分析报告2019:全球投资风险分析、行业风险分析和企业破产风险分析》,中国金融出版社2019年版,第63页。

"中信保"作为国内唯一一家政策性保险机构,对"一带一路"沿线国家投资项目的支持力度是有目共睹的。2014—2018年,"中信保"在"一带一路"沿线国家的新承保项目就占同年新承保项目的50%,2018年占比更是接近60%(详见图5.13)。① 并且,数据显示,2018年欧美国家的投保项目显著增加,主要集中在美国、澳大利亚、德国、意大利等。其深层原因是,以美国为首的发达国家投资保护主义上升及政治经济环境不稳定性增加,导致中国海外投资者不得不更为谨慎。这亦佐证了前文提及的发生在发达国家的非传统政治风险态势。

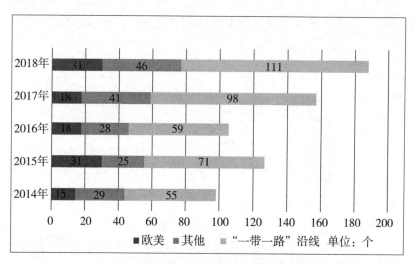

图 5.13　2014—2018 年"中信保"新承保项目分布

3. "中信保"新承保项目的规模和行业分布

首先,2018年"中信保"新承保项目规模集中在中小规模的投资项目上(如图5.14所示)。② 2018年,新投保项目中整体上承保金额在1亿美元以下的项目仍占据主要地位,总体占比高达85.2%。

---

① 参见中国出口信用保险公司编著:《国家风险分析报告2019:全球投资风险分析、行业风险分析和企业破产风险分析》,中国金融出版社2019年版,第63页。
② 参见中国出口信用保险公司编著:《国家风险分析报告2019:全球投资风险分析、行业风险分析和企业破产风险分析》,中国金融出版社2019年版,第64页。

具体而言,在 188 个新投保项目中,承保金额在 1000 万美元以下的项目有 74 个,占总体项目的比重最大,达到 39.4%。中等规模项目(承保金额在 1000 万美元~1 亿美元)占总体项目的 45.8%;大项目(承保金额在 1 亿美元以上)与 2017 年同期相比有所下降,占比由 15.3%下降至 10.6%;但超大项目(承保金额在 3 亿美元以上)增速明显,占总体项目的比重上升至 4.2%[1],这些项目对企业进行海外投资风险管控的要求亦越来越高。

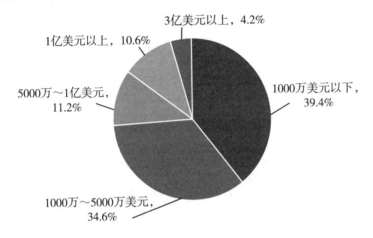

图 5.14 2018 年"中信保"新承保项目规模情况

其次,根据《中国出口信用保险公司 2020 年度报告》的统计数据,截至 2020 年,海外投资保险业务规模再创历史新高,新承保的项目主要分布于图 5.15 揭示的领域。

图 5.15 所示表明,中国海外投资主要集中在电力生产和供应业、制造业、采矿业、土木工程建筑业、石油和天然气开采业等行业;这些行业的海外投资项目往往具有前期投资大、重资产、投资周期长的特点,相比租赁和商务服务业、金融业以及批发零售业等轻资产行业,其所面临的投资风险更高,对海外投资保险的需求亦相对更大。

---

[1] 参见中国出口信用保险公司编著:《国家风险分析报告 2019:全球投资风险分析、行业风险分析和企业破产风险分析》,中国金融出版社 2019 年版,第 64 页。

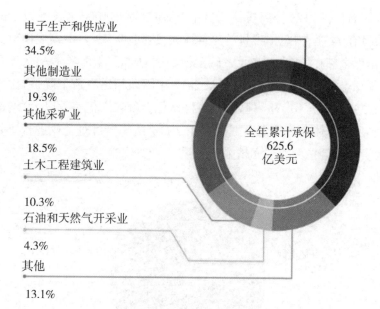

图 5.15　2020 年"中信保"新承保项目行业分布情况

4. "中信保"海外投资保险主要承保风险的赔付

根据《中国出口信用保险公司 2020 年度报告》,新冠肺炎疫情发生后,"中信保"持续发布各国贸易管制政策、重点国别和行业信息,及时提示风险异动。发布国家风险分析报告,对全球 192 个国家和地区的国家风险、主权信用风险水平进行评估,供企业参考。积极帮助企业挽回损失,化解违约风险近 40 亿美元,实现追偿收入 3 亿美元。开辟绿色通道,适当放宽理赔条件,做到应赔尽赔、能赔快赔,全年共支付赔款 18 亿美元,增长 32%。①

5. 中国企业投保"中信保"海外投资保险的分析

首先,关于债权保险的承保。2018 年"中信保"对 108 家境外投资企业进行了问卷调查,以了解中国投资保险的承保率。但是这 108 家企业主要以再融资过程中选取"中信保"保险产品的企业为主

---

① 参见《中国出口信用保险公司 2020 年度报告》,载中国出口信用保险公司(https://www.sinosure.com.cn/xwzx/ndbd/index.shtml),访问日期:2021 年 11 月 1 日。

(82家),数据说明通过融资进行投资的企业,更需要海外投资保险,即通过债权保险来保驾护航。仅就受调查企业而言,约98%的受调查企业在投保海外投资保险时主要考虑的是风险保障;约73.2%的企业购买海外投资保险是基于银行融资要求,这亦从侧面体现了银行在选择支持海外投资项目时对风险保障的要求愈加严格;而出于企业风险制度要求(48.8%)的占比相对不高。①

其次,关于企业对海外投资保险的认知度。"中信保"对未选择海外投资保险的企业(26家)进行了调研。调研结果(如图5.16所示)表明,企业不选择海外投资保险的主要原因在于企业不了解海外投资保险、投资经营风险可控和投保过程烦琐,而不是因为保险无法覆盖企业关心的风险或政治风险保费过高。质言之,企业未投保海外投资保险的深层原因在于对海外投资保险缺乏了解以及对自身风险防控能力的乐观研判。

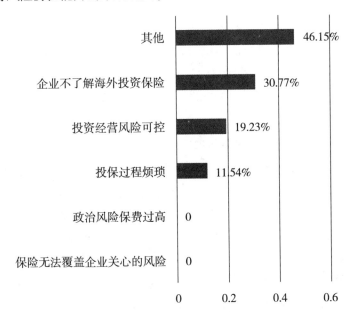

图5.16 企业不选择海外投资保险的主要原因

---

① 参见中国出口信用保险公司编著:《国家风险分析报告2019:全球投资风险分析、行业风险分析和企业破产风险分析》,中国金融出版社2019年版,第66页。

(三) 反馈的问题

通过分析调研结果可知,保险机构自身对海外投资保险的重视程度亦有待提升。

1. 缺乏对海外投资保险各险别承保的统计

"中信保"海外投资保单记载有四种险别,即征收险、战争和暴乱险、汇兑险及政府违约险。这四种险别并未分开承保,而是通过海外投资(股权)保险和海外投资(债权)保险这两种形式予以体现。

首先,海外投资保险的年度总额。根据《中国出口信用保险公司2020年度报告》,"中信保"于2020年海外投资保险的承保金额为625.6亿美元。但是在该年度报告中,仅有"中信保"年度海外投资保险的总投保额,并未公布海外投资保险的保费收入,亦未分开计算每种险别的投保额。

其次,年度保费总收入。银保监会作为银行业、保险业监督管理机关,主要负责依照法律法规统一监督管理银行业和保险业,并通过发布保险行业年鉴向社会公开保险业的运营情况。根据《中国出口信用保险公司2020年度报告》,各项业务实现承保金额7040.7亿美元。

2. 海外投资保险理赔问题

首先,在前述"中信保"的四种险别中,理赔额最多的是征收险、战争和暴乱险。原因在于:其一,征收是东道国政府对海外投资造成损害的最常见手段。但近年来,直接征收逐渐被间接征收取代,也就是说,征收手段更加隐蔽和复杂,由此在理赔中引起较多争议。其二,愈演愈烈的民族矛盾和宗教冲突加大了战争和暴乱风险。虽然基地组织、博科圣地等极端组织已遭受严重打击,但恐怖主义与民族矛盾、宗教矛盾、社会阶层矛盾相互交织,加之极端思潮通过社交媒体扩散,导致战争和暴乱风险对海外投资产生严重威胁和巨大冲击。

其次,汇兑险理赔额较少。中国于1945年12月27日加入国际货币基金组织(The International Monetary Fund, IMF),于1996年12月1日宣布接受《国际货币基金组织协定》第8条规定的义务约束,遵守经常性项目自由兑换义务。根据该协定第8条的规定,经常性交易是可以自由兑换的。在经常性交易项目中,包括投资者领取的股息和红利;截至2021年12月,共有190个成员国宣布接受第8条规定的义务①,这些国家均可保障经常性项目,包括投资者领取的股息和红利自由兑换。但中国尚未宣布接受该协定第6条规定的义务,即资本项目的自由。因此尚无义务保障这些资金的自由转移。

再次,政府违约险发生理赔的案例亦较少。前文已述,政府违约险发生的基础是投资者与东道国政府签订合同,例如项目许可协议。但在海外投资实践中,多数承保企业并未与政府签订合同。究其原因,在于承保的行业。具体而言,在"中信保"2019年承保的投资项目中,制造业、采矿业、建筑业、电力行业的项目占总项目数的80%左右。其中,拥有90个项目的制造业高居榜首,采矿业以25个项目位居第二,排名第三的是电力行业。② 从事制造业的中国投资者通常不需要与政府签订特许协议。至于从事采矿业的中国投资者是否签署特许协议不能一概而论。基于国家经济体制的不同,一些国家的矿业并未国有化,属于私人所有,因此不必与政府签订协议。以印度尼西亚为例,作为东南亚国土面积最大的国家,具有丰富的矿产资源,是世界上最大的热煤出口国、第二大锡矿生产国和第四大铝矾土生产国,但其国内最大的煤矿却掌握在私有商业集团手中。③ 此外,作为世界上第四大铜产国的赞比亚,其国内铜矿亦

---

① 在2021年7月的IMF理事会议上,公布了190个基金组织成员国的份额和投票权份额。这些国家已接受《国际货币基金组织协定》第8条第2、3、4款规定的义务。
② 参见中国出口信用保险公司编著:《国家风险分析报告2019:全球投资风险分析、行业风险分析和企业破产风险分析》,中国金融出版社2019年版,第64页。
③ 印度尼西亚最大的煤炭生产商和出口商为PT Bumi Resources。参见庄毅:《当前印尼矿业发展现状及其政策分析》,载《东南亚纵横》2013年第2期,第27页。截至2020年12月31日,该公司公众持股占64.6%,最大股东是汇丰基金城东投资公司,持股占21.76%。参见Shareholder List, PT Bumi Resources:http://www.bumiresources.com/en/about-us#shareholder. Last visited:2021-12-26。

全部私有化。① 值得一提的是,基于电力发展关系国计民生,外国投资者必须与政府签订特许协议。例如东南亚国家存在电力需求的日益增长与电力设施的相对落后的矛盾,因此,为确保本国电力能源行业可以安全可持续发展,国家将发展电力纳入国家政策,出面与海外投资企业合作,这类项目则需要与政府签订协议,但数量不多,只有9个。②

最后,中国企业的承保额远低于项目实际投资额。根据"中信保"发布的《海外投资保险简介及操作流程》,一旦发生损失,"中信保"的赔付额最高不超过承保额的95%。③ 这是为了警示投保人,切勿将所有责任全部置于保险公司,自身应当提高防范意识和完善措施。即使如此,出于所谓的节约成本的考虑,中国企业目前的承保金额通常远低于需要保护的投资金额。例如2018年中国在巴西的项目金额高达10.1亿美元,但是所得到的承保金额仅占投资额的20%。④ 这就意味着一旦政治风险所造成的损失额超过2.02亿美元,那么即使投保了海外投资保险,亦只是杯水车薪。究其根本,是中国企业未真正重视海外投资保险。

3. 海外投资保险引起的法律纠纷数量较少

根据法律纠纷双方法律关系主体的不同,海外投资保险纠纷可分为承保机构与海外投资者之间的纠纷、承保机构与东道国之间的纠纷两类。通过调研可以发现,"中信保"绝大部分案例均以私下和解的方式解决,真正诉诸法庭或仲裁的纠纷少之又少。

首先,"中信保"和中国投资者(保险人与被保险人)之间的合同

---

① 参见林剑华:《赞比亚铜矿业私有化历程回顾》,载《世界有色金属》2006年第9期,第36—39页。
② 参见中国出口信用保险公司编著:《国家风险分析报告2019:全球投资风险分析、行业风险分析和企业破产风险分析》,中国金融出版社2019年版,第64页。
③ 参见中国出口信用保险公司:《海外投资保险简介及操作流程》,载中华人民共和国商务部(http://wms.mofcom.gov.cn/article/zt_fxff/subjectkt/200907/20090706422315.shtml),访问日期:2019年7月14日。
④ 参见王辉耀、苗绿主编,全球化智库(CCG)、西南财经大学发展研究院编:《中国企业全球化报告(2018)》,社会科学文献出版社2019年版,第81—106页。

纠纷较少。例如,在黑龙江新洲材源木业有限责任公司等与赵福友劳务合同纠纷案中,被保险人浙江新洲集团称其在俄罗斯投资的木兴公司遭遇了俄罗斯的强制征收。由于该笔投资在"中信保"投保了海外投资(债权)保险,因此该企业已向"中信保"申请赔偿。在长达8年的索赔期间,"中信保"一直以证据不足为由拒绝赔偿。直至2015年,北京仲裁委员会作出裁决,新洲集团才得到"中信保""迟来的赔偿"。关于拒赔的理由,"中信保"认为,新洲集团提交的证据不足以证明俄罗斯政府的行为属于恶意征收行为。① 根据调研得知,目前"中信保"和中国投资者之间的法律纠纷中,理赔最多的是征收险,其中最大的问题在于如何认定间接征收。

其次,截至2021年,尚未发生"中信保"和东道国之间代位求偿权的诉讼或仲裁纠纷。原因在于:此类纠纷涉及东道国错综复杂的政治背景,如果启动诉讼或仲裁机制,将引发与东道国的激烈博弈,这对于"中信保"而言,是需要十分谨慎的。基于此,一般通过协商或调解加以解决。尽管如此,随着"中信保"承保项目越来越多,通过诉讼或仲裁解决代位求偿权这类纠纷是难以避免的。关于上述两种纠纷将在第六章详细论述。

三、建模分析政治风险对中国对"一带一路"沿线国家投资的影响

数据建模分析法指的是抽象组织现实世界的各类数据,运用数学建模或物理建模进行具体事物的因素分析、预测分析、趋势分析、决策分析、方案优化、效益评价等。下文运用线性规划法和Matlab等工具,分析投资风险中的政治风险因素对海外投资的影响力以及哪一类别的政治风险对海外投资的影响最大。

---

① 参见黑龙江省哈尔滨市中级人民法院(2016)黑01民终5053号民事判决书。

(一) 政治风险对中国海外投资影响显著

中国企业到海外进行投资具有较大风险。宏观层面上,中国与投资东道国之间国家关系的突变、东道国的政治动荡以及重大的自然灾害等,都会对海外投资经营活动产生重大影响,甚至无法继续进行;微观层面上,由于国情、制度、文化、思维方式、投资"游戏"规则的区别以及意识形态的不同,亦容易出现沟通交流上的障碍,从而成为海外投资经营管理中的潜在风险。一般而言,企业海外投资主要会面临以下几种风险。

一是政治风险。政治风险是指跨国公司的国际投资和贸易活动受到东道国政府或社会政治格局和政策不稳定性的影响,并致使其经营管理绩效和其他目标遭受不确定性影响。此类风险主要表现为投资东道国政策不连续性、政治势力抵制、政局动荡、第三国干预以及海外媒体报道对投资的影响。

二是经济风险。经济风险主要是指企业在海外投资中相关经济因素的不利影响导致收益损失的风险,主要表现在市场竞争、价格波动、融资以及汇率变动等方面。例如由于市场价格波动导致未预料到潜在损失的风险,再如在国际投资过程中由于外汇汇率变动而给投资方带来损失的可能性。

三是法律风险。海外投资行为由于跨越投资者母国与投资东道国两个不同国家或地区,两种完全不同的法律制度可能会产生一定冲突,一旦不熟悉当地法律条文致使适用法律错误,可能会出现法律风险。

四是文化风险。海外投资亦需要面对文化的差异,它可以影响人们的观念及行为。投资者经常会因为文化的差异而引发沟通失败、交流误解等问题,不仅降低工作效率还增加企业内部消耗,这种风险即为文化风险。近年来海外投资因文化差异、偏好习惯、价值观冲突以及制度差异引发摩擦甚至投资失败的案例已屡见不鲜。

五是交易风险。在企业海外投资的经营活动过程、结果、预期经营收益中,都存在由于外汇汇率变化而引起的外汇风险,从而产生企业海外投资者的交易风险。

六是运营风险。运营风险是指投资者在东道国进行投资时,因为企业自身运营不当而引发投资收益及持续经营的不确定性。如果海外企业经营管理中存在组织结构不完善、财务管理不合理、缺乏有效激励约束制度等问题,则会给企业的海外投资运营活动带来风险。

海外投资保险所承保的风险是政治风险,那么政治风险是否对海外投资影响最为显著,就直接关系到海外投资保险的发展。

1. 海外能源投资风险评估的方法——模糊综合评价模型

企业海外投资面临的风险复杂,而很多风险又具有较大的模糊性,很难运用定量分析来加以描述,故利用模糊综合评价模型对企业海外投资风险进行衡量具有实用性和可操作性。

模糊综合评价是美国自动控制专家查德(L. A. Zadeh)教授提出的概念,用以表达事物的不确定性,即在对某一事物进行评价时会遇到这样一类问题,由于评价事物是由多方面的因素决定的,因而要对每一因素进行评价;在对每一因素作出一个单独评语的基础上,再考虑所有因素,进而作出综合评语。模糊综合评价的基本原理是:将评价目标看成由多种因素组成的模糊集合(称为因素集U),再设定这些因素所能选取的评审等级,组成评语的模糊集合(称为评语集V),分别求出各单一因素对各个评审等级的归属程度(称为模糊矩阵),然后根据各个因素在评价目标中的权重分配,通过计算模糊矩阵合成,求出评价的定量解值。其具体步骤如下:

第一步,建立模糊评价集。

根据风险因素的划分,建立不同层次的综合评价模型:

一级因子集 $U = \{U_1, U_2, \cdots\}$

二级因子集 $U_1 = \{U_{11}, U_{12}, U_{13}, U_{14}, \cdots\}$

$$U_2 = \{U_{21}, U_{22}, U_{23}, U_{24}, \cdots\}$$
$$\cdots$$
$$U_m = \{U_{m1}, U_{m2}, U_{m3}, U_{m4}, \cdots\}$$

风险评价评语集 $V = \{V_1, V_2, V_3, V_4, V_5\}$,其中 V_1、V_2、V_3、V_4、V_5 分别指标的评语为"好""良""中""较差""差",对应的投资风险程度分别为"较小""不大""一般""较大""很大"。

第二步,确定风险评价指标权重。权重表示在评估过程中对被评估对象不同侧面的重要程度的定量分配。目前,确定权重的方法主要有两种:一种是通过数学方法计算得出;另一种是专家赋值法,即由具有权威的专家通过打分的方式对各指标的重要程度进行确定。设 a_{ij} 是 U_{ij} 的权重,a_{ij} 组成的集合为 A_{ij};同时,a_i 是对 U_i 的权重,a_i 组成的集合为 A_i。其中 i,j 分别代表维度层和因素层中含有的风险评价指标个数。

第三步,建立模糊评价隶属矩阵。对照所制定的风险评价指标等级标准,得到 U_{ij} 对评语集 V 的隶属向量 r_{ij},隶属矩阵为 R_i,即:

$$R_i = \begin{pmatrix} r_{i1} \\ r_{i2} \\ \cdots \\ r_{i4} \end{pmatrix} = \begin{pmatrix} r_{i11} & r_{i12} & r_{i13} & r_{i14} \\ r_{i21} & r_{i22} & r_{i23} & r_{i24} \\ \cdots & \cdots & \cdots & \cdots \\ r_{i41} & r_{i42} & r_{i43} & r_{i44} \end{pmatrix}$$

其中隶属矩阵各元素 r_{ijm} 确定为:$r_{ijm} = V_{ijm}/n$(m = 1,2,3,4,5,$\cdots$,m;n 是参评风险等级高低的专家人数;V_{ijm} 表示参评风险等级高低的专家中认为该项风险评价指标 U_{ij} 属于 V_m 这一等级的专家人数)。

第四步,模糊综合评价。

(1)一级模糊综合评价

$$B_i = A_i \cdot R_i = (a_{i1}, a_{i2}, a_{i3}, \cdots a_{i4}) \cdot \begin{pmatrix} r_{i11} & r_{i12} & r_{i13} & r_{i14} \\ r_{i21} & r_{i22} & r_{i23} & r_{i24} \\ \cdots & \cdots & \cdots & \cdots \\ r_{i41} & r_{i42} & r_{i43} & r_{i44} \end{pmatrix}$$

$= (b_{i1}, b_{i2}, b_{i3}, \cdots b_{i4})$

（2）二级模糊综合评价

$$R = \begin{pmatrix} B_1 \\ B_2 \end{pmatrix} = \begin{pmatrix} b_{11} & b_{12} & b_{13} & b_{14} & b_{15} \\ b_{21} & b_{22} & b_{23} & b_{24} & b_{25} \end{pmatrix}$$

（3）模糊综合评价

$$B = A \cdot R = (a_1, a_2) \cdot \begin{pmatrix} b_{11} & b_{12} & b_{13} & b_{14} & b_{15} \\ b_{21} & b_{22} & b_{23} & b_{24} & b_{25} \end{pmatrix} = (b_1, b_2, b_3, b_4, \cdots)$$

B 为 R 对 V 的隶属向量，为总评价结果。在具体的评价案例中，需要对评语集 V 的风险程度进行量化，用 V = B 的值作为最终评价项目投资风险的大小。

2. 模糊综合评价模型的具体应用

为了说明模糊综合评价模型在海外投资风险评估中的实际运用，笔者运用该模型建立如下风险评估指标体系（见表 5.11）。

表5.11 风险评估指标体系

目标层	维度层	因素层
企业海外投资风险 U	宏观层面风险 U_1	政治风险 U_{11}
		经济风险 U_{12}
		法律风险 U_{13}
		文化风险 U_{14}
	微观层面风险 U_2	交易风险 U_{21}
		运营风险 U_{22}

采用五个模糊等级的评语集，邀请10位专家对评价因素进行评估，运用模糊综合评价模型步骤如下：

（1）建立模糊评价集

一级因子集 $U = \{U_1, U_2\}$

二级因子集 $U_1 = \{U_{11}, U_{12}, U_{13}, U_{14}\}$

$U_2 = \{U_{21}, U_{22}\}$

(2)确定权重

假定企业采用专家赋值法确定评价指标权重。考虑到中国企业海外投资面临的宏观层面风险占比较大,尤其是政治风险;而微观层面风险中,交易风险占比较大。因此,赋予宏观层面风险较大比重,并且在具体风险因素权重中,政治类风险因素和交易类风险因素的权重被赋予相对较大值。采用上述方法,确定的权重如下:

$A = (0.70, 0.30)$

$A_1 = (0.40, 0.25, 0.15, 0.20)$

$A_2 = (0.40, 0.60)$

确定评价隶属矩阵。由 10 位专家分别对企业海外投资项目的风险因素进行评价。例如,关于投资项目中的政治风险这一因素,若其中 2 位专家认为风险很大、4 位专家认为风险较大、2 位专家认为风险一般、1 位专家认为风险不大、1 位专家认为风险较小,则其对应的隶属度值分别为:0.2,0.4,0.2,0.1,0.1。同样可以得出其他风险因素的隶属度值,最终隶属矩阵如表 5.12 所示。

表 5.12 评价隶属矩阵

目标层	权重	因素集	权重	评语集 V				
				风险很大	风险较大	风险一般	风险不大	风险较小
				0.9	0.7	0.5	0.3	0.1
企业海外投资风险 U_1	0.07	政治风险 U_{11}	0.40	0.2	0.4	0.2	0.1	0.1
		经济风险 U_{12}	0.25	0.1	0.2	0.4	0.1	0.2
		法律风险 U_{13}	0.15	0.4	0.3	0.1	0.2	0
		文化风险 U_{14}	0.20	0.1	0.2	0.3	0.2	0.3
微观层面风险 U_2	0.03	交易风险 U_{21}	0.40	0.4	0.4	0.1	0.1	0
		运营风险 U_{22}	0.60	0.3	0.3	0.2	0.2	0

$$R_1 = \begin{pmatrix} r_{11} \\ r_{12} \\ r_{13} \\ r_{14} \end{pmatrix} = \begin{pmatrix} 0.2 & 0.4 & 0.2 & 0.1 & 0.1 \\ 0.1 & 0.2 & 0.4 & 0.1 & 0.2 \\ 0.4 & 0.3 & 0.1 & 0.2 & 0 \\ 0.1 & 0.2 & 0.3 & 0.2 & 0.3 \end{pmatrix}$$

$$R_2 = \begin{pmatrix} r_{21} \\ r_{22} \end{pmatrix} = \begin{pmatrix} 0.4 & 0.3 & 0.2 & 0.1 & 0 \\ 0.3 & 0.3 & 0.2 & 0.2 & 0 \end{pmatrix}$$

(3) 模糊综合评价

$B_1 = A_1 \cdot R_1 = (0.40, 0.25, 0.15, 0.20) \cdot R_1$
$\quad = (0.185, 0.265, 0.255, 0.135, 0.150)$
$B_2 = A_2 \cdot R_2 = (0.40, 0.60) \cdot R_2 = (0.34, 0.30, 0.20, 0.16, 0)$
$B = A \cdot R = (0.700, 0.300) \cdot \begin{pmatrix} 0.185 & 0.265 & 0.255 & 0.135 & 0.150 \\ 0.340 & 0.300 & 0.200 & 0.160 & 0 \end{pmatrix}$
$\quad = (0.2315, 0.09, 0.06, 0.048, 0.105)$

(4) 评价结果

规定评价集V中各元素的量化值为$V_1 = 0.9$即该项风险评价因素为"风险很大";$V_2 = 0.7$即该项风险评价因素为"风险较大";$V_3 = 0.5$即该项风险评价因素为"风险一般";$V_4 = 0.3$即该项风险评价因素为"风险不大";$V_5 = 0.1$即该项风险评价因素为"风险较小"。当最终评价结果的值介于0.1~0.9之间时,越接近0.9,投资风险越高;越接近0.1,投资风险越低。由此可见,政治风险是中国对外直接投资项目面临的最主要风险。因此,承保政治风险的海外投资保险对中国海外投资至关重要。

(二) 哪一类别政治风险对海外投资的影响最大

前文已经证明政治风险是海外投资在东道国面临的主要风险。"中信保"承保的政治风险包括战争和暴乱、征收、汇兑限制以及政府违约。那么其中哪一类别的风险是海外投资者需要谨慎应对的呢? 一个国家政府违约风险的高低可以通过前文所述的国家主权信用风险等级观测到,因此此处不再作量化分析。下文针对中国企业遭遇的战争和暴乱、汇兑限制、征收这三类政治风险,通过引入理论模型,对"一带一路"沿线国家的这三类政治风险进行量化分析,借此验证中国企业最需要向"中信保"投保的险别。

1. 定量分析模型的选择

笔者借鉴 SACE 集团政治风险保险专家法布里兹奥·费拉利（Fabrizio Ferrari）和里卡多·罗尔菲尼（Riccardo Rolfini）提出的定量分析模型，在其基础上增加了新的变量，并对模型进行优化，对"中信保"承保的发生在"一带一路"沿线国家的三类政治风险进行量化分析。该模型下政治风险分为征用风险（EXP）、汇兑限制风险（TRA）、战争和暴乱风险（VIO）三个主要类别。之所以排除政府违约风险有两个原因：一是东道国发生政府违约的风险高低可以通过前文所述国家主权信用风险等级进行衡量；二是"中信保"承保政府违约风险的概率远不及另外三种风险概率。

2. 定量分析模型数据来源

定量分析模型中的指标数据来自世界银行研究组（World Bank Institute）公布的《全球治理指标 2019》（The Worldwide Governance Indicators Report 2019，以下简称"WGI 指标"）①，以及美国传统基金会会同《华尔街日报》共同编制而成，覆盖世界 180 多个国家的"经济自由度指数"（Index of Economic Freedom，以下简称"IEF 指标"）②。该模型将影响政治风险的指标分为 10 个：财产话语权和问责权（VA）；政局稳定以及未存在暴力（PV）；政府干预/政府效能（GE）；监管质量（RQ）；法治（RL）以及防治腐败（CC）；产权（PR）；货币政策（MP）；金融自由（FIN）以及投资自由（INV）。其中，前 6 个指标数据来源于 WGI 指标；后 4 个指标数据来源于 IEF 指标。

3. 模型计算步骤

第一步，统一指数。WGI 指标数值在-2.5 至 2.5 之间，IEF 指标数值在 0 至 100 之间，为使两类指标可在同一模型中使用，先将它

---

① See Worldwide Governance Indicators, WGI: https://info.worldbank.org/governance/wgi/. Last visited:2019-10-22.

② See Fabrizio Ferrari, Riccardo Rolfini, *Investing in a Dangerous World: A New Political Risk Index*, SACE Group, 2008, p. 12.

们的数值范围统一调整为 0 至 5，调整公式：

WGI：指标数值=5-（原始数值+2.5）

IEF：指标数值=5-（原始数值/20）

第二步，划分变量。将源自 WGI 和 IEF 的 10 个指标分别对应前述三大政治风险，由于各个指标所占的比重不同，根据各个指标的重要程度确定相应的权重，利用变量建立模型：

政治风险 = 1/3（EXP+TRA+VIO）

EXP =（RL·0.25）+（PR·0.25）+（GE·0.25）+（CC·0.25）

TRA =（RQ·0.25）+（MP·0.25）+（INV·0.25）+（FIN·0.25）

VIO =（VA·0.20）+（PV·0.60）+（RL·0.20）

4. 模型计算结果分析

表5.13　各国政治风险系数

国家名称	VA	CC	GE	PV	RQ	RL	PR	MP	INV	FIN	EXP	TRA	VIO
阿富汗	3.49	4.00	3.96	5.25	3.63	4.17	4.02	1.17	4.50	4.50	4.04	3.45	4.68
阿尔巴尼亚	2.29	2.85	2.39	2.21	2.22	2.89	4.02	0.93	4.50	1.50	3.04	1.60	2.36
亚美尼亚	2.61	3.06	2.52	2.92	2.23	2.65	2.14	1.11	1.25	1.50	2.59	1.52	2.80
阿塞拜疆	4.00	3.33	2.60	3.20	2.88	3.10	2.04	1.85	2.00	2.00	2.77	2.18	3.34
巴林	3.91	2.65	2.12	3.34	2.05	2.09	1.82	0.92	1.25	1.00	2.17	1.31	3.20
孟加拉国	3.23	3.41	3.25	3.53	3.33	3.14	3.20	1.51	2.75	3.50	3.25	2.77	3.39
白俄罗斯	3.85	2.69	3.12	2.15	3.16	3.33	2.24	1.65	3.50	4.50	2.85	3.20	2.73
不丹	2.44	0.85	2.14	1.40	2.83	1.95	1.87	1.37	4.00	3.50	1.70	2.93	1.72
波黑	2.74	3.07	3.12	2.89	2.71	2.73	2.99	0.85	1.75	2.00	2.98	1.83	2.83
文莱	3.34	1.70	1.25	1.30	1.81	1.87	1.80	1.18	1.75	2.50	1.66	1.81	1.82
保加利亚	2.18	2.65	2.23	2.08	1.92	2.53	1.79	1.50	2.00	2.00	2.31	1.66	2.19
柬埔寨	3.72	3.83	3.07	2.39	3.00	3.61	3.13	1.03	2.00	2.50	3.41	2.13	2.90
克罗地亚	2.00	2.37	2.04	1.73	2.05	2.18	1.70	1.08	1.25	2.00	2.07	1.60	1.87
捷克	1.57	2.00	1.58	1.46	1.24	1.45	1.26	0.93	1.00	1.00	1.57	1.04	1.48
埃及	3.78	3.05	3.08	3.66	3.37	2.91	3.15	1.89	2.00	2.50	3.05	2.44	3.53

(续表)

国家名称	VA	CC	GE	PV	RQ	RL	PR	MP	INV	FIN	EXP	TRA	VIO
爱沙尼亚	1.29	0.99	1.31	1.90	0.94	1.26	0.92	1.02	0.50	1.50	1.12	0.99	1.65
格鲁吉亚	2.25	1.79	1.89	2.93	1.38	2.17	1.71	1.20	1.00	1.50	1.89	1.27	2.64
希腊	1.64	2.57	2.16	2.41	2.20	2.35	2.38	1.05	2.25	2.50	2.37	2.00	2.24
匈牙利	2.18	2.45	2.01	1.74	1.90	1.94	1.95	0.91	1.00	1.50	2.09	1.33	1.87
印度	2.12	2.75	2.22	3.46	2.68	2.47	2.13	1.38	3.00	3.00	2.39	2.52	2.99
印度尼西亚	2.32	3.16	2.32	3.03	2.57	2.81	2.39	1.13	2.75	2.00	2.67	2.11	2.84
伊朗	3.82	3.46	2.93	3.81	3.80	3.19	3.32	2.00	4.75	4.50	3.23	3.76	3.69
伊拉克	3.49	3.90	3.82	5.06	3.72	4.26	3.15	0.93	N/A	N/A	3.78	3.66	4.59
以色列	1.85	1.71	1.29	3.43	1.25	1.51	1.00	0.69	1.05	1.50	1.38	1.12	2.73
约旦	3.20	2.35	2.39	1.44	2.42	2.27	2.08	0.75	1.89	2.00	2.27	1.77	1.96
哈萨克斯坦	3.67	3.00	2.48	2.50	2.36	2.93	2.03	1.46	3.36	2.50	2.61	2.42	2.82
科威特	3.09	2.79	2.59	2.39	2.54	2.29	2.35	1.47	2.34	2.00	2.51	2.09	2.51
吉尔吉斯斯坦	2.87	3.45	3.11	3.08	2.85	3.41	2.50	1.28	2.36	2.50	3.12	2.25	3.10
老挝	4.24	3.48	3.17	2.08	3.29	3.34	3.06	1.08	3.52	4.00	3.26	2.97	2.76
拉脱维亚	1.69	2.17	1.46	2.08	1.31	1.54	1.33	0.95	1.11	2.00	1.63	1.34	1.89
黎巴嫩	3.00	3.61	3.14	4.14	2.84	3.26	3.02	1.10	2.57	2.50	3.26	2.25	3.74
立陶宛	1.58	2.00	1.43	1.75	1.39	1.54	1.32	0.77	1.20	1.50	1.57	1.22	1.67
马其顿	2.51	2.86	2.41	2.70	2.78	2.80	1.74	1.07	2.18	2.00	2.45	2.01	2.68
马来西亚	2.58	2.19	1.42	2.26	1.82	1.88	0.79	1.07	2.80	2.50	1.57	2.05	2.25
马尔代夫	3.16	3.39	2.99	2.40	2.98	3.05	2.80	0.95	3.41	3.50	3.06	2.71	2.68
摩尔多瓦	2.61	3.16	2.97	2.85	2.55	2.91	2.24	1.33	3.14	2.50	2.82	2.38	2.81
蒙古国	2.24	2.93	2.73	1.71	2.53	2.77	2.59	1.11	2.30	2.00	2.76	1.99	2.03
黑山	2.42	2.48	2.37	2.39	2.14	2.40	2.23	0.92	1.25	2.50	2.37	1.70	2.40
缅甸	3.39	3.09	3.57	3.81	3.25	3.53	3.26	1.52	3.50	4.00	3.36	3.07	3.67
尼泊尔	2.63	3.17	3.40	3.13	3.25	2.98	3.04	1.53	4.50	3.50	2.80	3.20	3.00

(续表)

国家名称	VA	CC	GE	PV	RQ	RL	PR	MP	INV	FIN	EXP	TRA	VIO
阿曼	3.53	2.25	2.31	1.85	2.19	2.04	2.09	1.12	1.75	2.00	2.17	1.77	2.22
巴基斯坦	3.30	3.29	3.13	4.77	3.14	3.17	2.92	1.37	2.25	3.00	3.13	2.44	4.16
菲律宾	2.46	3.04	2.45	3.62	2.55	2.98	2.56	1.52	2.00	2.00	2.47	2.02	3.26
波兰	1.78	1.86	1.84	1.95	1.62	2.07	1.88	0.90	1.00	1.50	1.91	1.26	1.94
卡塔尔	3.70	1.78	1.87	1.82	1.98	1.77	1.77	1.08	2.00	2.00	1.80	2.15	2.19
罗马尼亚	2.04	2.62	2.75	2.44	2.05	2.17	1.66	0.87	1.50	2.50	2.30	1.73	2.31
俄罗斯	3.56	3.35	2.56	3.00	3.04	3.32	2.38	1.75	3.50	3.50	2.90	2.95	3.18
沙特阿拉伯	4.14	2.14	2.18	3.02	2.55	2.36	2.25	1.10	2.75	2.50	2.23	2.23	3.11
塞尔维亚	2.50	2.87	2.39	2.41	2.51	2.65	2.49	1.00	1.50	2.50	2.60	1.88	2.48
新加坡	2.56	0.33	0.27	0.99	0.37	0.66	0.13	0.74	0.75	1.00	0.35	0.72	1.24
斯洛伐克	1.62	2.14	1.79	1.75	1.77	1.51	1.57	1.07	1.25	1.50	1.75	1.40	1.68
斯洛文尼亚	1.51	1.63	1.37	1.59	1.81	1.44	1.18	0.82	1.50	2.50	1.41	1.66	1.54
斯里兰卡	2.49	2.84	2.74	2.68	2.65	2.47	2.76	1.50	3.00	3.00	2.70	2.54	2.60
叙利亚	4.46	4.13	4.17	5.24	4.30	4.55	3.15	2.59	5.00	N/A	4.00	3.49	4.95
塔吉克斯坦	4.19	3.92	3.60	3.22	3.55	3.78	2.61	1.58	3.75	3.50	3.48	3.10	3.53
泰国	3.51	2.90	2.15	3.23	2.39	2.48	2.33	1.24	3.90	2.00	2.47	2.38	3.14
塞浦路斯	1.46	1.86	1.58	1.96	1.48	1.75	1.34	0.80	1.25	2.00	1.63	1.38	1.82
土耳其	3.33	2.84	2.49	3.83	2.55	2.82	2.21	1.50	1.50	2.00	2.59	1.89	3.53
土库曼斯坦	4.64	3.86	3.54	2.51	4.50	3.95	3.42	1.33	4.50	4.50	3.69	3.71	3.22
乌克兰	2.51	3.37	2.92	4.33	2.72	3.22	2.80	2.07	3.25	3.50	3.08	2.89	3.74
阿拉伯联合酋长国	3.61	1.35	1.07	1.70	1.57	1.69	0.91	0.96	3.00	2.00	1.26	1.88	2.08
乌兹别克斯坦	4.12	3.57	3.05	2.78	3.60	3.57	2.51	2.06	4.50	4.50	3.18	3.67	3.21
越南	3.95	2.99	2.50	2.30	2.89	2.50	2.51	1.56	3.50	3.00	2.63	2.74	2.67
也门	4.25	4.14	4.74	5.50	4.04	4.29	4.02	1.93	2.50	N/A	4.30	2.99	5.01

上述模型中的计算结果,数值越大风险越大,数值越小风险越小。在上述"一带一路"沿线国家中,排除风险值低于 2 的国家,以及基础数据不完整的国家,得出以下结论。

首先,"一带一路"沿线国家发生汇兑限制的风险普遍较小。这与实践中"中信保"承保的汇兑险较少的情况相符。原因在前文已经提及,主要是因为中国及"一带一路"沿线国家是 IMF 成员国,受《国际货币基金组织协定》约束,须遵守经常性项目自由兑换义务。

其次,"一带一路"沿线国家发生征收、战争和暴乱的风险较大。二者风险大小不相伯仲。一是阿富汗、叙利亚、伊拉克等中亚和中东地区国家一直笼罩在战争和暴乱风险之下。战争与冲突导致这些地区的经济社会受到严重冲击,显然在这些地区的投资需要战争和暴乱这一险种的保驾护航。二是东南亚地区国家征收风险是主旋律。政府更迭频繁、军队干预政权、腐败现象滋生等现象导致在当地的海外投资不可避免地面临被征收的风险。

综上,接下来在阐述"中信保"法律制度存在的问题时,应重点关注征收险、战争和暴乱险,并探寻因应之法。

本 章 小 结

中国企业在"一带一路"沿线国家投资面临的政治风险仍然具有巨大的不确定性,就像一个黑匣子——灰犀牛和黑天鹅的集合体。除传统政治风险外,非传统政治风险亦侵蚀着海外投资者的利益。在传统政治风险中,征收,恐怖主义、战争和暴乱,禁兑,东道国政府违约,延迟支付等风险,均发生于企业准入后,而非传统政治风险,包括国家安全审查、次级制裁、超过必要限度的疫情管控风险,既可以发生于准入前,又可以发生于准入后,前者的风险尚无险别可以覆盖。二者在一定情况下可以相互转化。准入后的非传统政治风险可能转化为征收、政府违约和禁兑等传统政治风险。

基于MIGA拾遗补阙的作用,中国投资者在寻求MIGA承保的同时,应当注重利用"中信保"与MIGA的合作互补关系,寻求对投资的最佳保障。

海外投资保险法律制度在中国投资者眼里并不是最优的选择,绝大多数企业仍是选择依靠自身来应对风险,原因有二:一是高估自身风险预防能力与低估东道国政治风险;二是"中信保"关于海外投资保险的相关数据披露度低,导致投资者对于海外投资保险经常是"雾里看花"。

"中信保"理赔额最多的是征收险、战争和暴乱险。中国企业的承保额远低于项目实际投资额,这就意味着一旦政治风险所造成的损失额超过投保额,那么即使投保了海外投资保险,亦只是"杯水车薪"。

"中信保"绝大部分法律纠纷均以私下和解的方式解决,真正诉诸法庭或仲裁的纠纷少之又少。截至2021年,尚未发生"中信保"和东道国之间代位求偿权的诉讼或仲裁纠纷。

第六章　中国在"一带一路"沿线国家海外投资保险法律制度的问题

回顾前一章,通过"中信保"在"一带一路"沿线国家承保海外投资保险实证研究,定性与定量分析"中信保"承保"一带一路"沿线国家投资的各类政治风险,借此为本章探讨中国在"一带一路"沿线国家海外投资保险法律制度的问题奠定基础。下文将聚焦中国海外投资保险的立法问题、"中信保"海外投资保单、"中信保"海外投资保险法律纠纷实证分析加以阐述。

第一节　中国海外投资保险法律制度外延

前文已述,海外投资保险法律制度系指在海外投资保险领域统一形成的规则集合体,用以规范投保人、被保险人和保险人的行为。其外延包括海外投资保险法律制度的国内法最新立法趋势和国际法最新立法趋势、理论基石,以及投资者母国海外投资保险法律制度的立法模式、海外投资保险合同、条约中的代位求偿权条款等。由此及彼,中国海外投资保险法律制度系指用以规范中国投保人(被保险人)和保险人行为的规则集合体。其外延包括中国海外投资保险法律制度的立法模式、"中信保"海外投资保单、代位求偿权等。在前述问题中,立法模式是前提,直接影响着执法与司法。至于"中信保"海外投资保单,属于规则的补充,涉及有名合同的归位,条款存在的争议亟待澄清。为了论证更有说服力,后文将针对法律纠纷展开实证研究。

结合第一章讨论的海外投资法律保险制度外延,即海外投资保险法律制度的立法模式及签署的 BIT、海外投资保险合同、代位求偿权的行使,针对中国海外保险法律制度的特殊问题,聚焦立法模式和签署的 BIT、"中信保"海外投资保单问题,以及"中信保"海外投资保险法律纠纷实证分析。

一、中国海外投资保险法律制度的立法模式及签署的 BIT 问题

中国海外投资保险法律制度的立法模式问题包括两个层面:国内立法问题和国际立法问题。前者是关于中国海外投资保险法律制度的立法模式问题,后者是关于中国对外签订的 BIT 问题。

首先,国内立法问题在于"缺"。中国海外投资保险立法属于混合式立法模式。也就是说,中国海外投资保险立法散见于不同的法律规范文件之中,缺乏诸如分立式立法模式的专门性规范。缘此,实践中不得不依赖于"中信保"海外投资保单调整当事人的权利和义务关系。

其次,国际立法问题在于"旧"。据商务部统计,中国对外签订生效的 BIT 共 104 份。以签订主体为划分依据,与发展中国家签订的 BIT 共 73 份,约占总数量的 70.2%;与发达国家签订的 BIT 共 31 份,约占总数量的 29.8%。以签订的时间为划分依据,签订于 2000 年以前(不含 2000 年)的 BIT 共 70 份,约占总数量的 67.3%;签订于 2000 年以后(含 2000 年)的 BIT 共 34 份,约占总数量的 32.7%。在前述统计的数据中,中国对外签订的 BIT 以与发展中国家签订的 BIT 占绝大多数;签订年份早于 2000 年的占绝大多数。在签订于 2000 年以后的 BIT 中,与发展中国家签订的 BIT 最新的是 2020 年 11 月 11 日生效的《中国—土耳其 BIT》[①];与发达国家签订的 BIT 最新的

---

① 2015 年 7 月 29 日,中国与土耳其签署了《中华人民共和国政府和土耳其共和国政府关于相互促进和保护投资协定》,该协定已于 2020 年 11 月 11 日生效。载中华人民共和国商务部(http://tfs.mofcom.gov.cn/article/Nocategory/201111/20111107819474.shtml),访问日期:2021 年 12 月 26 日。

是2014年生效的《中国—加拿大BIT》①。

如第一章第三节所述,违反国民待遇或最惠国待遇条款可能构成征收、禁兑风险,违反最低待遇条款可能构成征收、禁兑、战争、内乱或恐怖主义风险。值得关注的是,中国尽管通过了新的《外商投资法》和《外商投资法实施条例》,确定了外资准入前和准入时的国民待遇,但绝大多数BIT仍未体现这一待遇,甚至2020年生效的《中国—土耳其BIT》②和2014年《中国—加拿大BIT》亦均未作出更新③,但中美BIT和中欧BIT在谈判中试图予以突破。④ 这种态势导致的负面影响是,本书第五章第二节所示的国家安全审查和次级制裁产生类似间接征收的效果。原因在于,这两种风险往往发生于准入阶

---

① 《中华人民共和国政府和加拿大政府关于促进和相互保护投资的协定》签订于2012年9月9日,于2014年10月1日生效。载中华人民共和国商务部(http://tfs.mofcom.gov.cn/article/Nocategory/201111/20111107819474.shtml),访问日期:2020年1月5日。

② 《中华人民共和国政府和土耳其共和国政府关于相互促进和保护投资协定》第3条规定:"一、在东道国缔约方的法律法规框架内,缔约一方应以不低于在相同情势下给予任何第三国投资者投资的待遇为基础,准许在其领土内的投资。二、投资一旦设立,缔约一方给予缔约另一方投资者投资和与该投资相关活动的待遇,在相同情势下,不得低于其给予本国投资者投资和相关活动的待遇。三、对于缔约方,本条第二款不适用于:(一)在其领土内任何现存的不符措施;(二)任何上述不符措施的延续;(三)对任何上述不符措施的修改,只要这种修改不增加这些措施的不符程度。缔约双方将采取适当步骤以逐渐消除这些不符措施。四、缔约一方给予缔约另一方投资者的投资和相关活动的待遇不得低于在相同情势下给予任何第三国投资者投资和相关活动的待遇。五、(一)本条不应解释为缔约一方有义务将因全部或主要与税收有关的任何国际协定或国际安排而产生的任何待遇、优惠或特权获得的利益给予缔约另一方投资者。(二)本条中的国民待遇和最惠国待遇条款不应适用于缔约一方因为作为关税、经济或者货币联盟、统一市场或者自由贸易区的成员而承担的义务。(三)本条第四款不应解释为缔约一方有义务将因任何便利小规模边境贸易的安排而产生的任何待遇、优惠或特权获得的利益给予缔约另一方投资者。(四)本条第一款和第四款不得适用于本协定或缔约一方签署的其他类似国际协定制定的争端解决条款。六、对希望进入其领土开展和完成投资的缔约一方相关人员的进入和逗留申请,缔约另一方应在其国内法框架内给予善意考虑;对希望进入其领土并逗留而从事与投资有关的职业的缔约一方国民,缔约另一方也应给予相同待遇。"

③ 《中华人民共和国政府和加拿大政府关于促进和相互保护投资的协定》第6条第1款规定:"任一缔约方给予另一缔约方投资者在扩大、管理、经营、运营和销售或其他处置其领土内投资方面的待遇,不得低于在类似情形下给予其国内投资者的待遇。"

④ 例如中美两国政府之间的BIT谈判。根据美国财政部的文件,美国以《美国双边投资协定2004年范本》为基础与中国进行磋商,谈判的核心争议之一就是准入阶段国民待遇条款与非排除措施条款。除此之外,中国与欧盟于2011年10月正式启动的BIT谈判的核心议题也在于减少对投资的限制和增加市场准入。参见王淑敏:《地缘政治视阈下的中国海外投资准入国民待遇保护——基于"冰岛拒绝中坤集团投资案"的法律思考》,载《法商研究》2012年第2期,第118页。

段,中国母公司已完成在东道国成立子公司的准备,并为此支付了相应的费用。

二、"中信保"海外投资保单问题

经过调研获知,在"中信保"理赔实践中,最多的案例险别是征收险。由于"中信保"海外投资保单的保险责任条款仅规定了直接征收,并未规定何谓间接征收,因此导致大部分的案例难以判断是直接征收还是间接征收,为"中信保"的理赔增加了难度。此外,"中信保"海外投资保单并未单独设立恐怖险。

除此之外,免除责任条款未明确危害或损害国家利益、公共利益行为的判断标准,违法行为与政治风险之间的因果关系难以判定,代位求偿权免责条款无法约束东道国子公司,这些问题均值得深入地思考。

三、"中信保"海外投资保险法律纠纷实证分析

"中信保"海外投资保险法律纠纷分为两大类:一是保险人与被保险人之间的纠纷;二是保险人向东道国行使代位求偿权的争议。从理论上说,中国海外投资保险法律纠纷的解决方式可以分为司法(诉讼)和准司法(仲裁)程序。但通过调研得知,理赔实践中尚无司法诉讼案例,仲裁案例亦较为罕见,仅有一起公开的仲裁案例——"新洲集团诉'中信保'征收索赔案"。本章第四节将对此进行详细解读。

第二节 中国海外投资保险法律制度的国内立法及 BIT 问题

下文将剖析中国海外投资保险法律制度国内立法"缺"在何处,以及中国签订的 BIT 之"旧"阻碍海外投资保险的发展等问题。

一、中国海外投资保险国内立法"缺"在何处

前文梳理了中国海外投资保险法律制度的立法现状,其暴露出的立法问题不容小觑。究其根本是一个"缺"字,在混合式立法模式下,表现在两个方面:一是《保险法》不适用于政策性保险;二是现有规范性文件"各自为政"。

(一)《保险法》不适用于政策性保险

首先,《保险法》第2条①和第3条②在适用于海外投资保险时存在"不兼容性"。保险法是以保险关系为调整对象的一切法律规范的总和。从理论上讲,保险法通常有广义和狭义之分,狭义的保险法仅指商业保险立法,广义的保险法除商业保险立法之外,还包括由国家经营具有非营利性的保险立法。显然海外投资保险属于广义的保险法调整的范畴。《保险法》第2条以行为本身作为衡量标准,将《保险法》约束的保险行为限制在狭义的"商业保险行为"之中;但是第3条却以行为发生地为标准,将在中国境内的所有保险行为涵盖在内,显然明确《保险法》可以约束海外投资保险行为。因此《保险法》第2条和第3条本身就存在矛盾之处,进而导致《保险法》在适用问题上的争议。

其次,《保险法》缺失信用或保证保险这一类别的规定,也就是说,仅包括财产保险和人身保险两类。如果中国投资者与东道国之间签订特许协议,则债务人是东道国,债权人是东道国的子公司(被保险人),一旦东道国基于政治风险出现违约行为,给被保险人的投资财产造成损失时,需要由海外投资保险公司对被保险人先予赔

---

① 《保险法》第2条:"本法所称保险,是指投保人根据合同约定,向保险人支付保险费,保险人对于合同约定的可能发生的事故因其发生所造成的财产损失承担赔偿保险金责任,或者当被保险人死亡、伤残、疾病或者达到合同约定的年龄、期限等条件时承担给付保险金责任的商业保险行为。"

② 《保险法》第3条:"在中华人民共和国境内从事保险活动,适用本法。"

偿。在此情形下的"中信保"海外投资保单属于信用或保证保险合同。然而,《保险法》尚未覆盖这一类别的保险合同。

(二)规范性文件"各自为政"

前已述及,在中国海外投资保险法律制度混合式立法体系中,规范性文件占据重要地位,但这并不意味着这些规范性文件是尽善尽美的。详言之,内容大多局限于各自管理的事项,缺乏统领式的文件。例如,国务院规范性文件①主要规制公司的组建;国家发展和改革委员会与中国银行保险监督管理委员会的部门性规范性文件②围绕"中信保"设立的宗旨,仅规定了合格的投资范围,以及承保项目的审批方式。

二、中国签订的 BIT 之"旧"阻碍海外投资保险的发展

中国海外投资保险法律制度若想真正有效地保护本国海外投资,理应将国内立法与中国签署的 BIT 相衔接。首先,部分 BIT 未能明确准入时和准入前的国民待遇,导致间接征收风险;其次,BIT 中的充分的保护与安全条款的缺陷导致投资者面对恐怖主义风险难以得到足够的保障。

(一) BIT 未能明确准入时和准入前的国民待遇导致间接征收风险

前已述及,目前中国对外签订的绝大多数 BIT 未体现国民待遇,甚至 2020 年生效的《中国—土耳其 BIT》和 2014 年生效的《中国—加拿大 BIT》亦均未作出规定,但中美 BIT 和中欧 BIT 在谈判中试图予以突破。这极易导致中国海外投资遭遇国家安全审查和次级制裁的阻挠,最终可能构成征收。虽然中国最近加入的 RCEP 附

---

① 如《国务院关于组建中国出口信用保险公司的通知》。
② 如《国家发展和改革委员会、中国出口信用保险公司关于建立境外投资重点项目风险保障机制有关问题的通知》。

有负面清单,实现了在投资时给予准入前国民待遇①,但它属于区域性自贸协定,并且适用范围有限。事实上,中美和中欧在 BIT 谈判过程中均涉及了这一敏感问题②,目前已经得到了解决。对此,中国是持支持的态度。国家安全审查和次级制裁往往发生于准入前或准入时阶段,这些风险导致中国海外投资企业遭受重大损失,例如,中国母公司已完成在东道国成立子公司的准备,并为此支付了大量的财力和物力。

另外,中国未制订 BIT 范本提供间接征收的界定。目前学界也并未出现权威、统一的理论。

关于征收的四要件基本已达成共识:一是为了公共利益;二是依照国内法律程序和相关正当程序;三是非歧视性的;四是给予补偿。对此,从中国紫金矿业在巴布亚新几内亚的"波格拉金矿"采矿权续约遭遇当地政府拒绝一案可见一斑。当地商会表示,政府对中国紫金矿业征收的行为实际上影响了波格拉地区的商业和社区利益③,也就是说不符合公共利益;巴布亚新几内亚政府的征收决定未经法定程序,既未事先告知投资者,亦未就相关事宜咨询当地民众意见。巴布亚新几内亚政府未就其征收行为导致投资者因无法继续经营,从而遭受的直接或间接损失予以充分、及时、有效的补偿。

至于间接征收的标准,尚未达成共识。有学者提出"行为效果

---

① 在投资方面,RCEP15 个经济体均采用负面清单模式对制造业、农业、林业、渔业、采矿业五个非服务业领域投资作出较高水平开放承诺,大大提高了各方政策透明度。参见商务部新闻办公室:《商务部国际司负责同志解读〈区域全面经济伙伴关系协定〉(RCEP)之二》,载中华人民共和国商务部(http://www.mofcom.gov.cn/article/ae/sjjd/202011/20201103016087.shtml),访问日期:2020 年 11 月 20 日。RCEP 第十章第 3 条国民待遇:"一、在投资的设立、取得、扩大、管理、经营、运营、出售或其他处置方面,每一缔约方给予另一缔约方投资者和所涵盖投资的待遇应当不低于在类似情形下其给予本国投资者及其投资的待遇。二、为进一步明确,一缔约方根据第一款所给予的待遇,对于中央以外的政府层级而言,指不低于作为该缔约方一部分的该政府在类似情形下给予其投资者或投资的最优惠待遇。"
② 参见王淑敏:《地缘政治视阈下的中国海外投资准入国民待遇保护——基于"冰岛拒绝中坤集团投资案"的法律思考》,载《法商研究》2012 年第 2 期,第 118 页。
③ 参见紫金矿业集团股份有限公司董事会:《紫金矿业集团股份有限公司关于巴布亚新几内亚波格拉金矿采矿权有关事宜的公告》,载 https://www.zjky.cn/upload/file/2020/04/29/72cd4b266cd94c66b167df1eba9db341.pdf,访问日期:2020 年 5 月 10 日。

说",详言之,是不以行为的目的,而以效果作为判断标准。[1] 即只要东道国的行为产生了等同于直接征收的效果就理应被视为间接征收。在中国与"一带一路"沿线国家签订的BIT中,这一方式的措辞通常表现为"征收、国有化或其他类似措施"或"与国有化或征收效果相同的措施"或"类似国有化、征收效果的其他措施"等。例如1992年《中国—哈萨克斯坦BIT》第4条表述即如此[2];又如1994年《中国—印度尼西亚BIT》第6条亦将征收表述为"只有为了与采取征收的缔约一方国内需要相关的公共目的,并给予补偿,缔约任何一方投资者在缔约另一方领土内的投资方可被国有化、征收或采取与国有化或征收效果相同的措施"。

以上表达方式在BIT中最为常见,未直接提出间接征收的概念,而是将"征收和国有化"行为分为两种:一种是"征收和国有化措施",也就是通常意义上的直接征收;另一种是"类似措施",相当于间接征收。这种对于间接征收的表述极其模糊。何为"类似措施"？以一个指向不明的概念去界定另一个指向不明的概念,必然无法得到结果。例如,在"中国正泰集团诉保加利亚案"[3]（CHINT v.

---

[1] 参见许敏:《论间接征收的界定——东道国经济管理权的边界》,载《河北法学》2013年第8期,第137—138页。

[2] 《中华人民共和国政府和哈萨克斯坦共和国政府关于鼓励和相互保护投资协定》第4条规定:"一、缔约一方投资者在缔约另一方领土内的投资不得被实行国有化、征收或者对其采取具有类似国有化、征收效果的其他措施(以下简称'征收'),除非为了公共利益的需要,依照法律确定的程序,在非歧视性基础上给予补偿时才可采取此种措施。二、本条第一款规定的补偿应根据投资在通过或宣布征收决定前一天的实际价值计算。补偿的支付不应无故迟延,补偿应能兑换并自由地从缔约一方领土内汇到缔约另一方领土内。三、缔约一方的投资者在缔约另一方领土内的投资,如果由于战争、紧急状态、国内骚乱和其他类似情况而遭受损失,若在其领土内进行投资的缔约一方采取补偿损失措施或其他有关措施,其给予该投资者的待遇不应低于给予任何第三国投资者的待遇。"

[3] 保加利亚最高行政法院于2013年6月17日就三家光伏企业提出的行政诉讼案件作出终审判决,宣布撤销保加利亚国家能源和水资源监管委员会2012年出台的可再生能源电力入网费征收政策,但仅限于装机容量在30千瓦~200千瓦之间的光伏发电企业。保加利亚政府于2012年9月中旬突然作出包括光伏、风电、生物质能发电和小型水电站在内的可再生能源电力生产商追溯性征收1%~39%不等收入比例入网费的决定,业界普遍认为该决定有歧视性,违反了保加利亚行政程序和欧盟法的若干规定,同时对包括中资企业在内的投资者造成极大伤害。据不完全统计,中资企业在保加利亚光伏产业投资总额超过4亿欧元,普遍被征收占发电收入39%的高额入网费。中国、美国、韩国、德国、法国和意大利等15国驻保加利亚大使曾就该政策联名致信保加利亚政府表达严重关切。此次保加利亚法院判决虽仅限于特定装机容量的光伏企业,但该判决将大大增加包括中资光伏企业提出的类似诉讼的获胜概率。载中国日报网(http://www.chinadaily.com.cn/hqcj/2013-03/16/content_16314270.htm),访问日期:2021年12月27日。

Bulgarian)中,中国正泰集团在保加利亚突遇税收变化,这一政策变故是否属于间接征收? 如果按照"行为效果说"对间接征收的界定,必须要达到与国有化类似的效果,即剥夺投资者的经营权或所有权。显然,该案并未直接产生这一效果。那么东道国这种"出尔反尔"地改变原有补贴政策,导致投资者成本增加、难以经营的风险将无法得到保护。

笔者认为,"行为效果说"尚不完善。如何认定效果,应当从四个方面考虑加以补充:一是产生负面的经济影响;二是在范围或适用上达到歧视程度;三是对投资者因事先承诺的期待利益造成损害;四是出于公共利益和善意采取,以及征用与目的成比例。可惜的是,采用上述表达形式的 BIT 仅有三个,分别是《中国—乌兹别克斯坦 BIT》①、《中国—坦桑尼亚 BIT》②和《中国—土

---

① 《中华人民共和国政府和乌兹别克斯坦共和国政府关于促进和保护投资的协定》第 6 条规定:"一、缔约一方对缔约另一方的投资者在其领土内的投资不得采取国有化、征收或效果等同于国有化或征收的措施(以下统称为征收),除非符合所有下列条件:(一)为了公共利益;(二)依照国内法律程序和相关正当程序;(三)非歧视性的;(四)给予补偿。'效果等同于国有化或征收的措施'是指间接征收。二、在某一特定情形下确定缔约一方的一项或一系列措施是否构成第一款所指间接征收时,应当以事实为依据,进行逐案审查,并考虑包括以下在内的各种因素:(一)该措施或该一系列措施的经济影响,但仅有缔约一方的一项或一系列措施对于投资的经济价值有负面影响这一事实不足以推断已经发生了间接征收;(二)该措施或该一系列措施在范围或适用上对缔约另一方投资者及其投资的歧视程度;(三)该措施或该一系列措施对缔约另一方投资者明显、合理的投资期待的损害程度,这种投资期待是依据缔约一方对缔约另一方投资者作出的具体承诺产生的;(四)该措施或该一系列措施的性质和目的,是否是为了善意的公共利益目标而采取,以及前述措施和征收目的之间是否成比例。三、除非在例外情形下,例如所采取的措施严重超过维护相应正当公共福利的必要时,缔约一方采取的旨在保护公共健康、安全及环境等在内的正当公共福利的非歧视的管制措施,不构成间接征收。四、本条第一款所述的补偿额应等于采取征收前或征收为公众所知时(以较早者为准)被征收投资的公平市场价值,并应包括补偿支付前按合理商业利率计算的利息。补偿的支付不应不合理地迟延,并应可以有效实现和自由转移。"

② 《中华人民共和国政府和坦桑尼亚联合共和国政府关于促进和相互保护投资协定》第 6 条规定:"一、缔约一方对缔约另一方的投资者在其领土内的投资不得采取征收、国有化或效果等同于征收或国有化的任何其他措施(以下统称为征收),除非符合所有下列条件:(一)为了公共利益;(二)依照国内法律程序和相关正当程序;(三)非歧视性的;(四)给予补偿。'效果等同于征收或国有化的其他措施'是指间接征收。二、在某一特定情形下确定缔约一方的一项或一系列措施是否构成第一款所指间接征收时,应当以事实为依据,进行逐案审查,并考虑包括以下在内的各种因素:(一)该措施或该一系列措施的经济影响,但仅有缔约一方的一项或一系列措施对于投资的经济价值有负面影响这一事实不足以推断已经发生了间接征收;(二)该措施或该一系列措施在范围或适用上对缔约另一方投资者及其投资的歧视程度;(三)该措施或该一系列措施对缔约(转下页)

耳其BIT》①。这三份BIT从时间上看,《中国—乌兹别克斯坦BIT》重新签订于2011年4月19日,《中国—坦桑尼亚BIT》签订于2013年3月24日,《中国—土耳其BIT》签订于2015年7月29日。它们均属于前文划分的签订于2000年以后较新的BIT。相对比之下,2000年以前签订的BIT"年久失修",关于间接征收的规定简单粗疏,显然不利于对间接征收的认定。

(二)BIT中充分的保护与安全条款之"旧"

违反BIT中的充分的保护与安全条款可能引发战争风险。这一条款亦通常被援引用于恐怖主义风险的保障条款,但条款本身却均未明确恐怖主义的意涵。通过第五章的实证分析可知,中国在"一带一路"沿线国家的投资面临相当大的恐怖主义风险。

(接上页)另一方投资者明显、合理的投资期待的干预程度,这种投资期待是依据缔约一方对投资者作出的具体承诺产生的;(四)该措施或该一系列措施的性质和目的,是否为了公共利益和善意采取,以及前述措施和征收目的之间是否成比例。三、缔约一方采取的旨在保护公共健康、安全及环境等在内的正当公共福利的非歧视的管制措施,不构成间接征收,但在个别情况下,例如所采取的措施严重超过维护相应正当公共福利的必要时除外。四、本条第一款所述的补偿额应等于采取征收前或征收为公众所知时(以较早者为准)被征收投资的公平市场价值,并应包括补偿支付前按合理商业利率计算的利息。补偿的支付不应不合理地迟延,并应可以有效实现和自由转移。"

① 《中华人民共和国政府和土耳其共和国政府关于相互促进和保护投资协定》第5条规定:"一、投资不应被征收、国有化、直接或间接地被采取具有类似效果的其他措施(以下称"征收"),除非为了公共目标,以非歧视的方式,给予及时与有效的补偿,并符合国内法、适当的法律程序以及本协定第三条的待遇原则。二、在确定缔约一方的一项或一系列措施是否构成第一款所指间接征收时,应当逐案进行以事实为依据的审查,并考虑包括以下在内的各种因素:(一)该措施或该一系列措施的经济影响,但仅有缔约一方的一项或一系列措施对于投资的经济价值有负面影响这一事实不足以推断已经发生了间接征收;(二)该措施或该一系列措施在范围或适用上对缔约另一方投资者及其相关投资的歧视程度;(三)该措施或该一系列措施对缔约另一方投资者明显合理的投资期待的干预程度;(四)该措施或该一系列措施的性质和目的,是否为了善意的公共利益目标而采取,以及前述措施和该目的是否成比例。三、除非在个别情况下,例如所采取的措施严重超过维护相应合理公共福利的必要,缔约一方采取的旨在保护公共健康、安全及环境等合法公共福利的非歧视的法律措施,不构成间接征收。四、补偿额应等于征收发生或为公众所知前被征收投资的市场价值。补偿应当毫不迟延地支付,并可按第七条第二款所述自由转移。五、如果发生补偿支付迟延,补偿额应包含从征收日至支付日的利息,除非法律对利率已有规定,否则利率由当事双方共同确定。"

1. 充分的保护与安全条款缺乏对恐怖主义的界定

充分的保护与安全条款通常被理解为体现了习惯国际法上的一项标准，即东道国有义务勤勉地保护外国人的财产。中国与缅甸、莫桑比克、巴哈马国、圭亚那、肯尼亚签署的 BIT 通常表述为"缔约一方投资者在缔约另一方境内的投资应享受持续的保护和安全"①。除此之外，2003 年《中国—德国 BIT》、2004 年《中国—芬兰 BIT》亦有类似表述。虽然该条款未涉及恐怖主义风险问题，但是却是可以被投资者援引用来对因恐怖主义行为而导致的投资损失进行索赔。美国投资者深谙此道，以 1997 年"美国制造和贸易股份有限公司诉扎伊尔共和国案"为例②，扎伊尔首都金沙萨发生军事政变，武装分子和恐怖分子大肆抢劫、破坏商业设施，美国制造贸易公司在扎伊尔的商业中心亦未能幸免。随后，美国制造和贸易股份有限公司在 ICSID 起诉扎伊尔政府，指控其违反了 1989 年《美国—扎伊尔 BIT》中的充分的保护与安全条款，并得到了仲裁庭的支持。

中国缔结的 BIT 虽然设置了充分的保护与安全条款，但是这些条款并未明确"恐怖主义"的意涵，基于联合国缺乏全面的反恐条约，国际社会倾向采用"部门分类法"制定条约或公约，这些公约是在联合国的专门机构主持下通过的③，因此恐怖主义在国际法上尚

---

① 《中华人民共和国政府和缅甸联邦政府关于鼓励促进和保护投资协定》第 2 条；《中华人民共和国政府和莫桑比克共和国政府关于鼓励促进和相互保护投资协定》第 2 条；《中华人民共和国政府和巴哈马国政府关于促进和保护投资的协定》第 2 条；《中华人民共和国政府和圭亚那共和国政府关于促进和保护投资协定》第 2 条；《中华人民共和国政府和肯尼亚共和国政府关于鼓励促进和保护投资协定》第 2 条。

② American Manufacturing & Trading Inc. v. Zaire(ICSID Case No. ARB/93/1), See Sergey Ripinsky, Kevin Williams, *Damages in International Investment Law*, British Institute of International and Comparative Law, 2008, p. 8.

③ 这些公约包括：1963 年《关于在航空器内犯罪和其他某些行为的公约》、1970 年《关于制止非法劫持航空器的公约》、1971 年《关于制止危害民用航空安全的非法行为的公约》、1979 年《反对劫持人质国际公约》、1980 年《核材料实物保护公约》、1988 年《制止在为国际民用航空服务的机场上的非法暴力行为的议定书》、1988 年《制止危及海上航行安全非法行为公约》、1988 年《制止危及大陆架固定平台安全非法行为议定书》、1991 年《关于可塑性炸药中添加识别剂以便侦测的公约》、1998 年《制止恐怖主义爆炸的国际公约》、1999 年《制止向恐怖主义提供资助的国际公约》、2005 年《制止核恐怖主义行为国际公约》。

未形成统一的定义,如何适用该条款,在实践中并不清晰。中俄两国倡导的上海合作组织通过《打击恐怖主义、分裂主义和极端主义上海公约》是一个重大突破,针对"恐怖主义""分裂主义"和"极端主义"三种行径均给出了定义。①公约语境下的三种术语既有联系,又有区别。联系在于,三种术语均载有暴力的成分,所不同的是,恐怖主义所实施的是针对平民或非参与军事行动的其他人员的暴力活动,致使他们的财产和人身遭受重创;而分裂主义渲染的暴力目标针对的是国家领土完整和统一,极端主义下的暴力行为比前两种行径的危害更大,直接升级为攫取政权或颠覆国家政体。

2. 部分 BIT 甚至未规定充分的保护与安全条款

中国缔结的部分 BIT 中甚至并未规定充分的保护与安全条款,如 1982 年《中国—瑞典 BIT》②、2007 年《中国—法国 BIT》③。如此一来,打击恐怖主义的表述在 BIT 条款中无迹可寻,成为它们的遗憾。

第三节 "中信保"海外投资保单条款的疑问

"中信保"海外投资保单的条款并非尽善尽美,其缺失体现在以

---

① 《打击恐怖主义、分裂主义和极端主义上海公约》第 1 条规定,"(一)恐怖主义是指:1.为本公约附件(以下简称"附件")所列条约之一所认定并经其定义为犯罪的任何行为;2.致使平民或武装冲突情况下未积极参与军事行动的任何其他人员死亡或对其造成重大人身伤害、对物质目标造成重大损失的任何其他行为,以及组织、策划、共谋、教唆上述活动的行为,而此类行为因其性质或背景可认定为恐吓居民、破坏公共安全或强制政权机关或国际组织以实施或不实施某种行为,并且是依各方国内法应追究刑事责任的任何行为。(二)分裂主义是指旨在破坏国家领土完整,包括把国家领土的一部分分裂出去或分解国家而使用暴力,以及策划、准备、共谋和教唆从事上述活动的行为,并且是依据各方国内法应追究刑事责任的任何行为。(三)极端主义是指旨在使用暴力夺取政权、执掌政权或改变国家宪法体制,通过暴力手段侵犯公共安全,包括为达到上述目的组织或参加非法武装团伙,并且依各方国内法应追究刑事责任的任何行为"。
② 《中华人民共和国政府和瑞典王国政府关于相互保护投资的协定》,载中华人民共和国商务部(http://tfs.mofcom.gov.cn/aarticle/h/au/201001/20100106724182.html),访问日期:2020 年 2 月 12 日。
③ 《中华人民共和国政府和法兰西共和国政府关于相互促进和保护投资的协定》,载中华人民共和国商务部(http://tfs.mofcom.gov.cn/article/h/au/201007/20100707041031.shtml),访问日期:2020 年 2 月 12 日。

下四个条款中:一是保险责任条款中征收险和战争险的缺陷;二是免除责任条款的问题;三是追偿条款无法约束东道国子公司;四是赔偿条款中的赔偿标准不够高。

"中信保"海外投资保单总共有两类:海外投资(债权)保单和海外投资(股权)保单。① 这两类"中信保"海外投资保单的条款设置是一致的,包括九个部分:一是适用范围条款;二是保险责任条款;三是除外责任条款;四是保险费条款;五是被保险人义务条款;六是可损、索赔、定损核赔、权益转让和支付赔款条款;七是追偿条款;八是保险单的生效、变更及终止条款,保险责任的生效及终止条款;九是兜底条款。为清晰可见,表 6.1 展现"中信保"海外投资保单除兜底条款以外的具体内容。

表 6.1 "中信保"海外投资保单的主要条款

保险条款＼保险单名称	海外投资(债权)保单	海外投资(股权)保单
适用范围	本保单适用于在中国境外以债权方式进行的投资。	本保单适用于在中国境外以货币、实物、服务、技术或知识产权等方式进行的股权投资。
保险责任	在保险责任期内,条款列明的政治风险对被保险投资造成损失,或直接且决定性地导致项目企业不能按时偿还应还款从而对被保险债权造成的损失,且该损失在等待期内持续存在,则保险人根据本保险单的约定承担赔偿责任。政治风险包括:汇兑限制、征收、战争和暴乱、违约。	
除外责任	无论本保险单其他条款如何规定,除外责任情形一旦发生,保险人必然不承担赔偿责任。通常表现为被保险人的违法或不合理行为。	
保险费	投保人或被保险人需要在规定期限内支付的保险金额。	

---

① "中信保"海外投资保单系作者调研取得的纸质版资料,下文不一一标注。

(续表)

保险条款 \ 保险单名称	海外投资(债权)保单	海外投资(股权)保单
被保险人义务	被保险人按合同约定作为或不作为,一旦违反义务,保险人可能拒绝赔偿。	
可损、索赔、定损核赔、权益转让和支付赔款	程序性条款(略)。	
追偿	被保险人具有确保项目企业协助保险人追偿的义务。	
保险单的生效、变更及终止;保险责任的生效及终止	程序性条款(略)。	
兜底条款	本保险单以中文文本为准,适用中华人民共和国法律。	

从表6.1可以看出,政治风险的界定主要规定在保险责任条款中,免责情形则规定在除外责任条款和被保险人义务条款中,代位求偿权规定在追偿条款中,可损、索赔、定损核赔、权益转让和支付赔款条款规定了"中信保"赔偿被保险人的标准。因此,上述四类条款亦是接下来重点讨论的部分。

一、保险责任条款中征收险和战争险的缺陷

保险责任条款是关于所承保政治风险认定标准的规定,本书多处论述了征收险和战争险是承保的重点险别。因此,下文主要针对保险责任条款中征收险和战争险存在的缺陷具体展开讨论。

(一)保险责任条款的表述难以认定间接征收

依前文所述,间接征收是目前海外投资面临的主要风险,亦是保险人和被保险人纠纷产生的主要源头。但是"中信保"海外投资保单中的保险责任条款与中国对外签订的BIT存在类似的问题,即未明确间接征收的认定。兹将问题细述之:

"中信保"海外投资保单对征收的定义是,一指剥夺项目企业对投资项目的所有权或经营权;二指剥夺项目企业对投资项目的资金、资产的所有权。显而易见,这两类情形属于直接征收,其显著特征在剥夺所有权。但在现实中,大量出现的是间接征收的案例。除了前文所言的准入阶段的国家安全审查和次级制裁,还有其他复杂情形难以判断。例如"中国正泰集团诉保加利亚案",保加利亚政府追溯性征收1%~39%不等收入比例入网费的行为,从表面来看,并未产生转移使用权的法律效果,但事实上严重剥夺了中国正泰集团对项目企业的经营利益,如果被排除在上述征收之外,显然有悖于对征收的正确认定。

(二)并未设立独立的恐怖险

"中信保"承保的政治风险包括恐怖主义风险,但并未设立独立的险种,而是包含在保险责任条款下的"战争和暴乱险"中。这种安排不利于抵御日益增长的恐怖主义风险。

首先,恐怖主义不同于战争和暴乱。目前恐怖主义缺乏一个在国际上公认的精准的定义。不同的法律体制和政府机构都对恐怖主义作了不同定义。但在众多定义中,有一点是相同的,即包含政治动机。[1] 也正是因为这一点,恐怖险被包含在战争和暴乱险的外延内。但恐怖主义较一般的政治暴乱危害性更大。虽然二者均是出于政治目的,但是恐怖主义通常与民族分裂主义和宗教极端主义、无政府主义等极端主义交织在一起。其主体可以是各种政治组织、民族团体、宗教狂热者、革命者和追求社会正义者等,攻击的目的既包括对人身的损害也包括对财产的损害。基于这一点,保险责任条款未详尽解释,恐怖险的范畴不明确,不利于投资者投保,即使

---

[1] See Muslim Public Affairs Council, "A Review of U. S. Counterterrorism Policy: American Muslim Critique & Recommendations," p. 13, https://www.mpac.org/assets/docs/publications/counterterrorism-policy-paper.pdf. Last visited:2021-12-27.

投保,后期索赔亦可能出现问题。①

其次,海外投资企业代替国家成为恐怖主义攻击的目标。企业之所以成为恐怖主义袭击的目标,通常源于企业所代表的利益,而非他们自身的作为或不作为。② 例如针对美国麦当劳的袭击,是恐怖分子将麦当劳这一驰名商标视为美国的象征,而非普通的餐饮供应商。此时,由企业承担了本应由国家承担的恐怖主义风险。通过本书第五章的定性定量分析可知,中国在"一带一路"沿线国家投资的企业亦面临高风险的恐怖主义威胁,尤其是在西亚、北非地区,伊斯兰极端主义抬头,导致恐怖主义风险逐步向公共治理薄弱的发展中国家以及欧洲发达国家渗透。面对这一严峻形势,因恐怖险未从战争和暴乱险中独立出来,"中信保"海外投资保单中含糊不清的承保范围将无法应对这一风险的严峻形势。

二、免除责任条款的问题

海外投资保险的存在是为了保护投资者,而不是"纵容"投资者。因此,"中信保"海外投资保单设置了免除责任条款,包括除外责任条款和被保险人义务条款。若出现上述条款约定的免除责任情形,则"中信保"可拒绝承担赔偿责任。具体而言,前者属于绝对免责,即一旦存在免责情形,无论保险合同其他条款如何规定,由此造成的损失,"中信保"不承担赔偿责任;后者属于相对免责,若被保险人违反义务,"中信保"可先要求被保险人在15日内进行补救,再视其补救结果和不利影响的严重程度选择是否拒绝赔偿。但是结

---

① 参见王淑敏:《海外投资的恐怖险立法问题研究——美国经验及其对我国的启示》,载《法商研究》2017年第4期,第159—161页。
② 例如,自2001年以来,许多本土极端分子将西方对阿富汗、伊拉克、叙利亚等地的军事干预作为策划和发动袭击的动机之一。因参与美国主导的军事干预,加拿大、日本、澳大利亚、丹麦等原本恐怖主义威胁不大的国家如今也面临新的、持久的风险。当地跨国企业无疑将受到影响。参见《"9·11"二十周年:细数全球恐怖主义格局演变》,载https://www.controlrisks.com/zh/our-thinking/chinese/911-20years,访问日期:2021年12月27日。

合"新洲集团诉'中信保'征收索赔案",无论是除外责任条款还是被保险人义务条款,均存在不确定性。

(一)除外责任条款未明确危害或损害国家利益、公共利益行为的判断标准

首先,"中信保"可以拒绝赔偿被保险人或项目企业同意或由其不合理行为引发的损失;其次,"中信保"可以拒绝赔偿因被保险人或项目企业危害或违反投资者母国法律、国家利益、公共利益的行为造成的损失,以及违反东道国法律的行为(包括但不限于违反环境保护和反贿赂法律的行为)造成的损失。

那么问题出现了:如何判断被保险人或项目企业的行为是否危害或违反了投资者母国的国家利益和公共利益?国家利益和公共利益具有多个层面,各国立法基本上均尚未对这两个概念进行精确的定义,而只是采取了抽象概括的方式来规定。究其原因,国家利益和公共利益的最大特点在于框架性、概括性和高度抽象性。这就直接导致在处理海外投资保险纠纷时,关于国家利益和公共利益的裁量权完全掌握在"中信保"手中,这使得作为投资者的被保险人处于不利地位,亦很难做到事先警示。

(二)被保险人义务条款中违法行为与政治风险的因果关系难以判定

如何判断被保险人是否违反东道国的法律并不是一件难事,难在判断所谓的"违法行为"与投资者遭受的政治风险之间是否存在因果关系。如果仅以投资者存在"违法行为",既不考虑投资者的主观态度,亦不考虑其与所受损害之间的因果关系,就直接拒绝被保险人的赔偿要求,显然有悖于海外投资保险法律制度设立的初衷。

三、追偿条款无法约束东道国子公司

前文已述,"中信保"海外投资保单中的追偿条款规定了子公司有义务配合保险人行使代位求偿权,即项目企业应积极向东道国政府或其他相关责任方请求赔偿,并根据保险人的指示和要求配合保险人追偿,在收到追偿款后根据保险人的指示及时将属于被保险人的权益部分转付给保险人。如项目企业违反前述义务,保险人将依据被保险人向保险人转让的对项目企业的债权,向项目企业主张合法权益。由此断定,根据这项约定,"中信保"海外投资保单对子公司(无论其是否为被保险人)具有约束力。也就是说,根据保险人的指示和要求,身处东道国的项目子公司应配合保险人追偿。如保险人指示,被保险人应当确保项目企业以自身名义向东道国政府或其他相关责任方请求赔偿,包括采取诉讼或仲裁等法律手段追偿。如被保险人或项目企业违反前述配合追偿的义务,保险人有权拒绝承担后续赔偿责任,已经支付的赔偿款,有权要求被保险人全额返还。

本节前文讨论了被保险人的范畴,若被保险人是处在东道国的子公司,即项目企业,那么此处不存在问题。但是,如果被保险人是母公司,则追偿条款无法约束东道国的子公司,根本原因在于保险合同的相对性。合同的相对性是合同的基本属性,是指合同仅能约束合同当事人。所谓合同当事人,是指签订合同并在合同条件下履行约定义务的人。由此,"中信保"海外投资保单的当事人应是保险合同的缔约人,即作为被保险人的母公司和"中信保",该合同仅对该二者产生约束力,无权强制作为合同第三人的项目企业履行合同义务。

四、赔偿条款的赔偿标准尚需提高

"中信保"海外投资保单赔偿条款规定的赔偿标准是:赔偿金

额≤保险金额×赔偿比例。其中,赔偿比例最高不超过95%。① 就后果最为严重、赔偿纠纷最为集中的征收险而言,被保险人亦不能获得"中信保"的全额赔偿。与之不同的是,国际法上普遍采纳的征收补偿标准是"赫尔原则"(Hull Rule)。② "赫尔原则"强调的是"及时、充分、有效"的征收补偿标准。③ 其判断依据在于:一是"非歧视"地给予投资者征收补偿④;二是按照被征收投资财产的市场价值支付全部补偿⑤。"中信保"的规定仅符合一般保险理赔惯例。海外投资保险作为国家的政策性保险,其目的在于,一方面,给予投资者的海外投资一定的补偿,而非全额赔偿;另一方面,提示被保险人对于风险的发生应当负有一定比例的责任,毕竟其自身往往未尽到预警义务。

第四节 "中信保"海外投资保险的法律纠纷实证分析

这里的"纠纷"是指基于保险理赔所产生的争端,主要包括两种:一是被保险人与保险人——"中信保"依照国内保险合同索赔引

---

① 参见中国出口信用保险公司:《海外投资保险简介及操作流程》,载中华人民共和国商务部(http://wms.mofcom.gov.cn/article/zt_fxff/subjectkt/200907/20090706422315.shtml),访问日期:2020年10月27日。

② 参见寇顺萍、徐泉:《国际投资领域"间接征收"扩大化的成因与法律应对》,载《现代法学》2014年第1期,第137页。

③ 赫尔原则,也称全部赔偿原则,是由美国国务卿科德尔·赫尔(Hull)在1938年回应墨西哥对美国石油公司的征收时提出的。他认为,实行征收的国家有义务以"充分、及时、有效"的方式对财产被征收的外国投资者支付全额赔偿。这一原则以私有财产不可侵犯为基础,以保护既得权益和反对不当得利为法律依据。See Frank G. Dawson, Burns H. Weston, "'Prompt, Adequate and Effective': A Universal Standard of Compensation," 30 *Fordham Law Review* 727, 733-735(1962)。

④ See Dr Guilherme Recena Costa, "Compensation for Lawful Expropriation," https://jusmundi.com/en/document/wiki/en-compensation-for-lawful-expropriation. Last visited: 2021-12-28.

⑤ See Dr Rimantas Daujotas, "Prompt, Adequate and Effective Compensation," https://jusmundi.com/en/document/wiki/en-prompt-adequate-and-effective-compensation. Last visited: 2020-10-7.

发的纠纷;二是"中信保"取得代位求偿权后依据 BIT 向东道国追偿产生的纠纷。

一、被保险人与"中信保"的纠纷的准司法救济分析

根据"中信保"海外投资保单的争议解决条款的规定,解决纠纷的方式有三种:一是协商;二是诉讼;三是其他约定,例如仲裁。在实践中,较多的纠纷是通过准司法方式——仲裁加以解决的。仲裁具有以下明显优势:一是仲裁较之诉讼具有保密性。海外投资保险纠纷通常涉及企业境外资产经营信息,因此仲裁自身的保密性更易为投资者所接受。二是仲裁在时间成本上优于诉讼。海外投资保险合同约定的政治风险一旦发生,作为投保人的投资者最直接的目的即获得损失赔偿,越早获得赔偿越有利于挽回母公司的损失。因此,仲裁程序的快捷高效较之诉讼更符合海外投资保险法律制度保护投资者的初衷。在这些案件中,比较典型的是"新洲集团诉'中信保'征收索赔案"。该案是目前唯一公开的海外投资者与"中信保"之间的海外投资保险合同纠纷。纠纷解决更是历经 8 年之久,其代表性和重要意义不言而喻。本节探寻的问题是,这场耗时 8 年之久的海外投资者与"中信保"的索赔"拉锯战"究竟缘何发生?案件中争议的焦点是什么?又该如何从源头上避免此类纠纷的发生?

(一)"新洲集团诉'中信保'征收索赔案"基本案情

2003 年,新洲集团总裁傅建中受黑龙江省政府邀请前往俄罗斯考察海外投资环境。在考察过程中,俄罗斯哈巴州政府向傅建中推荐了哈巴木兴林业公司。这家公司曾是苏联在远东最大的国有林业公司。苏联解体后,因木材价格走低,公司被迫停产。看到了商机的傅建中决定投资,于 2003 年与黑龙江辰能贸易公司合作,成立了黑龙江新洲材源木业有限责任公司,作为投资哈巴木兴林业公司的中方股东,其中,新洲集团控股 70%。随后,黑龙江新洲材源木业

有限责任公司出资150万美元,从俄方股东处收购哈巴木兴林业公司100%股权,取得24.7万公顷林地49年的经营权。①

1. 新洲集团在俄罗斯投资遭遇不幸

中方投资所呈现的巨大利益引起了俄罗斯政府对哈巴木兴林业公司的觊觎。

首先,哈巴木兴林业公司自身价值巨大。黑龙江新洲材源木业有限责任公司在成功收购哈巴木兴林业公司后,从2004年开始到2006年年底,已相继投入了1亿多元人民币,并修建了配套的办公楼、职工宿舍楼、油库、机修车间、车辆修理车间、储木场、造材生产线等基础设施,购买了运材车、集材机、装载机等大型设备近200台。② 上述举措令一家濒临死亡的林业公司焕然新生,其速度之快和近2亿元人民币的身价不禁让俄罗斯政府侧目。

其次,林业市场回暖带来难以估量的利润。2004年以后,哈巴木兴林业公司的原木采伐量逐年上升,2007年预计可以完成年采原木18万立方米,可实现年赢利3000万元人民币。③ 与此同时,2006年国际原木价格开始飞速上涨,哈巴木兴林业公司拥有的白松林资源倍显珍贵,在未来49年内每年提供24万立方米的木材,将产生几十亿元人民币的利润。④ 可以说哈巴木兴林业公司的盈利前景一片光明。

由于上述两点原因,加之当地如此大规模的白松林资源已然不多,哈巴州森工部多次找到哈巴木兴林业公司,希望收回木兴林场,不过均遭拒绝。直至2006年年底,俄罗斯远东林业集团企图以360万美元的价格收购哈巴木兴林业公司林地,又遭新洲集团拒

---

① 参见任忠君:《浙商百亿境外资产蒸发,中信保为何不赔》,载《重庆商报》2013年1月9日。
② 参见黑龙江省哈尔滨市中级人民法院(2016)黑01民终5053号民事判决书。
③ 参见《浙商如何在俄丢掉百亿林场》,载人民网(http://finance.people.com.cn/n/2013/0109/c70846-20139844.html),访问日期:2020年2月25日。
④ 参见《浙商如何在俄丢掉百亿林场》,载人民网(http://finance.people.com.cn/n/2013/0109/c70846-20139844.html),访问日期:2020年2月25日。

绝。① 一而再、再而三的拒绝导致俄罗斯政府对中方企业的不满,虽然俄罗斯政府明显是强词夺理,但是哈巴木兴林业公司的命运还是急转直下。随后俄罗斯政府迅速开始了对哈巴木兴林业公司的征收:一是终止公司的正常经营。2007年3月29日,哈巴罗夫斯克边疆区检察院在事先无任何书面通知的情况下,以涉嫌盗采盗伐为由,查封了哈巴木兴林业公司的全部资产。二是迅速启动破产程序。2007年6月4日,哈巴罗夫斯克边疆区检察院以木兴林场未及时缴纳税款为名,启动破产、资产拍卖等程序。2007年9月18日,俄罗斯税务局进驻木兴林场查税,以欠税为由要求哈巴木兴林业公司破产。② 仅半年的时间,黑龙江新洲材源木业有限责任公司在俄罗斯的投资就付诸东流。作为黑龙江新洲材源木业有限责任公司的母公司——新洲集团与"中信保"签订了海外投资保单。在尝试与俄罗斯政府交涉无果的情况下,新洲集团向"中信保"索赔。那么新洲集团索赔的依据为何?

2. 新洲集团与"中信保"签订了海外投资保单

首先,新洲集团与"中信保"签订的海外投资保单是《海外投资(债权)保单》。在该案中,《海外投资(债权)保单》是新洲集团向"中信保"索赔的重要依据。"中信保"出具的10A2006009号海外投资(债权)保单载明了主体、承保项目、承保险别、保额以及保费等信息:其一,海外投资(债权)保险的保险人是"中信保";其二,被保险人是在中国境内注册的浙江新洲集团,依法享有对保险单的全部收益;其三,承保险别是征收、汇兑限制、政府违约险;其四,最高保额为2946万美元;其五,保费为496.02万元人民币。

其次,新洲集团与"中信保"签订的海外投资(债权)保单已生效。2006年7月25日,"中信保"签发了新洲集团投保的《海外投资(债权)保单》。2007年1月4日,新洲集团全额按时支付了保费。此时,海外投资(债权)保险合同正式生效。

---

① 参见黑龙江省哈尔滨市中级人民法院(2016)黑01民终5053号民事判决书。
② 参见黑龙江省哈尔滨市中级人民法院(2016)黑01民终5053号民事判决书。

3. 新洲集团千难万阻的索赔之路

第一，新洲集团在遭遇征收后积极寻求俄罗斯司法救济无果。2007年6月25日，哈巴木兴林业公司将哈巴罗夫斯克边疆区检察院告到法院，要求确认其行为违法。但是同年8月28日，诉讼请求被法院驳回。同一天，州政府部门把木兴林场23557.72立方米木材以低于正常价格三分之一的价格卖给俄罗斯一家公司。① 至此，新洲集团已经"用尽当地救济"无果。

第二，新洲集团向母国求助亦未见成效。事发后，在哈巴木兴林业公司积极应对的同时，新洲集团亦开始向中国政府求助。黑龙江、浙江两省的有关政府部门、中国驻哈巴罗夫斯克领事馆、为新洲集团提供贷款的国家开发银行等机构，均在事发后介入调查并与俄罗斯政府协商，但均未成功。

第三，新洲集团向"中信保"索赔遭遇质疑。新洲集团向"中信保"申请索赔，但"中信保"以证据不足为由拒绝定损核赔。2009年2月5日，"中信保"浙江分公司表示根据第三方律师机构的调查，木兴林场被查封导致的损失已确实发生，但被保险人未能提供足够证据证明其发生的损失属保单责任范围内，所以不能履行赔付。此后的5年内，新洲集团先后向"中信保"提交了444页、117份书面证据及相应的录像、录音证据，以及黑龙江省、浙江省等政府部门的调查报告，但"中信保"仍坚持证据不充分，认为只有商务部出具书面文件确认或通过仲裁证明俄罗斯政府确实实施了征收行为，方能赔付。②

第四，历经8年，新洲集团获得了"迟来的赔偿"。新洲集团与"中信保"就索赔问题交涉5年后仍未得到赔偿，万般无奈之下，于2012年向北京仲裁委员会递交申请仲裁书，请求裁决"中信保"赔偿

---

① 参见《中俄案例(006)：浙江新洲集团在俄投资企业木兴林业有限公司破产案》，载中俄法律网(http://www.chinaruslaw.com/CN/LawsuitArbitrate/003/20151013141759_804470.htm)，访问日期：2020年2月25日。

② 参见《浙商如何在俄丢掉百亿林场》，载人民网(http://finance.people.com.cn/n/2013/0109/c70846-20139844.html)，访问日期：2020年2月25日。

海外投资(债权)保险赔偿金 1.1144 亿元人民币。北京仲裁委员会于 2012 年 9 月 12 日开庭。但是新洲集团在最终裁决前,于 2012 年 12 月 25 日自行申请撤回全部仲裁请求。2013 年 10 月 30 日,新洲集团重新向北京仲裁委员会申请仲裁,再次请求裁决"中信保"赔偿海外投资(债权)保险赔偿金 1.1144 亿元人民币及迟延支付保险赔偿金的利息和其他费用。2015 年 9 月 21 日,北京仲裁委员会作出裁决:一是"中信保"向新洲集团支付海外投资(债权)保险赔偿金人民币 53820183.96 元,以及以该金额为本金、适用 6% 的年利率计算的自 2010 年 4 月 1 日起至 2012 年 3 月 7 日止金额为 6332841.65 元人民币的逾期利息;二是"中信保"向新洲集团支付人民币 281635 元仲裁费用;三是驳回申请人的其他仲裁请求。① 2015 年 12 月 8 日,"中信保"依裁决赔偿了新洲集团。至此,此案终于告一段落。

(二)"新洲集团诉'中信保'征收索赔案"评析

回顾上述案件始末,看似新洲集团最终胜诉,但事实真的如此吗?答案显然是否定的。

首先,海外投资者与"中信保"的纠纷本就是一场"零和"博弈。一方面,投保人新洲集团的索赔之路可谓"内外交困""心力交瘁"。新洲集团虽然最终得到了保险赔偿金②,但在这一过程中其投入的 8 年的时间成本、人力成本以及该投资项目本身利润增值,按照保单的条款,不属于赔偿的范围。另一方面,作为保险人的"中信保"的形象亦大打折扣。"中信保"本应在投资者遭遇东道国的政治风险后挺身而出给予其保障,但如今却与投资者站在了对立面。原本信心满满地以为投保了海外投资(债权)保险可以万无一失的新洲集团,在索赔时对"中信保"大失所望。可见在这场纠纷中,新洲集团和"中信保"可谓是两败俱伤。

其次,海外投资保险的承保初衷被忽视。海外投资保险的承

---

① 参见杭州市西湖区人民法院(2017)浙 0106 民初 10024 号民事判决书。
② 参见杭州市西湖区人民法院(2017)浙 0106 民初 10024 号民事判决书。

保初衷是帮助海外投资者抵御东道国的政治风险。海外投资者与"中信保"的关系本应融洽无间、一致对外。然而,新洲集团大量的时间、人力成本被内耗。之后"中信保"取得代位求偿权后向东道国的追偿仍是未知数,恐怕亦难以获得海外投资者的积极配合。

人们不禁要问:缘何"中信保"和海外投资者争执不下？二者争议的焦点是什么？结合案情,主要包括以下方面:一是关于征收行为的认定;二是"中信保"赔偿被保险人的必要条件;三是被保险人违法行为因果关系的认定。

1. 俄罗斯政府的行为是否属于海外投资(债权)保单中约定的征收行为

新洲集团与"中信保"争议的主要问题是对俄罗斯政府的行为的认定。新洲集团认为俄罗斯政府的行为毫无疑问属于"中信保"海外投资(债权)保单中的征收,"中信保"则认为俄罗斯政府是依法对哈巴木兴林业公司进行破产清算,新洲集团提供的证据不足以证明俄罗斯政府出于恶意。导致这一争议产生的原因在于对征收认定标准的差异。在海外投资保险纠纷领域,关于直接征收的争论已初步达成共识,取而代之的是关于何为间接征收的讨论。这是因为,相较于表现为直接通过所有权的正式转移或完全没收的直接征收,间接征收与国家管理行为之间界限模糊。

首先,对征收的认识存在差异。结合该案,俄罗斯政府的行为在外观上不符合直接征收的标准,但在效果上实则剥夺了新洲集团对投资项目的所有权和经营权,更符合前述"行为效果说"的间接征收标准。

其次,对"中信保"海外投资保单中的征收及除外责任的理解存在差异。"中信保"海外投资保单中的征收条款由两部分组成:一是列举属于征收的情况。只要行为造成了剥夺投资者对投资项目的所有权或经营权或其对投资项目资金、资产的所有权就可以认定为征收。二是征收的除外情形。除非有充分证据证明东道国是恶意的,否则东道国政府的部分行为不可被认为是征收,包括为规范经济活动、确保公共安全、保护环境的普遍措施;向被保险人或项目企业收取税费、罚款、罚金或有关费用;以及根据其破产等法律规定,依法执行对项目企业的破产清算及其他处置行为。除外情形排除了间接征收的认定。

结合案件,新洲集团只关注了合同中征收条款的前半部分,认为其对哈巴木兴林业公司的所有权和经营权确实遭受了俄罗斯政府的剥夺,因此断定俄罗斯政府的行为属于征收。而"中信保"关注的是征收条款的后半部分,即是否属于除外情形。

对此,新洲集团提交了一系列证据试图证明俄罗斯政府的行为存在恶意,从而说明俄罗斯政府的行为是"中信保"海外投资保单中所称的征收行为,但所提交证据均被"中信保"否定。"中信保"的理由是这些证据不包括商务部直接出具的文件或仲裁裁决法律文件。由此产生了第二点争议:商务部文件或仲裁裁决是否为"中信保"赔偿被保险人的必要条件。

2. 商务部文件或仲裁裁决是否为"中信保"赔偿被保险人的必要条件

新洲集团提交的材料足以证明俄罗斯政府的行为是恶意的,是违反正当程序的。如前所述,新洲集团努力证明俄罗斯政府的行为是蓄谋已久的恶意剥夺,提交了四份证明材料:一是黑龙江省商务厅文件①;二是浙江省发展和改革委员会、浙江省对外贸易经济合作厅文件②;三是浙江省人民政府文件③;四是国家开发银行浙江省分行文件④。上述材料不约而同地证明俄罗斯政府虽然采取了法律手段和税务等行政手段,但实际上这些手段等同于间接征收行为。表

---

① 《关于我省在俄哈巴投资的木兴林场被查封情况报告》(黑商办发〔2007〕161号)。
② 《关于新洲集团木兴林场遭俄有关方面查封事件的情况报告》(浙发改外资〔2007〕556号)。
③ 《浙江省人民政府关于新洲集团木兴林场遭查封事件有关情况的函》(浙政函〔2007〕136号)。
④ 《关于请协助处理新洲集团有限公司在俄罗斯哈巴州木兴林场投资项目被变相征收情况的报告》(国开行浙发〔2008〕53号)。

现在以下两个方面①：

首先，俄罗斯政府的行为违反了俄罗斯法律。俄罗斯政府以木兴林场雇用的运输公司存在莫须有的问题来查封木兴林场，并拍卖林场的木材和机械设备，不仅违背一般常识，亦违反俄罗斯法律。

其次，俄罗斯政府拒不开庭审理违反了正当程序。俄罗斯政府先查封林场，然后查找问题，最后查出的问题不足以认定木兴林场违法经营。在事先无任何书面通知、俄罗斯法院亦未开庭审理的情况下，哈巴罗夫斯克边疆区检察院以涉嫌盗采盗伐为由，查封了哈巴木兴林业公司的全部资产。

"中信保"要求被保险人必须提供商务部的文件或仲裁裁决的要求缺乏法律依据。"中信保"认为，黑龙江省商务厅、浙江省发展和改革委员会、浙江省对外贸易经济合作厅以及浙江省人民政府出具的调查报告属于地方政府的调查报告，只走访了企业，过于单方性，并未得到商务部的确认。而国家开发银行浙江省分行属于该案的利益相关人，其出具的调查报告可信度有待佐证。"中信保"的观点显然缺乏说服力，原因有二：一是法律法规以及"中信保"海外投资保单并未对证据的提供主体加以要求。只要可以合理证明俄罗斯政府的行为违反法律规定，并非必须得到商务部认可。二是法律法规以及"中信保"海外投资保单均未要求仲裁前置。因此"中信保"要求新洲集团提供仲裁裁决的要求亦是不合理的。那么，"中信保"强调的新洲集团存在违法行为是否可以成为其拒绝赔偿的理由呢？

3. 新洲集团的违法行为可否成为"中信保"拒绝赔偿的正当理由

首先，若被保险人确实存在违法行为，"中信保"可以拒绝赔偿。根据"中信保"海外投资保单的约定，被保险人有义务始终遵守东道国的有关法律、法规。若被保险人违背这项义务，保险人可以拒绝赔偿。

---

① 参见黑龙江省高级人民法院(2017)黑民再514号民事判决书。

其次,哈巴木兴林业公司的违法行为与征收结果之间并不存在必然的因果关系。"中信保"认为,哈巴木兴林业公司管理人员涉嫌盗伐林木,被俄罗斯哈巴罗夫斯克边疆区检察院提起刑事调查程序,这与俄罗斯政府的征收行为不存在因果关系。实际上,俄罗斯哈巴罗夫斯克边疆检察院先查扣了与木兴林场有关联的运输公司的车辆,以一张假冒的护照签证嫁祸哈巴木兴林业公司,单方认定木兴林场涉嫌盗采盗伐;然后封货物、查账目,致使林场不能正常运营和按时缴纳税费;再以欠缴税费为由解除森林租赁合同,收走哈巴木兴林业公司赖以生存的林业资产,人为造成"资不抵债"的情况,逼迫哈巴木兴林业公司破产拍卖。

二、"中信保"与东道国之间的代位求偿权纠纷

既然"中信保"在赔偿被保险人之后取得代位求偿权,那么,此种代位求偿权是否有别于一般商业保险的代位求偿权呢?一旦产生纠纷,运用准司法和司法程序解决的依据又有哪些?

(一)"中信保"的代位求偿权与一般商业保险公司的代位求偿权比较

"中信保"的代位求偿权与一般商业保险公司的代位求偿权既有相同之处又有差异之处。相同之处表现在代位求偿权的本质和取得方式未变,适用《保险法》的一般基本原理。但是由于海外投资保险的代位求偿权具有跨国性,注定了其与一般商业保险的代位求偿权有差异之处。

1. 相同之处

(1)代位求偿权的本质依旧

"中信保"的代位求偿权与一般商业保险公司的代位求偿权并无本质的区别:当保险合同约定的政治风险发生时,被保险人就获得了对东道国的赔偿请求权,而被保险人获得了保险金后,顺理成

章地将其对东道国的赔偿请求权转让给保险人——"中信保",以避免双重索赔。在这一转让过程中,债的客体和内容并未改变,只是原来的被保险人与东道国的债权债务关系转化成"中信保"与东道国的债权债务关系。

(2)代位求偿权的取得方式同样遵循"当然代位主义"

代位求偿权的取得方式包括"当然代位主义"和"请求代位主义"。① 前者是指保险人的代位求偿权的取得以保险人向被保险人履行保险合同中规定的赔偿义务为先决条件,只要保险人履行了向被保险人赔偿的义务即自动取得代位求偿权;后者是保险人履行向被保险人赔偿的义务后并不立即取得代位求偿权,还必须有被保险人将其享有的向第三人的损害赔偿请求权转让给保险人这一行为。中国采用的是"当然代位主义"②,这一理论的选择同样适用于海外投资保险。

2. 差异之处:"中信保"以何名义行使代位求偿权

关于保险人行使代位求偿权的名义问题共有三种观点。③ 一是保险人以被保险人的名义行使代位求偿权。④ 二是保险人既可以以自己的名义行使代位求偿权,也可以以被保人的名义行使⑤,因为这两种情形的追偿目的是一样的。三是保险人以自己的名义行使代位求偿权。这一观点源于代位求偿权的名义取决于保险人代位偿权的法律属性。如前所述,依据《保险法》的规定,保险人的代位

---

① 参见赵娟:《保证保险代位求偿权对象的司法认定》,载《法律适用》2019 年第 24 期,第 17 页。

② "当然代位主义"体现在《保险法》第 60 条第 1 款规定:"因第三者对保险标的的损害而造成保险事故的,保险人自向被保险人赔偿保险金之日起,在赔偿金额范围内代位行使被保险人对第三者请求赔偿的权利。"我国法律中未有被保险人履行将其享有的向第三人的损害赔偿请求权转让给保险人这一行为的要求。参见李玉泉:《保险法》(第三版),法律出版社 2019 年版,第 189 页。

③ 参见曾华群、余劲松主编:《促进与保护我国海外投资的法制》,北京大学出版社 2017 年版,第 48—49 页。

④ 参见陈安主编:《MIGA 与中国:多边投资担保机构述评》,福建人民出版社 1995 年版,第 343 页。

⑤ 参见曾华群、余劲松主编:《促进与保护我国海外投资的法制》,北京大学出版社 2017 年版,第 52 页。

求偿权是一种法定债权转让,被保险人转让债权后,就已不再具有债权人身份,无权请求第三人赔偿损失。据此,这一观点认为,保险人赔偿后应当以自己的名义行使代位求偿权。保险人的代位求偿权的取得方式是"当然代位主义",不以被保险人移转赔偿请求权的行为为要件,只要具备代位求偿权的行使条件,即可以以自己的名义行使。但是《保险法》关于代位求偿权以何种名义行使并未明确规定,那么"中信保"的代位求偿权应当以何种名义行使呢?

笔者支持以被保险人的名义行使代位求偿权。原因有两点:一是力图绕开争端主体不适格问题。在某些情形下,如果"中信保"以其自身名义援用 BIT 的争端解决机制,会遇到争端主体不适格的问题。因为根据 BIT 的规定,只有合格的投资者才能援用 BIT 的争端解决机制,而"中信保"并非投资者。尤其是当 BIT 的争端解决机制包括适用 ICSID 时,由于 ICSID 明文要求争端一方是投资者,因此"中信保"需要以投资者(被保险人)的名义,才能避免争端主体不适格问题。二是避免被保险人完全的置身事外。代位求偿权下,投资者作为被保险人,即使取得赔偿金后亦有义务与保险人全面通力合作。

(二)准司法和司法程序解决代位求偿权纠纷的依据

目前,"中信保"行使代位求偿权主要是通过谈判、协商,尚未启动准司法或司法程序。这是由于投资者获得"中信保"赔偿后,在东道国的投资项目有可能得以继续进行,因此不论是站在投资者还是"中信保"的立场,均不希望与东道国政府关系恶化,更倾向于以友好协商的方式予以解决。通常而言,"中信保"选择准司法或司法程序行使代位求偿权的依据主要有以下两种。

1. 投资者与东道国之间签订的投资协议

如果投资者与东道国签订了投资协议(例如特许权协议、BOT协议等),应采取投资协议规定的争议解决方式,通常包括与东道国谈判、调解、东道国法院诉讼、东道国国内商事仲裁以及国际仲裁等方式。本书在第五章已触及此类投资协议,由于这类与政府签订投资协议的海外投资保险案例较少,此处不作重点论述。

2. BIT、区域性协定或多边条约

中国对外签署的 BIT、区域性协定或多边条约中通常包括 ICSID、国际仲裁等方式,值得注意的是岔路口条款。① 这一条款要求在诉讼和仲裁之间作出选择。"新洲集团诉'中信保'征收索赔案"采用了仲裁方式解决争议。而依据《中国—俄罗斯 BIT》第 9 条②的规定,投资者与东道国的争端应尽可能通过协商友好解决;自争议任何一方提出之日起 6 个月内不能友好协商解决的,方可提交作为争议一方的缔约方主管法院;或提交 ICSID,或根据联合国国际贸易法委员会(UNCITRAL)仲裁规则提交特设仲裁机构。

另外,如果投资者与东道国未签订任何可适用的投资协议,则主要是通过当地救济解决纠纷,包括与东道国谈判、诉诸东道国法院等。这种争议解决的方式是否偏袒东道国、有效地保护代位求偿权,值得质疑,不宜提倡和鼓励。

---

① 《中国—约旦 BIT》保有完整的岔路口条款,即"倘若投资者已将争端提交给有管辖权的法院,那么与国际仲裁有关的条款则不再适用"。《中国—约旦 BIT》第 10 条第 2 款、《中国—圭亚那 BIT》第 10 条第 4 款、《中国—阿根廷 BIT》第 8 条第 3 款规定,无论选择将争议提交有管辖权的法院还是临时仲裁,这种选择都应当是"终局的"。参见沈伟:《投资者—东道国争端解决条款的自由化嬗变和中国的路径——以中国双边投资协定为研究对象》,载《经贸法律评论》2020 年第 3 期,第 63 页。

② 《中华人民共和国政府和俄罗斯联邦政府关于促进和相互保护投资协定》第 9 条规定:"一、缔约一方与缔约另一方投资者之间产生的与投资相关的任何争议,应尽可能通过协商友好解决。二、如争议自争议任何一方提出之日起 6 个月内未能通过协商友好解决,则应将其提交给:(一)作为争议一方的缔约方国内有管辖权的法院;或(二)根据 1965 年 3 月 18 日在华盛顿签署的《关于解决国家和他国国民之间投资争端公约》设立的'解决投资争端国际中心'(简称'中心')(如果该公约对缔约双方均已生效);或依据解决投资争端国际中心附设机构规则进行(如果该公约对缔约一方未生效);或(三)根据《联合国国际贸易法委员会仲裁规则》设立的专设仲裁庭。三、一旦投资者将争议提交给相关缔约方有管辖权的法院,或者提交给'中心'仲裁,或者提交给专设仲裁庭,其选择将是终局的。四、仲裁裁决应当基于:(一)本协定的条款;(二)接受投资的缔约方的法律和法规,包括与法律冲突相关的规则;(三)国际法的规则和普遍接受的原则。五、仲裁裁决是终局的,对争议双方均有拘束力。缔约各方应当依据本国法律和法规保证该裁决的执行。"

本 章 小 结

　　中国海外投资保险虽脱胎于商业保险,但又迥异于商业保险,《保险法》的诸多规制仍适用于海外投资保险,例如代位求偿权制度。由此而论,在中国海外投资保险法律制度的混合式立法模式中,《保险法》占有重要席位。但《保险法》第2条和第3条在适用于海外投资保险时存在"不兼容性",尚未覆盖信用或保证保险这一类别的保险合同。

　　"中信保"海外投资保单最重要的正式合同。由于目前中国处于混合式立法模式的状态,存在《保险法》不适用于政策性保险以及规范性文件"各自为政"的缺陷。退一步说,即使立法已经成熟,但当事人的具体权利义务关系等诸多法律关系仍然依赖保单加以调整,包括承保险别、承保条件、赔偿责任以及代位求偿权的行使等。

　　BIT未能明确准入时和准入前的国民待遇导致间接征收风险,这极易导致中国海外投资遭遇国家安全审查和次级制裁的阻挠,最终可能构成征收问题。"行为效果说"尚不完善,如何认定效果,应当从四个方面考虑加以补充:一是产生负面的经济影响;二是在范围或适用上达到歧视程度;三是对投资者事先承诺的期待利益造成损害;四是出于公共利益和善意采取,以及征用与目的成比例。违反BIT中的充分的保护与安全条款可能引发战争风险。这一条款亦通常被援引用于恐怖主义风险的保障条款,但条款本身却均未明确恐怖主义的意涵。

　　如果母公司,包括在中国境内(不含港澳台地区)注册的法人是被保险人,因其并未与东道国订有任何协议,那么此时的海外投资保险性质是财产保险合同。虽然在诸多方面依然受到《保险法》约束,但其较一般商业保险合同有着显著差异。表现在:一是对子公司(非被保险人)的约束力;二是合同成立条件适用投资者母国与东道国法律。

　　"中信保"海外投资保单的条款并非尽善尽美,其缺失体现在以下四个方面:一是保险责任条款中征收险和战争险的缺陷;二是"中信保"免除责任条款的问题;三是追偿条款无法约束东道国子公司;四是"中信保"海外投资保单赔偿条款的赔偿标准尚需提高。

在实践中,较多的海外投资保险纠纷是通过准司法程序——仲裁加以解决的。例如"新洲集团诉'中信保'征收索赔案"依据《中国—俄罗斯 BIT》第 9 条处理就是典型。

如果投资者与东道国未签订任何可适用的投资协议,则主要是通过当地救济解决纠纷,包括与东道国谈判、诉诸东道国法院等。这种争议解决方式是否偏袒东道国、有效地保护代位求偿权,值得质疑,不宜提倡和鼓励。

第七章 外国立法模式的启示及中国海外投资保险法律制度的因应

针对立法问题、"中信保"海外投资保单问题以及法律纠纷实证分析,探寻完善中国海外投资保险法律制度的因应。在探索路径之前,结合外国立法模式的启示,先对中国海外投资保险法律制度立法模式的选择加以阐释。

第一节 外国立法模式的启示

结合域外国家的经验,中国可以选择的立法模式有两种,即日本的合并式立法模式和美国的合并式立法模式。那么这两种立法模式中究竟哪一种更适合中国呢?

一、日本合并式立法模式的启示

日本合并式立法模式是将出口信用保险与海外投资保险合并立法。这一立法模式的特色在于:出口信用保险与海外投资保险均属于政策性保险。

是否有必要参考日本的做法,制定一部"贸易保险法"?无可厚非,基于政策性保险的目的,加之契合"中信保"的两大业务,这不失为一个理想的方案。但对于现阶段的中国而言,尚未出台一部诸如"海外投资保护法"之类的法律,遑论出台一部专门的"海外投资和贸易保险法"!因此这一目标在短期内尚难以实现。

二、美国的合并式立法模式更加契合中国海外投资保险法律制度的现实

美国合并式立法的成果是《Build 法》,其立法目的是:"调动私营部门资本和技能,为欠发达国家以及从非市场经济向市场经济转型的国家提供经济利益,以支持美国的发展援助和其他外交政策目标。"[①]也就是说,海外投资保险法律制度被视为美国对外经济政策的组成部分。其优势在于:一是将海外投资保险法律制度纳入海外投资保护这一宽泛的对外经济政策范畴,立法宗旨的站位较高。二是在逻辑上先有投资保护,后有投资保险,是比较合理可行的模式。基于此,借鉴美国的模式,可以尽早实现立法的突破,为时机成熟之后、未来专门制定一部"海外投资保险法"奠定良基。进而言之,借鉴美国的这部法律(全称《更好地利用投资促进发展法》),与之对应,中国制定一部"海外投资保护法",将海外投资保险问题作为其中一章。事实上,早在 2013 年,这部法律已被国家发展和改革委员会及商务部纳入立法规划之中。[②] 这充分说明这一立法模式较之专门制定一部"海外投资保险法"或"海外投资保险与出口信用保险法"更为可行。至于如何设计"海外投资保护法"的具体内容,将在下节详细说明之。

第二节　中国制定"海外投资保护法"与签署 BIT 的因应

"因应"英文为"Coping",意为有意识地解决、处理个人和人际

---

① 美国《Build 法》第 1412 条第 2 款。
② 参见尹振茂:《两部委酝酿出台〈海外投资法〉》,载《证券时报》2013 年 6 月 18 日,第 A2 版。

关系问题,通常出现在心理学领域。① 但在历史上,"因应"一词最早出现于中国西汉年间司马迁所著《史记·老子韩非列传》中,即"谓因其所遇而应之,有随机应变之意"。也就是说,面对新的复杂局面选择解决问题的方法,根据实际情况的变化灵活机动地应对。基于此,中国的"因应"就是中国利用当下机遇采取的策略。为此,一方面聚焦"海外投资保护法",并就专章规定海外投资保险的建议,提出具体条文的设计;另一方面,对于中国签署或修改BIT提出具体的方案。

一、"海外投资保护法"的具体立法建议

"海外投资保护法"的具体立法建议分为一般规定和海外投资保险合同两个部分。前者包括海外投资保险的定义、适用范围、海外投资保险业务经营主体及监督管理机构等条款;后者涵盖海外投资保险合同的定义、当事人、定性、主要条款、审查与批准以及代位求偿权等条款。

(一) 一般规定

一般规定包括海外投资保险的定义、适用范围、海外投资保险业务经营主体及监督管理机构等条款。

第一,海外投资保险的定义。海外投资保险是指为投资者及金融机构因投资所在国发生的征收、汇兑限制、战争和暴乱、违约等政治风险造成的经济损失提供的风险保障。

第二,适用范围。"中华人民共和国境内(含港澳地区)的股权投资及债权投资保险,适用本法。"

第三,海外投资保险业务经营主体。"中国出口信用保险公司经营海外投资保险业务,其他单位和个人未经法律授权不得经营。"

---

① See Cummings, E. M., Greene, A. L., and Karraker, K. H. (eds.), *Life-Span Developmental Psychology: Perspectives on Stress and Coping*, Lawrence Erlbaum Associates, 1991, p. 92.

第四,监督管理机构。"中国银行保险监督管理委员会依照法律法规统一监督管理海外投资保险业,维护海外投资保险业合法、稳健运行,保护中国海外投资者的合法权益。"

(二)海外投资保险合同

基于以下问题属于强制性条款,包括海外投资保险合同的定义、当事人、定性、主要条款、审查与批准以及代位求偿权等问题,需要立法加以解决。至于任意性条款,则留待在"中信保"海外投资保单中订立。

第一,海外投资保险合同的定义。海外投资保险合同是指投保人根据海外投资保险合同约定,向保险人支付保险费,保险人根据合同承担因政治风险所造成的财产损失赔偿责任的协议。

第二,海外投资保险合同的当事人。海外投资保险合同是投保人或被保险人与"中信保"约定保险权利义务关系的协议。投保人或被保险人包括三类:一是在中国境内(不含港澳台地区)注册的法人;二是在中国境内(不含港澳台地区)以外地区注册的法人,但其实际控制权属于中国境内(不含港澳台地区)注册的法人;三是境内外金融机构。

第三,海外投资保险合同的定性。如果中国母公司为投保人(或被保险人),属于财产保险合同。如果东道国子公司为投保人(或被保险人),而且与东道国签署投资协议,属于信用或保证保险合同。

第四,海外投资保险合同的主要条款。海外投资保险合同应当包括的事项适用《保险法》第18条的规定。[①] 此外,还需载明被保险

---

① 《保险法》第18条规定:"保险合同应当包括下列事项:(一)保险人的名称和住所;(二)投保人、被保险人的姓名或者名称、住所,以及人身保险的受益人的姓名或者名称、住所;(三)保险标的;(四)保险责任和责任免除;(五)保险期间和保险责任开始时间;(六)保险金额;(七)保险费以及支付办法;(八)保险金赔偿或者给付办法;(九)违约责任和争议处理;(十)订立合同的年、月、日。投保人和保险人可以约定与保险有关的其他事项。受益人是指人身保险合同中由被保险人或者投保人指定的享有保险金请求权的人。投保人、被保险人可以为受益人。保险金额是指保险人承担赔偿或者给付保险金责任的最高限额。"

人的义务、代位求偿权条款等。

第五,海外投资保险合同的审查与批准。海外投资保险所承保的投资项目仅限于新的投资,并应符合本国外交、经贸、产业、财政及金融政策,符合投资项目各方所在国的法律和政策规定,并获得与投资项目相关的批准许可;审批程序由国务院另行规定。

第六,代位求偿权。投资项目所在国应与中国签署 BIT 或区域性协定或多边条约,约定保险人的代位求偿权。海外投资政治风险发生后,"中信保"(保险人)向海外投资者(被保险人)支付或承诺支付保险金,从而取得海外投资者向东道国政府索赔之权利。

二、海外投资保险国际立法——BIT 之"革新"

为了在解决海外投资保险的国内立法问题之后,有与之相协调的 BIT,现有 BIT 中"旧"的条款亟须更新。

(一)补充全面实施准入前和准入时的国民待遇、明确间接征收的条款

首先,补充全面实施准入前和准入时的国民待遇。针对目前中国对外签订的 BIT 进行重新谈判或签订,补充全面实施准入前和准入时的国民待遇,以应对海外投资遭遇以国家安全审查和次级制裁为由的阻挠。突破因缺乏准入前和准入时的国民待遇带来的负面影响,即国家安全审查和次级制裁产生类似间接征收的效果。例如,将准入阶段,中国母公司已完成在东道国成立子公司的准备,为此投入的财力和物力纳入间接征收的补偿范畴。

其次,明确间接征收的条款。重新谈判或修订 BIT 时,根据产生负面的经济影响,在范围或适用上达到歧视程度,对投资者因事先承诺的期待利益造成损害,出于公共利益和善意采取以及征用与目的成比例四个方面认定征收,将《中国—乌兹别克斯坦 BIT》和《中国—坦桑尼亚 BIT》中关于征收的表述作为示范条款,即"缔约一方

对缔约另一方的投资者在其领土内的投资不得采取国有化、征收或效果等同于国有化或征收的措施",而"效果等同于国有化或征收的措施"是指间接征收。

(二)明确充分的保护与安全条款涵盖恐怖主义风险

首先,对于已有充分的保护与安全条款的 BIT 进行重新谈判或签订,使其涵盖防范恐怖主义风险,尤其是对于恐怖主义风险肆虐的国家,应当直接将"恐怖主义行动"的表述纳入充分的保护与安全条款中。

2015 年,中国颁布实施了《反恐怖主义法》,对恐怖主义作出明确定义。[1] 英国 2006 年的《反恐怖主义法》将恐怖主义描述为"具有以下特征:使用威胁等手段影响政府或恐吓大众或大部分民众;其目的带有政治性、宗教性或者是意识形态;其手段涉及针对人的严重暴力行为、危及他人生命、威胁公众安全、严重破坏公私财产、扰乱或严重影响电子系统"[2]。美国国务院认为恐怖主义是"团体或其人员实施的有预谋的、出于政治动机的以暴力手段针对非战争目标的行为"[3]。国际社会最早的反对恐怖主义公约——1937 年于日内瓦签订的《防止和惩治恐怖主义公约》中恐怖主义定义的要素有:首

---

[1] 《反恐怖主义法》第 3 条规定:"本法所称恐怖主义,是指通过暴力、破坏、恐吓等手段,制造社会恐慌、危害公共安全、侵犯人身财产,或者胁迫国家机关、国际组织,以实现其政治、意识形态等目的的主张和行为。本法所称恐怖活动,是指恐怖主义性质的下列行为:(一)组织、策划、准备实施、实施造成或者意图造成人员伤亡、重大财产损失、公共设施损坏、社会秩序混乱等严重社会危害的活动的;(二)宣扬恐怖主义,煽动实施恐怖活动,或者非法持有宣扬恐怖主义的物品,强制他人在公共场所穿戴宣扬恐怖主义的服饰、标志的;(三)组织、领导、参加恐怖活动组织的;(四)为恐怖活动组织、恐怖活动人员、实施恐怖活动或者恐怖活动培训提供信息、资金、物资、劳务、技术、场所等支持、协助、便利的;(五)其他恐怖活动。本法所称恐怖活动组织,是指三人以上为实施恐怖活动而组成的犯罪组织。本法所称恐怖活动人员,是指实施恐怖活动的人和恐怖活动组织的成员。本法所称恐怖事件,是指正在发生或者已经发生的造成或者可能造成重大社会危害的恐怖活动。"

[2] The Terrorism Act 2006, GOV.UK: https://www.gov.uk/government/publications/the-terrorism-act-2006. Last visited:2020-10-7.

[3] David Joseph Attard, Malgasia Fitzmaurice, and Norman Martinez, *The IMLI Manual on International Maritime Law Volume III: Marine Environmental Law and Maritime Security Law*, Oxford University Press, 2016, p.415.

先,指直接反对一个国家,其目的和性质具有政治性,意图在个别人士、个人团体或公众中制造恐怖的犯罪行为。其次,除实施行为外,包括为恐怖分子提供旨在协助其实施恐怖活动的一切帮助行为。

相比之下,中国《反恐怖主义法》的定义更加全面,归结了五大方面的活动。但考虑到修订或签署BIT的需要,为了被更多国家接受,建议将《防止和惩治恐怖主义公约》中"恐怖行为"的定义加入条款:"缔约一方投资者在缔约另一方境内的投资应享受持续的保护和安全,防范任何暴力或恐怖主义袭击。恐怖主义指直接反对一个国家,其目的和性质具有政治性,意图在个别人士、个人团体或公众中制造恐怖的犯罪行为。除实施行为外,包括为恐怖分子提供旨在协助其实施恐怖活动的一切帮助行为。"[①]

其次,对于尚未规定充分的保护与安全条款的BIT重新进行谈判或签订,补充这一条款的规定,并且参照上文中针对已有这一条款的BIT的修订,涵盖防范恐怖主义风险。

第三节 弥补"中信保"海外投资保单缺失之对策

本节解决"中信保"海外投资保单的四大缺失:一是保险责任条款中征收险和战争险的缺陷,包括责任条款的表述难以认定间接征收,并未设立独立的恐怖险;二是免除责任条款的问题,包括未明确危害或损害国家利益、公共利益行为的判断标准,违法行为与政治风险的因果关系难以判定;三是追偿条款无法约束东道国子公司;四是提高"中信保"海外投资保单赔偿条款中的赔偿标准。

---

① 任筱锋、郑宏、梁巍编:《国际反对恐怖主义公约汇编》,世界知识出版社2015年版,第1—16页。

一、规范保险责任条款

针对"中信保"海外投资保单保险责任条款中征收险和战争险的缺陷,包括保险责任条款的表述难以认定间接征收、并未设立独立的恐怖险,提出以下修改建议。

(一)补充间接征收的定义

如前所述,中国在重新谈判和签订 BIT 时,有关间接征收的表述应当沿用《中国—乌兹别克斯坦 BIT》和《中国—坦桑尼亚 BIT》的规定。"中信保"海外投资保单中关于间接征收的表述应与 BIT 保持一致,以免在理赔过程中产生歧义。也就是说,一方面将征收定义为"缔约一方对缔约另一方的投资者在其领土内的投资不得采取国有化、征收或效果等同于国有化或征收的措施",而"效果等同于国有化或征收的措施"即是间接征收。另一方面,在认定间接征收时,充分考虑四个方面的因素:一是产生负面的经济影响;二是在范围或适用上达到歧视程度;三是对投资者因事先承诺的期待利益造成损害;四是出于公共利益和善意采取的,以及征用与其目的成比例。

(二)增设恐怖险

首先,借鉴美国的经验,将恐怖险列为独立险别。在美国,恐怖险已经成为一个与战争险并列的基础险别。[①] 这种模式对于中国具有重要的借鉴意义。随着中国海外投资的纵深推进,遭遇的恐怖主义风险日趋严峻。例如,2018 年 3 月,位于马里中部距首都巴马科 700 公里处的某中资企业项目工地现场及营地遭遇 25~30 名不明

---

① "9·11"事件之后,美国国会通过了《恐怖主义风险保险法》《恐怖主义风险保险扩展法》和《恐怖主义风险保险计划再授权法》以完善其国内的恐怖险机制。在此基础上,美国海外投资公司也将过去内含于政治暴乱险中的恐怖险发展成具有独立性的险别。参见王淑敏:《海外投资的恐怖险立法问题研究——美国经验及其对我国的启示》,载《法商研究》2017 年第 4 期,第 157 页。

身份武装人员袭击,吊车、发电机等施工设备及物资被毁,中方人员财产被抢,幸无人员伤亡。①

其次,确立恐怖险独立险别的建议。"中信保"海外投资保单中应当增设一个恐怖险,具体表述为:东道国发生恐怖活动导致投资企业资产损失或永久无法经营的风险。恐怖主义指直接反对一个国家,其目的和性质具有政治性,意图在个别人士、个人团体或公众中制造恐怖的犯罪行为,除实施行为外,包括为恐怖分子提供旨在协助其实施恐怖活动的一切帮助行为。

二、规范免除责任条款

针对"中信保"海外投资保单除外责任条款未明确危害或损害国家利益、公共利益行为的判断标准,被保险人违反东道国法律与保险人拒付的因果关系两大问题,提出以下建议。

(一) 明确国家利益和公共利益的含义

首先,国家利益的界定。一是按照地域划分,国家利益包括境内国家利益和境外国家利益,一国的海外投资就是典型的境外国家利益;二是按照要素划分,国家利益包括国家政治利益、国家经济利益和国家文化利益②,海外投资通常涉及这三类国家利益的交织。国家利益的实践路径包括保护国家利益不受损害和促进国家利益的实现。

其次,公共利益的厘清。这一定义通常与诚实信用、公序良俗等道德层面的概念紧密联系。公共利益的不确定性加大了定义的

---

① 参见《中国公司马里项目工地遭袭,幸无人员伤亡》,载央视网(http://m.news.cctv.com/2018/03/09/ARTIlQFK56CbBHeQr2E6UaL0180309.shtml),访问日期:2020年11月22日。

② See Hans J. Morgenthau, "Another 'Great Debate': The National Interest of the United States," 46 *American Political Science Review* 961, 972(1952).

难度。① 英国学者哈耶克认为,公共利益只能定义为"一种抽象的秩序"②,作为一个整体,它不指向任何特定的具体目标,而是仅仅提供最佳的渠道,无论哪个成员都可以将自己的知识用于自己的目的。中国学者认为,公共利益不仅强调受益人的数量,更加强调是否体现公益的实质③,即能够满足一定范围内所有人生存、享受和发展的、具有公共效用的资源和条件④。

综上所述,建议在"中信保"海外投资保单中明确解释国家利益和公共利益的应有之义:一是国家利益的内涵与外延。国家利益是指满足或能够满足国家赖以生存、发展的各方面需求,包括境内国家利益和境外国家利益,国家政治利益、国家经济利益和国家文化利益,以及保护国家利益不受损害并且促进国家利益实现的手段。二是公共利益的内涵与外延。公共利益是与国家利益相对应的概念,是满足公众优良生活,保障人民福祉,包括经济、文化、管理等领域的公共利益。

(二) 确认被保险人违反东道国法律与保险人拒付的因果关系

在"新洲集团诉'中信保'征收索赔案"中,关于免责条款中被保险人存在违反东道国法律的行为这一情形提出了两点疑问:一是如何判断因果关系的构成要件? 二是如何界定被保险人的违法行为与损失之间存在的因果关系? 接下来将针对这两个问题逐一解答。

首先,因果关系的构成要件,即行为人的社会危害行为与危害结果之间有因果关系。行为人对于危害结果在主观上是否有过失就是最重要的评判标准。过失有两种:一是疏忽大意的过失;二是主观轻信可以避免的过失。无论是前者还是后者,被保险人只要事

---

① 参见娄立斌:《试论私法对公共利益保护的必要性》,载《青海师范大学学报(哲学社会科学版)》2020年第2期,第41—42页。
② 〔英〕哈耶克:《经济、科学与政治——哈耶克思想精粹》,冯克利译,江苏人民出版社2000年版,第393页。
③ 参见陈新民:《德国公法学基础理论》(上册),山东人民出版社2001年版,第204页。
④ 参见汪辉勇:《公共价值论》,合肥工业大学出版社2014年版,第20页。

先知道自己的行为属于违法行为,以及该行为可能造成的危害结果,则保险人可以依据免责条款拒绝赔偿。

其次,以"近因原则"判断因果关系。这是基于多样性,即指损害结果是由诸多因素引起的问题。英国哲学家弗朗西斯曾一语道破法律因果关系的真谛,即"法律只关注近因,而不是远因"①。所谓近因,是指在系列事实原因之中,对损害发生起到支配性、决定性作用的原因,能够被法律归为行为人对所产生的危害结果承担责任的原因。② 质言之,投资者的违法行为是否构成保险人拒付的近因不能一概而论,即不应因投资者存在违法行为就直接拒绝赔偿,而要综合考虑这一违法行为是否构成近因。例如,在前章所述的"新洲集团诉'中信保'征收索赔案"中,哈巴木兴林业公司雇用运输公司运输木材属于正常经营需要,虽然在操作时有疏忽,但是不足以构成所谓的"盗伐林木",亦不能成为俄罗斯政府查封林场的合法理由。即使将这一疏忽认定为投资者的违法行为,这一违法行为亦不是东道国征收行为的近因。也就是说,俄罗斯政府无法律依据且不符合法定程序剥夺哈巴木兴林业公司的经营权,构成间接征收。在此情形下,作为保险人的"中信保"没有理由拒绝赔偿被保险人新洲集团。

(三) 规范代位求偿权条款

基于合同相对性原则,若母公司作为被保险人,则"中信保"海外投资保单不能直接约束境外子公司。但是,子公司作为在东道国境内设立的独立法人,是遭遇海外投资保险承保的政治风险损害的

---

① See Peter Nash Swisher, "Causation Requirements in Tort and Insurance Law Practice: Demystifying Some Legal Causation Riddles," 43 *Tort Trial & Insurance Practice Law Journal* 1, 8(2007).
② "事实上的因果关系中的原因与结果之间属于客观存在的联系,与法律规定并无关联;而法律上的因果关系中的因果关系是对事实上的因果关系的升华,是一种规范性判断。而在系列事实原因之中,能够被法律归为行为人对所产生的危害结果承担责任的原因则是近因"。参见王淑敏:《国际投资中"外国政府控制的交易"之法律问题研究——由"三一集团诉奥巴马案"引发的思考》,载《法商研究》2013 年第 5 期,第 107 页。

直接受害者,是配合"中信保"在东道国进行调查的最佳人选。因此,为了约束东道国子公司在海外投资保险实践中"配合"保险人,必须由母公司和子公司另外签订协议,并把该协议交由"中信保"备案。换言之,当母公司向"中信保"投保时,应当审查母公司和子公司之间是否存在一份保证协议:一是子公司保证不违反投资者母国的法律、国家利益、公共利益并且遵守东道国的法律;二是子公司保证在"中信保"取得代位求偿权后,根据"中信保"的指示配合其向东道国追偿。

三、适当提高征收险的赔偿标准

尽管与"赫尔原则"存在差距,"中信保"就征收险引起的损失给予90%赔偿的原则符合保险业界的国际惯例,亦是国外各大保险公司的通行做法。也就是说,如果被保险人未尽预警的义务,对于风险的发生应当负有一定比例的责任,是有一定合理性的。但是,为了鼓励中资企业走出去,弥补它们因被直接或间接征收而导致的巨额损失,建议"中信保"适当提高赔偿的上限,如达到95%乃至更高,这依赖于双方保单的自由约定,不可强迫缔约方。至于不足部分,由海外投资者依照投资者—国家争端解决途径向东道国追偿,以弥补基于BIT或区域性协定或多边条约的"赫尔原则"不足额的赔偿。

本 章 小 结

借鉴美国的模式,中国制定一部"海外投资保护法"已被国家发展和改革委员会与商务部纳入立法规划之中。因此这种模式较之日本合并式立法模式或专门制定"海外投资保险法"更加可行。

建议"海外投资保护法"分为一般规定和海外投资保险合同两个部分。前者包括海外投资保险的定义、适用范围、海外投资保险业务经营主体及监督管理机构等条款;后者涵盖海外投资保险合同的定义、当事人、定性、主要条款、审查与批准及代位求偿权等条款。

  国际法方面的对策体现在签署或修订与之相协调的 BIT。首先,全面实施准入前和准入时的国民待遇、明确间接征收条款。其次,明确充分的保护与安全条款涵盖恐怖主义风险。

  除完善立法之外,"中信保"海外投资保单亦应进一步完善。一是"中信保"海外投资保单中关于征收的表述应与 BIT 保持一致,以免在理赔过程中产生歧义。二是"中信保"海外投资保单中应当增设一个恐怖险。三是明确解释国家利益和公共利益的应有之义。四是以"近因原则"判断被保险人违反东道国法律与保险人拒付的因果关系。五是提高"中信保"海外投资保单征收险的赔偿标准,在双方自愿的前提下可达到95%,甚至更高。

结 论

海外投资保险法律制度在境外直接投资风险管理中占有举足轻重的地位，其源自第二次世界大战后美国的"马歇尔计划"。1948年，美国制定《对外援助法》，开始实施"马歇尔计划"，对战后欧洲进行经济援助，并通过投资保证制度促进本国国民对欧洲的投资，海外投资保险法律制度由此初步形成。20世纪六七十年代，以日本、德国为首的一批发达国家率先效仿美国的做法，通过本国的出口信用保险机构或其他政府代理机构开展海外投资保险业务，用以推动和保护具有本国利益的跨境投资活动。海外投资保险法律制度至此广泛建立。

在这一过程中，中国自然亦不甘居于人后。回顾历史，中国海外投资保险立法的发展进程分为：1979年至1990年的雏形阶段；2013年《最高人民法院关于审理出口信用保险合同纠纷案件适用相关法律问题的批复》的出台认可海外投资保险适用《保险法》；2016年"中信保"的监督机构承认"中信保"受《保险法》约束。

总体来看，海外投资保险法律制度本身是一个跨学科、庞大的体系，涉及传统风险与非传统风险，现行的法律规定中尚存在一些"模糊"和"重叠"的规定，这些必然会产生法律适用过程中的分歧和困难。

本书系统且详细地阐述了中国海外投资保险法律制度中存在的问题。首先，立法层面。国内立法问题的根本在于"缺"，一是缺乏专门规制海外投资保险的立法，二是现有规范性文件"各自为政"。此外，现有的规范性文件并未规定"中信保"承保海外投资保险的承保条件、承保范围等，而是通过"中信保"的公司规章或海外投资保单来约束。关于类似何为征收这种本就具有争议性的问题,现有法律规定中更是语焉不详。国际立法问题在于"旧"。中国虽然签订了数量众多的BIT,但是这些BIT,尤其是与发展中国家签订的BIT,多数签订于2000年以前。这些BIT中未明确准入时和准入前的国民待遇,导致间接征收风险,充分的保护与安全条款的缺陷亦导致投资者面对恐怖主义风险难以得到足够的保障。其次,"中信保"海外投资保单条款存在缺陷。实践中,由于立法的不完善,"中信保"海外投资保单成为解决准司法和司法问题的重要依据之一。但是,其"合规性"有待商榷。一是保险责任条款的表述难以认定间接征收,亦未设立独立的恐怖险;二是"中信保"免除责任的情形——除外责任条款未明确危害或损害国家利益、公共利益行为的判断标准和被保险人义务条款中违法行为与政治风险的因果关系难以判定;三是追偿条款无法约束东道国子公司;四是赔偿条款中的赔偿标准尚需提高。

为适应全球化经济发展,以及中国企业实施跨国经营的需要,建立与完善有关海外投资方面的法律制度已成为现今中国法治建设的重中之重,而海外投资保险法律制度正是促进与保护海外投资的核心。

本书在吸收此前研究成果的基础上,在选题、理论、对策和研究方法方面均有所创新。首先,在选题方面,全面剖析美国、德国、日本的海外投资保险法律规范,厘清海外投资保险法律制度的发展史。继而结合"中信保"在"一带一路"沿线国家承保海外投资保险的实证研究,系统地分析中国海外投资保险法律制度的桎梏。以海外投资保险纠纷为切入点,分别从海外投资保险立法和海外投资保险合同中存在的问题对应阐述中国的因应。其次,在理论方面,既诠释外交保护理论与海外投资保险法律制度的关联性,又剖析海外投资保险合同的有名性。特别是将政治学中的全球治理理论与海外投资保险法律制度结合起来进行研究,提出全球治理下投资法律保险制度以多边机构——MIGA为载体的原因:一是符合全球治理下多元化主体参与的特征;二是以解决多元化主体,包括成员国、MIGA等主体之间的摩擦为主旨;三是MIGA建立了一个稳定的多边权利分配机制。再次,在对策方面,中国海外投资保险法律制度并非"空白",而是呈碎片化。一是从国内立法入手,以合并式立法模式取代混合式立法模式。鉴于制定"海外投资保险法"的时机尚未成熟,因此提出通过制定一部"海外投资保护法",设专章规制海外投资保险问题。二是针对代位求偿权的行使障碍,对于条款过时的 BIT 重新进行谈判或补充谈判。三是通过对海外投资保险纠纷的实证分析,对解决国内纠纷的另一个依据——"中信保"海外投资保单进行完善。最后,在研究方法方面,运用经济学中的定性定量分析法,先对"中信保"承保"一带一路"沿线国家投资的各类政治风险进行定性分析,在此基础上,采取调研、统计方式对"中信保"承保"一带一路"沿线国家投资的各类政治风险进行定量分析。

重构中国海外投资保险法律制度并不是一朝一夕的事,无论是国内立法还是国际立法,都将是一个漫长的过程。未来可能发生的以诉讼或仲裁手段解决代位求偿权纠纷将成为另一个值得关注的研究方向。

关键词索引

A

ACIA 84,91-93,148,149,154

B

BIT 7,8,11,12,19,20,22,32,33,35,39,60,67-70,79-90,101,124,145-147,149,153,191,223-225,227-233,235,241,251-254,256,257,259-262,266,267,269,270

Build 法 2,3,8,9,20,42,48,51,54,55,62,63,66,67,69,126,127,131,256

保险机构 34,42,49,52,57,63-65,69,70,82,86,100,101,116,120,192,193,202,206,268

保险人 7,8,16,21,31-33,51,52,56,61-64,66,70,79,81,84,113,119,137-145,148-150,152-154,191,193,195,198,208,209,222,225,226,234,235,237-241,243-251,253,258,259,263-267,269

保证保险 7,16,32,33,136-138,142-144,226,227,250,253,258

C

财产保险 7,136,138,142-144,194,226,253,258

充分的保护与安全 7,8,12,80,85,86,88-90,92,93,227,231-233,253,260,261,267,269

次级制裁 5,6,182,186,187,190,220,224,227,228,236,253,259

D

DFC 2,3,9,20,42,51,54,55,62,63,65-67,69,131,147

代位求偿权 19,21,32,44,48,52,67-69,79,80,82-84,100,102,114,116,121,141,143,145-154,190,191,209,221-223,225,235,239,241,246,249-254,257-259,265-267,270

代位权 154

东道国 3,6,8,10,16,19,23,32,35-39,41,42,47,48,50,52-55,60-70,72-74,77,79-84,86-90,92,93,98-105,109,113,115-117,119-123,137-139,142-151,153,154,161,166,172-174,176-178,180,186-192,195,198,206-211,215,216,220,221,224-226,228-230,232,234,238,239,241,245,246,248-254,258,259,261,263-

267,269

独立行政法人　56,57,62,66

对外援助　2,8-11,21,33,39-44,48
-50,53,54,58,62,69,126,127,
129-131,147,268

多边条约　39,79,81,145,150,151,
154,252,259,266

E

ECA　2,10,40,49

F

FCN　82,89

"法律制度"　30,31

非传统政治风险　3,5

分立式立法模式　18,125-127,129,
133,135,223

负面清单　4,52,70,73-77,144,228

G

公平与公正待遇　12,80,86,88,
89,92

国际不法行为　13,105,109

国家安全审查　4,5,73,77,78,144,
181-184,186,190,220,224,227,
228,236,253,259

国家风险　71,156,161-163,165-
169,172,200-205,207,208

国家豁免　110-112,150,151,154

国家名义　6,7,13,105,106,110,
112,114

国民待遇　7,8,12,80,86-88,90-
92,124,224,227,228,253,259,

267,269

H

海外投资(股权)保险　176-178,194
-198,206

海外投资(债权)保险　114,176-
178,191,194-198,206,209,243
-245

海外投资保单　7,8,15,16,20,32,
45,136,137,139-144,206,222,
223,225,227,233-237,239,241,
243,246-248,253-255,258,261-
265,267-270

海外投资保险　1-23,25,27,29-37,
39-49,51-75,77,79-93,95,97-
99,101,103,105-107,109-115,
117-121,123-145,147-149,152-
155,161,166,173-175,178,186,
187,189,191,194-196,199-201,
203-206,208,211,215,221-223,
225-227,229,231,233,235,237-
241,243,245-247,249-259,261,
263,265-270

合并式立法模式　7,18,32,126-
133,135,136,255,256,266,270

赫尔原则　240,266

混合式立法模式　18,32,126-129,
133-135,141,223,226,253,270

I

IAIGC　94,96-99,148,149,154

ICSID　12,34-36,94,102,107,152-
154,232,251,252

IGA　82,83
IMA　51

J

禁兑险　54,55,90,182

K

恐怖险　7,8,19,225,236,237,261-263,267,269

L

立法模式　7,15,17,18,21,32,125-131,133,135,222,223,255-257,259,261,263,265,267

M

MIGA　6,7,9,14,20,38,85,86,100-105,114-117,119-124,149-151,154,190-193,199,221,250,269
马歇尔计划　1,2,9,11,21,40,42,49,268
免除责任条款　7,225,234,237,254,261,263
模糊综合评价模型　211,213
母公司　7,16,138-140,142-144,187,225,228,239,241,243,253,258,259,265,266
母国　81,113,120,122,244

N

NEXI　51,56,57,62,65,66,68,69,86

内乱　12,38,41,49,50,54,57,58,90,92,93,99,100,104,124,224

O

OECD　10,11,39,88,89,100
OPIC　2,3,9-12,17,18,20,38,39,41,42,49-51,53-55,62,65,66,69,83,97,120,131,147

Q

区域性协定　32,79,81,84-86,91-93,95,124,252,259,266
全球治理　6,7,13-15,17,20,21,32,114-117,119,120,124,216,269

R

RCEP　4,227,228

T

投保人　31,33,41,52,81,83,102,104,137,138,140,141,144,150,198,208,222,226,234,241,245,258
投资者母国　1,2,11,19,23,32,37,47,48,52,65-67,80,81,113-115,117,119,123,125-131,133,135,138,143,148,153,210,222,238,253,266

U

USMCA　74-76,84,85,91-93

W

外交保护 6,7,13,15-17,20,21,32,70,105-110,114,115,117-119,124,269

X

违约险 86,104,206,207,243

信用保险 2,33,44-46,51,59,60,62,65,66,128-130,132-135,137,142,162,166-169,178,194-196,200-208,227,240,255-257,268

Y

用尽当地救济 106,109,244

Z

战争和暴乱 176-178,182,190,194-196,198,206,215,216,220,221,234,236,237,257

征收 6-8,12,21,37-39,44,49,50,54,60,61,82,89,90,92,99-101,104,121,124,161,166,176-179,187,188,190,194-196,198,206,209,215,220,224,225,227-231,234-236,238,240,241,243-247,249,252-254,257,259-262,264-269

征收险 7,8,54,55,68,182,206,209,220,221,225,234,235,240,254,261,262,266,267

政策性保险 6,45,110,112-114,132,135,141,194,226,240,253,255

中信保 2,7,8,15,20,21,32,44-46,70,113,114,134,136,137,139-144,155-159,161,163,165-167,169,171-179,181-183,185-187,189-209,211,213,215-217,219-223,225,227,233-255,258,259,261-270

主权信用风险 161,166-169,171,204,215,216

子公司 7,16,54,138-140,142-144,186,195,225,226,228,234,239,253,254,258,259,261,265,266,269

最惠国待遇 12,80,86-88,91,92,224

参 考 文 献

一、中文文献

(一) 著作

1. 蔡拓、杨雪冬、吴志成主编：《全球治理概论》，北京大学出版社 2016 年版。
2. 陈安：《陈安论国际经济法学》，复旦大学出版社 2008 年版。
3. 陈安：《美国对海外投资的法律保护及典型案例分析》，鹭江出版社 1985 版。
4. 陈安：《中国特色话语：陈安论国际经济法学》(第二卷)，北京大学出版社 2018 年版。
5. 陈安主编：《国际经济法学》(第七版)，北京大学出版社 2017 年版。
6. 陈家刚主编：《全球治理：概念与理论》，中央编译出版社 2017 年版。
7. 程诚：《"一带一路"中非发展合作新模式："造血金融"如何改变非洲》，中国人民大学出版社 2018 年版。
8. 范纯：《法律视野下的日本式经济体制》，法律出版社 2006 年版。
9. 梁开银：《中国海外投资立法论纲》，法律出版社 2009 年版。
10. 庞中英：《全球治理的中国角色》，人民出版社 2016 年版。
11. 漆彤：《"一带一路"国际经贸法律问题研究》，高等教育出版社 2018 年版。
12. 漆彤主编：《中国海外投资法律指南》，法律出版社 2019

年版。

13. 饶戈平主编:《全球化进程中的国际组织》,北京大学出版社2005年版。

14. 任晓、刘慧华:《中国对外援助:理论与实践》,格致出版社、上海人民出版社2017年版。

15. 邵沙平主编:《国际法》(第四版),高等教育出版社2020年版。

16. 谭民:《中国—东盟能源安全合作法律问题研究》,武汉大学出版社2016年版。

17. 王传丽主编:《国际经济法》(第六版),中国政法大学出版社2018年。

18. 王铁崖主编:《国际法》(第二版),法律出版社2005年版。

19. 杨健编著:《定量分析方法》,清华大学出版社2018年版。

20. 杨丽艳主编:《涉外投资法律实务》,厦门大学出版社2017年版。

21. 姚梅镇:《国际投资法》,武汉大学出版社1989年版。

22. 余劲松主编:《国际投资法》(第四版),法律出版社2014年版。

23. 袁海勇:《中国海外投资政治风险的国际法应对》,上海人民出版社2018年版。

24. 曾华群、余劲松主编:《促进与保护我国海外投资的法制》,北京大学出版社2017年版。

25. 张明、王碧珺等:《中国海外投资国家风险评级报告(2019)》,中国社会科学出版社2019年版。

26. 张文显:《法理学》,高等教育出版社2020年版。

27. 周鲠生:《国际法》,武汉大学出版社2007年版。

28. 周忠海主编:《国际法》(第三版),中国政法大学出版社2017年版。

29. 左海聪主编:《国际经济法》,武汉大学出版社2010年版。

(二)译著

1.〔美〕巴里·E.卡特、〔美〕艾伦·S.韦纳:《国际法》(下),冯洁菡译,商务印书馆 2015 年版。

2.〔美〕肯尼斯·J.范德威尔德:《美国国际投资协定》,蔡从燕、朱明新等译,法律出版社 2017 年版。

3.〔美〕托马斯·伯根索尔、〔美〕肖恩·D.墨菲:《国际公法》(第三版),黎作恒译,法律出版社 2005 年版。

4.〔日〕速水佑次郎:《发展经济学:从贫困到富裕》,李周译,社会科学文献出版社 2003 年版。

5.〔日〕星野昭吉:《全球政治学——全球化进程中的变动、冲突、治理与和平》,刘小林、张胜军译,新华出版社 2000 年版。

6.〔瑞典〕英瓦尔·卡尔松、〔圭亚那〕什里达特·兰法尔主编:《天涯成比邻——全球治理委员会的报告》,赵仲强、李正凌译,中国中外翻译出版公司 1995 年版。

7.〔英〕安德鲁·赫里尔:《全球秩序与全球治理》,林曦译,中国人民大学出版社 2018 年版。

8.〔英〕蒂莫西·希利尔:《国际公法原理》,曲波译,中国人民大学出版社 2006 年版。

9.〔英〕劳特派特:《奥本海国际法》(上卷第 2 分册),王铁崖、陈体强译,商务印书馆 1989 年版。

10.〔英〕马尔科姆·N.肖:《国际法》,白桂梅等译,北京大学出版社 2011 年版。

11.〔英〕詹宁斯:《奥本海国际法》,王铁崖译,中国大百科全书出版社 1995 年版。

(三)期刊论文

1.陈虎:《"一带一路"背景下海外投资保险制度的构建》,载《湘潭大学学报(哲学社会科学版)》2017 年第 4 期。

2. 陈立虎:《中国海外投资保险法律的地位与模式》,载《南京师大学报(社会科学版)》2008年第6期。

3. 陈伟光、王燕:《全球经济治理中制度性话语权的中国策》,载《改革》2016年第7期。

4. 陈业宏、陶斌智:《对外投资保险制度:晚近发展及对中国的启示》,载《河南社会科学》2014年第5期。

5. 邓瑞平、董威颉:《中国海外投资安全风险国家层面法律防范研究》,载《河北法学》2019年第2期。

6. 丁志刚、于泽慧:《论制度、制度化、制度体系与国家治理》,载《学习与探索》2020年第1期。

7. 董静然:《双边投资协定与多边投资规则构建的互动研究》,载《国际经济法学刊》2018年第3期。

8. 郭玲:《"一带一路"背景下我国海外投资保险制度的立法构想》,载《西南金融》2019年第8期。

9. 何芳:《论我国海外投资保险制度及其立法》,载《江西社会科学》2012年第8期。

10. 何悦涵:《投资争端解决的"联合控制"机制研究——由投资争端解决机制的改革展开》,载《法商研究》2020年第4期。

11. 何志鹏:《主权豁免的中国立场》,载《政法论坛》2015年第3期。

12. 贺海仁:《从私力救济到公力救济——权利救济的现代性话语》,载《法商研究》2004年第1期。

13. 侯鲜明:《关于我国海外投资保险制度的立法构想》,载《学术探索》2004年第5期。

14. 瞿郑龙:《当代中国的国家立法模式及其原则重塑——实证政治视野的分析》,载《法制与社会发展》2016年第6期。

15. 李利、许崇苗:《对保证保险内涵的探析》,载《保险理论与实践》2020年第8期。

16. 李庆明:《论中国国有企业在美国民事诉讼中的国家豁免》,载《江西社会科学》2018年第11期。

17. 李思奇、牛倩:《投资负面清单制度的国际比较及其启示》,载《亚太经济》2019年第4期。

18. 李秀娜:《海外利益保护制度的有效性困境及路径探究》,载《北方法学》2019年第5期。

19. 刘笋:《论投资条约中的国际最低待遇标准》,载《法商研究》2011年第6期。

20. 刘笑晨:《北京城建集团诉也门政府案管辖权阶段的胜诉及启示》,载《对外经贸实务》2017年第9期。

21. 刘笑晨、王淑敏:《全球治理视角下打击海上恐怖主义的法律机制问题初探》,载《中国海商法研究》2016年第4期。

22. 娄立斌:《试论私法对公共利益保护的必要性》,载《青海师范大学学报(哲学社会科学版)》2020年第2期。

23. 吕鸣:《建立我国海外投资保险代位权立法模式的思考》,载《国际商务研究》2011年第2期。

24. 马德才:《海外投资保险制度的比较研究及其借鉴》,载《江西财经大学学报》2002年第3期。

25. 马迅:《论"干净的手"原则在国际投资仲裁中的适用》,载《现代法学》2016年第5期。

26. 欧阳俊、邱琼:《〈美墨加协定〉的目标、原则和治理机制分析》,载《拉丁美洲研究》2019年第1期。

27. 沈虹:《海外投资保险制度中的代位权研究》,载《政法论丛》2004年第2期。

28. 史晓丽:《构建中国海外投资保险制度的法律思考》,载《国际贸易》2013年第11期。

29. 宋刚:《保证保险是保险,不是担保》,载《法学》2006年第6期。

30. 孙蕾:《美国海外投资保险制度的实施与发展》,载《国际经济法学刊》2010年第4期。

31. 谈萧:《韩国海外投资法制评析及启示》,载《国际贸易问题》2006年第9期。

32. 王军杰:《论"一带一路"沿线投资政治风险的法律应对》,载《现代法学》2018年第3期。

33. 王培志、潘辛毅、张舒悦:《制度因素、双边投资协定与中国对外直接投资区位选择——基于"一带一路"沿线国家面板数据》,载《经济与管理评论》2018年第1期。

34. 王淑敏:《地缘政治视阈下的中国海外投资准入国民待遇保护——基于"冰岛拒绝中坤集团投资案"的法律思考》,载《法商研究》2012年第2期。

35. 王淑敏:《海外投资的恐怖险立法问题研究——美国经验及其对我国的启示》,载《法商研究》2017年第4期。

36. 王淑敏、李银澄:《自由贸易港区的立法模式:台湾地区的实践及其对海南自贸港的借鉴意义》,载《国际商务研究》2020年第1期。

37. 王淑敏、李忠操:《区块链纠纷的民事管辖权配置:法理创新与立法应对》,载《政治与法律》2020年第5期。

38. 王淑敏、邹欣蔚、程鑫:《英国海上保险法"保证"条款的修订与启示》,载《世界海运》2015年第10期。

39. 王树义、周迪:《论法国环境立法模式的新发展——以法国〈综合环境政策与协商法〉的制定为例》,载《法制与社会发展》2015年第2期。

40. 吴智:《建立我国海外投资保险制度体系的法律思考》,载《现代法学》2002年第5期。

41. 邢政君、陈波:《印度外国投资国家安全审查制度及其影响》,载《亚太经济》2019年第4期。

42. 徐崇利:《"一带一路"国际经济法律制度的"契约性"特征》,载《法学》2019年第3期。

43. 杨娜、王慧婷:《百年未有之大变局下的全球治理及中国参与》,载《东北亚论坛》2020年第6期。

44. 姚梅镇:《日本海外投资保险制度》,载《武汉大学学报(人文科学版)》1981年第4期。

45. 叶江:《新冠肺炎疫情对现代世界体系的影响——兼谈中国在全球治理体系重塑中的新作用》,载《国际展望》2021年第1期。

46. 尹晨、李雪:《"一带一路"创新治理机制探析——基于全球政治社会学的视角》,载《复旦学报(社会科学版)》2020年第5期。

47. 袁媛:《中美竞争法律制度比较研究》,载《政法论坛》2004年第5期。

48. 曾文革、周钰颖:《论我国对东盟农业投资政治风险的法律防范》,载《经济问题探索》2013年第11期。

49. 张晖明、邓霆:《企业估值中的定性分析方法》,载《复旦学报(社会科学版)》2010年第3期。

50. 张金杰:《我国海外投资面临的经济风险及利益保护机制研究》,载《经济纵横》2017年第7期。

51. 张坤、李瑞民:《从两个项目看投资保险国际合作》,载《国际融资》2010年第4期。

52. 张丽娜:《论建立我国的海外投资保险制度》,载《海南大学学报(人文社会科学版)》2002年第3期。

53. 张中元:《国家在全球价值链治理中的作用》,载《新视野》2020年第6期。

54. 章添香:《出口信用保险在"一带一路"建设中的作用与发展》,载《国际经济合作》2020年第1期。

55. 赵娟:《保证保险代位求偿权对象的司法认定》,载《法律适用》2019年第24期。

56. 钟锴:《试论将恐怖主义险纳入MIGA承保之基本险别的必要性》,载《社会科学家》2005年第S1期。

57. 朱明新:《投资者—国家争端解决机制的革新与国家的"回归"》,载《国际法研究》2018年第4期。

二、外文文献

(一) 著作

1. Alan M. Rugman, *The Oxford Handbook of International Business*, Oxford University Press, 2001.

2. Antoni Estevadeordal, Dilip K. Das, *The Economic Dimension of Globalization*, Palgrave Macmillan, 2004.

3. August Reinisch, Christoph Schreuer, *International Protection of Investments*, Cambridge University Press, 2020.

4. Baetens Freya, *The Oxford Handbook of International Investment Law*, Oxford University Press, 2009.

5. Barry Buzan, *From International to World Society? English School Theory and the Social Structure of Globalisation*, Cambridge University Press, 2004.

6. Barry E. Carter, Phillip R. Trimble, *International Law*, Little Brown and Company, 1991.

7. Cameron I. , *International Criminal Jurisdiction*, Oxford University Press, 2009.

8. Catharine Titi, Katia Fach Gómez, eds. , *Mediation in International Commercial and Investment Disputes*, Oxford University Press, 2019.

9. David Beetham, *The Legitimation of Power*, The Legitimation of Power, 1991.

10. Dominique Carreau, Thiébaut Flory, and Patrick Juillard, *Droit International Economique*, Librairie Générale De Droit Et De Jurisprudence, 2010.

11. Douglass C. North, *Institutions, Institutional Change and Economic Performance (Political Economy of Institutions and Decisions)*, Cambridge University Press, 1990.

12. Giorgio Barba Navaretti, Anthony J. Venables, *Multinational Firms in the World Economy*, Princeton University Press, 2004.

13. J. N. Rosenau, E. O. Czempeil, *Governance Without Government: Order and Change in World Politics*, Cambridge University Press, 1992.

14. J. W. F. Allison, *A Continental Distinction in the Common Law: A Historical and Comparative Perspective on English Public Law*, Oxford University Press, 2000.

15. Jürgen Bröhmer, *State Immunity and the Violation of Human Rights*, Marinus Nijhoff Publishers, 1997.

16. Julien Chaisse, *China's International Investment Strategy: Bilateral, Regional, and Global Law and Policy*, Oxford University Press, 2019.

17. Karl P. Sauvant, Yearbook on International Investment Law and Policy 2009-2010, Oxford University Press, 2010.

18. Kevin P. Gallagher, Daniel Chudnovsky, ed., *Rethinking Foreign Investment for Sustainable Development: Lessons from Latin America*, Anthem Press, 2009.

19. Lael Brainard, *Security by Other Means: Foreign Assistance, Global Poverty, and American Leadership*, Brookings Institution Press & Center for Strategic and International Studies, 2007.

20. M. Sornarajah, *The International Law on Foreign Investment*, Cambridge University Press, 2010

21. Manfred Holthus, Dietrich Kebschull, and Menck, *Multilateral Investment Insurance and Private Investment in the Third World*, Routledge Press, 2020.

22. Michael Moser, *Business Disputes in China*, Juris Publishing, 2011.

23. Michael Porter, *The Competitive Advantage of Nations*, Free Press, 1990.

24. Muchlinski P., *Multinational Enterprises and the Law*, Oxford University Press, 2007.

25. Nadakavukaren Schefer, Krista, *International Investment Law: Text, Cases and Materials*, Edward Elgar, 2016.

26. Peter Muchlinski, Federico Ortino, and Christoph Schreuer, *The Oxford Handbook of International Investment Law*, Oxford Handbooks Online Press, 2008.

27. Rudolf Dolzer, Christoph Schreuer, *Principle of Investment Law*, Oxford Press, 2008.

28. Schefer K. N. , *International Investment Law*, Martinus Nijhoff Publish, 2012.

29. Sokchea Kim, *Bilateral Investment Treaties, Political Risk and Foreign Direct Investment*, Social Science Electronic Publishing, 2006.

30. Steffen Hindelang, Markus Krajewski, *Shifting Paradigms in International Investment Law*, Oxford University Press, 2016.

31. Stephan W. Schill, *International Investment Law and Comparative Public Law*, Oxford Press, 2010.

32. Thomas M. Franck, *The Power of Legitimacy Among Nations*, Oxford University Press, 1990.

33. Zena Prodromou, *The Public Order Exception in International Trade, Investment, Human Rights and Commercial Disputes*, Wolters Kluwer, 2020.

(二)期刊论文

1. Alberto Tita, "Investment Insurance in International Law: A Restatement on the Regime of Foreign Investment," 11 *Journal of World Investment and Trade* 651(2010).

2. Alex Grabowski, "The Definition of Investment Under the ICSID Convention: A Defense of Salini," 15 *Chicago Journal of International Law* 287(2014).

3. Amr Arafa Hasaan, "The 2013 Amendments to the Arab Investment Agreement," 34 *ICSID Review* 107(2019).

4. Bjørn Kunoy, "The Notion of Time in ICSID's Case Law on Indirect Expropriation," 23 *Journal of International Arbitration, Kluwer Law International* 237(2006).

5. Borchard E. M. , "Basic Elements of Diplomatic Protection of Citizens Abroad," 7 *American Journal of International Law* 497(1913).

6. Ceyssens J. , "Towards a Common Foreign Investment Policy? –

Foreign Investment in the European Constitution," 32 *Legal Issues of Economic Integration* 259(2005).

7. Chatterjee S. K., "The Convention Establishing the Multilateral Investment Guarantee Agency," 36 *International and Comparative Law Quarterly* 76(1987).

8. Coen D., Pegram T., "Wanted: A Third Generation of Global Governance Research," 28 *Governance* 417(2015).

9. Dani el Drezner, "The Power and Perilesional Regime Complexity," 7 *Perspectives on Politics* 65(2009).

10. E. de Vattel, "The Law of Nations, or, Principles of the Law of Nature, Applied to the Conduct and Affairs of Nations and Sovereigns: With Three Early Essays on the Origin and Nature of Natural Law and on Luxury," 21 *Journal of Epidemiology & Community Health* 517(2012).

11. Easton B. D., "The Political System: An Inquiry into the State of Political Science," 68 *Canadian Journal of Economics and Political Science* 434(1953).

12. Ewell E. Murphy, Jr., "Access and Protection for Foreign Investment in Mexico Under Mexico's New Foreign Investment Law and the North American Free Trade Agreement," 10 *ICSID Review-Foreign Investment Law Journal* 54(2000).

13. Ghattas E., "The Arab Investment Guarantee System: A Model for Regional Cooperation," 19 *Studies in Comparative International Development* 60(1984).

14. Ginsburg Robert, "Political Risk Insurance and Bilateral Investment Treaties: Making the Connection," 14 *Journal of World Investment and Trade* 943(2013).

15. Hart J. A., "Multinational Firms in the World Economy," 3 *Comparative Economic Studies* 49(2007).

16. Hunter R. J. J., Shapiro R. E., and Ryan L. V., "Legal Considerations in Foreign Direct Investment," 28 *Oklahoma City University*

Law Review 851(2003).

17. Ibrahim F. I. Shihata, "Factors Influencing the Flow of Foreign Investment and the Relevance of a Multilateral Investment Guarantee Scheme," 21 *The International Lawyer* 671(1987).

18. James J. Waters, "A Comparative Analysis of Public and Private Political Risk Insurance Policies with Strategic Applications for Risk Mitigation," 25 *Duke Journal of Comparative and International Law* 361 (2015).

19. Jeswald W. Salacuse, "The Emerging Global Regime for Investment," 51 *Harvard International Law Journal* 427(2010).

20. Johannes Urpelainen, Thijs Van de Graaf, "Your Place or Mine? Institutional Capture and the Creation of Overlapping International Institutions," 45 *British Journal of Political Science* 799(2014).

21. John R. Oneal, Busset, "The Classical Liberals were Right: Democracy, Interdependence and Conflict, 1950–1985," 41 *International Studies Quarterly* 267(1997).

22. Juan Camilo Hoyos, "The Role of Bilateral Investment Treaties in Mitigating Project Finance's Risks: The Case of Colombia," 40 *Syracuse Journal of International Law and Commerce* 285(2013).

23. Julia Morse, Robert O. Keohane, "Contested Multilateralism," 9 *Review of International Organizations* 385(2014).

24. Kenneth J. Vandevelde, "Model Bilateral Investment Treaties: The Way Forward," 18 *Southwestern Journal of International Law* 307 (2011).

25. Kevin W. Lu, Gero Verheyen, and Srilal M. Perera, "Investing with Confidence Understanding Political Risk Management in the 21st Century," *The International Bank for Reconstruction and Development/The World Bank*(2009).

26. Klaus Dingwerth, Philipp Pattberg, "Global Governance as a Perspective on World Politics," 12 *Global Governance* 185(2006).

27. Leonid Hurwicz, "Institutions as Families of Game Forms," 2 *The Japanese Economic Review* 113(1996).

28. Lucas Eduardo F. A. Spadano, "Cross-agreement Retaliation in the WTO Dispute Settlement System: An Important Enforcement Mechanism for Developing Countries," 7 *World Tread Review* 511 (2008).

29. M. D. Larobina, R. L. Pate, "The Impact of Terrorism on Business," 3 *The Journal of Global Business Issues* 147(2009).

30. Manning-Cabrol D., "Imminent Death of the Calvo Clause and the Rebirth of the Calvo Principle: Equality of Foreign and National Investors," 4 *Law & Policy in International Business* 26(1995).

31. Martens B, "Why do Aid Agencies Exist?," 23 *Development Policy Review* 643(2005).

32. Matis E. Margulis, "The Regime Complex for Food Security: Implications for the Global Hunger Challenge," 19 *Global Governance* 53 (2013).

33. Morgenthau H., "A Political Theory of Foreign Aid," 56 *American Political Science Review* 2(1962).

34. Neumayer, Eric, "What Factors Determine the Allocation of Aid by Arab Countries and Multilateral Agencies," 39 *Journal of Development Studies* 134(2003).

35. Pierre-Guillaume Méon, Sekkat K, "Does the Quality of Institutions Limit the MENA's Integration in the World Economy?" 27 *World Economy* 1475(2010).

36. Pomerantz P. R., "Foreign Aid: Diplomacy, Development, Domestic Politics by Carol Lancaster," 39 *Development and Change* 867 (2010)

37. Rodney Stilwell, "Encouraging Investment in LDCs: The United States Investment Guaranty Program," 8 *Brooklyn Journal of International Law* 365(1982).

38. S. Sucharitkul, "State Immunities and Trading Activities in International Law," 55 *The Cambridge Law Journal* 773(1959).

39. Schraeder P. J., Hook S. W., and Taylor B., "Clarifying the Foreign Aid Puzzle: A Comparison of American, Japanese, French, and Swedish Aid Flows," 50 *World Politics* 50(1998).

40. Sergio Puig, "Emergence and Dynamism in International Organizations: ICSID, Investor-State Arbitration & International Investment Law," 44 *Georgetown Journal of International Law* 531(2013).

41. Shan Wehua, S. Zheng, "FDI in China and the Role of Law: An Empirical Approach," 4 *Journal of World Investment and Trade* 12 (2011).

42. Shihata I. F. I., "Arab Investment Guarantee Corporation," 6 *Journal of World Trade* 185(1972).

43. Shihata I. F. I., "Recent Trends Relating to Entry of Foreign Direct Investment," 1 *ICSID Review-Foreign Investment Law Journal* 47 (1994).

44. Snyder F., "Soft Law and Institutional Practice in the European Community," 79 *The Construction of Europe, Springer Netherlands* 2400(1994).

45. Subedi S. P., "The Challenge of Reconciling the Competing Principles Within the Law of Foreign Investment with Special Reference to the Recent Trend in the Interpretation of the Term Expropriation," 40 *Social Science Electronic Publishing* 121(2011).

46. Thomas G. Weiss, "Governance, Good Governance and Global Governance: Conceptual and Actual Challenges," 21 *Third World Quarterly* 795(2000).

47. Tita Alberto, "Investment Insurance in International Law: A Restatement on the Regime of Foreign Investment," 11 *J World Investment & Trade* 651(2010).

48. Vandevelde K. J., "Model Bilateral Investment Treaties: The

Way Forward," 76 *Southwestern Journal of International Law* 902 (2011).

49. Walt J. V. D. , "Dead Aid: Why Aid is Not Working and How There is a Better Way for Africa," 22 *The Review of Austrian Economics* 431(2009).

50. Wang Wenying, "The Role of Conciliation in Resolving Disputes: A PRC Perspective," 20 *Ohio State Journal of Dispute Resolution* 421(2005).

51. Waters James J. , "A Comparative Analysis of Public and Private Political Risk Insurance Policies with Strategic Applications for Risk Mitigation," 25 *Duke Journal of Comparative & International Law* 361 (2015).

52. Wolfgang F. Stolper, Karl W. Roskamp, "Currency and Economic Reform: West Germany After World War II: A Symposium Planning a Free Economy: Germany 1945-1960," 3 *Zeitschrift Für Die Gesamte Staatswissenschaft* 135(1979).

53. Özlem Onaran, Engelbert Stockhammer, and Klara Zwickl, "FDI and Domestic Investment in Germany: Crowding in or out?," 4 *International Review of Applied Economics* 27(2013).